米塞斯的经济学课

讲座与演讲精选集

[奥] 路德维希·冯·米塞斯　著

吴荻枫　译

浙江人民出版社

图书在版编目（CIP）数据

米塞斯的经济学课：讲座与演讲精选集 /（奥）路德维希·冯·米塞斯著；吴获枫译. -- 杭州：浙江人民出版社，2025. 4（2025. 4重印）. -- ISBN 978-7-213-11853-1

Ⅰ. F095.21

中国国家版本馆CIP数据核字第20246YP174号

米塞斯的经济学课： 讲座与演讲精选集
MISAISI DE JINGJIXUEKE: JIANGZUO YU YANJIANG JINGXUANJI

[奥] 路德维希·冯·米塞斯　著　吴获枫　译

出版发行：浙江人民出版社（杭州市环城北路 177 号　邮编 310006）
　　　　　市场部电话：（0571）85061682　85176516
责任编辑：尚　婧
策划编辑：陈世明
营销编辑：张紫懿
责任校对：姚建国
责任印务：幸天骄
封面设计：天津北极光设计工作室
电脑制版：北京五书同创文化发展有限公司
印　　刷：杭州丰源印刷有限公司
开　　本：880 毫米 × 1230 毫米　1/32　　印　　张：14.25
字　　数：248 千字　　　　　　　　　　插　　页：2
版　　次：2025 年 4 月第 1 版　　　　　印　　次：2025 年 4 月第 2 次印刷
书　　号：ISBN 978-7-213-11853-1
定　　价：68.00 元

如发现印装质量问题，影响阅读，请与市场部联系调换。

出版说明

在经济学的思想长河中，路德维希·冯·米塞斯是一位极具影响力的人物，其在奥地利学派经济学的地位举足轻重。《米塞斯的经济学课：讲座与演讲精选集》这部著作，凝聚了他的诸多学术见解与思考，然而其中涉及对马克思主义、社会主义以及苏联和东欧社会主义国家的经济政策的诸多批判性观点，是我们在出版过程中必须予以正视并加以说明的重要方面。

米塞斯所处的时代背景复杂多变，两次世界大战及经济大萧条等重大事件深刻地塑造了当时的社会经济格局，也极大地影响了经济学界的思想走向。在这样的历史语境下，米塞斯构建起了自己独特的经济理论体系，旨在回应时代所面临的经济困境与社会变革。因此，米塞斯的经济理论不可避免地具有一定的时代性与局限性。鉴于这种情况，读者务必要进行批判性阅读。本书所选米塞斯讲座与演讲的内容集中于 20 世纪 50 年代和 60 年代，自 80 年代以来，尤其是 21 世纪，社会主义经济实践已取得巨大成就，我们在以当代的视角审视他的种种观点特别是对马克思及社会主义的批判时，会发现其中存在诸多值得商榷之处。

我们出版《米塞斯的经济学课：讲座与演讲精选集》这部著作，并非认同米塞斯对马克思及社会主义的批判观点，而是为了促进不同经济理论之间的交流与对话。通过呈现米塞斯的观点及其与马克思主义经济学的碰撞，我们希望激发读者深入思考经济学的本质、社会经济制度的多样性与适应性等重要问题，从而推动经济学理论在批判与继承中不断创新与发展。

在当今全球化的时代背景下，世界经济格局呈现出前所未有的复杂性与多样性。不同国家和地区在经济发展模式、社会制度等方面都有着各自的特色与经验。米塞斯的理论只是一定程度上反映了资本主义市场经济的运行规律。我们期待读者在阅读这本书时，能够保持批判性思维，为构建更加完善、符合人类社会发展需求的经济学理论体系贡献自己的智慧与力量，共同推动全球经济社会的繁荣与进步，实现人类社会的可持续发展与共同福祉。在未来的经济学研究与社会发展进程中，我们应秉持开放、包容、创新的态度，促进不同经济思想流派的相互借鉴与合作。只有这样，我们才能更好地应对全球经济社会发展所面临的各种挑战，从而开创一个更加公平、繁荣、可持续的世界经济新秩序。

同时，我们也希望这本书的出版能够引发学术界、政策制定者以及广大读者对经济学基础理论的深入讨论。通过这种讨论，我们可以进一步深化对经济规律的认识，优化经济政策的制定与实施，从而促进社会资源的合理配置与社会福利的最大化。在这个过程中，我们要始终牢记经济学的人文关怀本质，确保经济发展服务于社会的进步，而不是沦为纯粹的理论争辩或利益博弈的工具。

最后，我们再次强调，出版这本书是为了丰富经济学的学术交流与思想碰撞，我们坚决反对米塞斯对马克思主义及社会主义的片面批判观点，并期待读者能够在阅读与思考中形成自己独立、客观、全面的认识，共同推动经济学在正确的道路上不断前行。限于编者水平，译文仍会有错误和不妥之处，望读者不吝指正。

本书编者

2025 年 1 月

赞　誉

米塞斯经济学认为资本积累是经济发展的源泉，政府要控制货币政策的诱惑和依赖，信贷扩张政策只会导致经济周期性不稳定。他相信市场的自我调节。他重视实证和历史研究，但更确信先验的理论分析。这本书为现代经济学提供了一个关于市场、政府角色和经济政策的深刻反思，对于理解经济体系的复杂性和制定有效的经济政策具有重要的启示作用。

——毛寿龙，中国人民大学教授

米塞斯是 20 世纪最伟大的经济学家之一，是第一个明确预警计划经济不可行且必然崩溃的人。他教导我们，在货币经济中，理性的经济计算的前提条件包括三条。第一，必须有私人所有权，不仅是产品的私人所有权，而且包括生产手段的私人所有权。第二，必须有劳动分工，因此生产是为了满足他人需求的。而劳动分工的前提是必须有储蓄形成资本。第三，必须在一个共同的基准下进行间接交换。没有理性的经济计算，就没有文明本身。私有财产和有限政府的社会是去野蛮化的制度。米塞斯从人类合作的视角研究经济学，他指出人与动物的区别就在于人是"合作的物种"，而人类合作的基本形式是基于市场交易的分工。米塞斯提出政府的职能在于抑制暴力，以保护人们之间的自愿行动和合作。米塞斯反对今天的中央银行制度，认为它的确能够通过人为创造流动性刺激经济短期繁荣，但是它摧毁了金本位时代有效防止通胀的防火墙，法币的发行为各国实施通货膨胀大开绿灯，而通货膨胀摧毁储蓄，扭曲资源配置，人为制造经济繁荣与萧条周期，甚至引发内乱和国家间战争。建立中央银行制度，为摧毁货币体系埋下了伏笔。在数字货币时代，这种可能性变得越来越大，而摧毁货币体系就摧毁了人类经济合作最重要的基础。

——刘业进，首都经济贸易大学教授、博士生导师

米塞斯在 1950 年写完了他政治经济学的大量著作，如 1949 年的《人的行为》（*Human Action*）就厚达千余页，留

给我们不轻的学习负担。幸运的是,《米塞斯的经济学课:讲座与演讲精选集》这本书收集了他在 20 世纪五六十年代的几次讲座教材,每一部分都是他亲自编排的构架和内容,给我们提供了全面和正确学习的机会。

——黄春兴,台湾清华大学教授

推荐序

米塞斯经济学的魅力

　　奥地利学派经济学大师米塞斯在经济学发展史和现代经济科学中有其独特的地位，其经济学理论有着重大的现实意义，在国内外均有大量的拥趸。目前风头正盛的阿根廷总统、经济学家哈维尔·米莱（Javier Milei）和美国前总统候选人罗恩·保罗（Ron Paul）就是米塞斯的忠实粉丝。在《米塞斯的经济学课：讲座与演讲精选集》中文版行将出版之时，我们有必要探讨一下米塞斯经济学在经济科学中的地位，卡尔·门格尔（Carl Menger）与米塞斯之间的传承关系，米塞斯在门格尔"原生型"奥地利学派经济学基础上发展和创立的"化生型"奥地利学派经济学的特点及其贡献，门格尔与米塞斯在研究经济现象的本质与精确的经济规律方面的共同追求，以及《米塞斯的经济学课：讲座与演讲精选集》的魅力和重要性。

米塞斯经济学在经济科学中的地位

在经济学发展过程中，里程碑式的著作有不少。但是能够排在前五位的，应该是亚当·斯密（Adam Smith）的《国富论》（*The Wealth of Nations*）、门格尔的《国民经济学原理》（*Priciples of Economics*）、阿尔弗雷德·马歇尔（Alfred Marshall）的《经济学原理》（*Principles of Economics*），约翰·梅纳德·凯恩斯（John Maynard Keynes）的《就业、利息和货币通论》（*The General Theory of Employment，Interest，and Money*）以及米塞斯的《人的行为》。

亚当·斯密作为经济学之父，创立了古典经济学。门格尔是奥地利学派经济学的创始人，也是现代经济学最重要的奠基人之一。他的方法论个体主义、主观价值论和边际效用论都是高度原创性的，而且奠定了新古典经济学，尤其是微观经济学的基础。马歇尔系统构建了局部边际分析法，其著作标志着新古典经济学的创建。凯恩斯创建了宏观经济学，发起了"凯恩斯革命"，虽然对现代国家的宏观调控政策影响巨大，但无论从学理来看还是从政策操作来看，均存在重重问题，成为奥地利学派的"死对头"［奥地利学派第四代代表人物哈耶克（Hayek）从 20 世纪 30 年代初开始叫板凯恩斯，直至其 1992 年去世，而凯恩斯早在 1946 年就英年早逝]。米塞斯作为奥地利学派第三代代表人物，对门格尔创立的奥地利学派经济学进行了非常彻底的主观主义和公理化改造，而且还做了进一步的扩充与发展，创建了行动学和与其行动学一致的经济学（米塞斯称其为"狭义经济学"或"交换学"）。

从思想内涵上看，当数《国富论》《国民经济学原理》《人的行为》最具思想深度和高度。从理论和方法论的原创性来看，上述五位经济学家各具特色，其中最具原创性的当数门格尔。米塞斯的《人的行为》也具有高度原创性，但他的原创性是建立在对门格尔经济学的主观主义改造和发展基础上的，属于继承、再创造与新原创的结合。这种主观主义改造把米塞斯的"化生型"奥地利学派经济学推向了新的高峰。正如哈耶克在其 1952 年出版的《科学的反革命》（*The Counter Revolution of Science*）一书中所指出的那样："过去一百年里经济学的每一项重大进步，都是向着不断采用主观主义的方向迈出了进一步。"米塞斯朝着主观主义的方向的迈进，其意义非同小可。比如，他把门格尔的财货理论进行了进一步的主观主义改造，把财货定义为实现个人行动的目的的所有手段。如果这些可支配的手段是稀缺的，它们就属于经济财货，包括有形的经济财货和无形的经济财货（服务），也就是物质财富和非物质财富。他把价值定义为行动的人赋予其行动的最终目的对于其自身的重要性。至于手段的价值，则看它对于最后目的的达成有着多大的贡献。所以，手段的价值是从其可达成的目的的价值引申出来的。手段对于人之所以重要，只是因它有使人们达成某些目的的可能。稀缺的经济财货作为财富，其对于个人的价值大小就是需要如此看待。米塞斯把门格尔的需要理论做了主观主义的改造，从主观主义的角度来看需要。按此，在经济学领域，没有异乎价值等级的需要等级（比如分为维护人的生命和健康的需要，以及维护人的福利的需要），唯一重要的是价值大小的排序，而价值反映在人的实际行动之中。对于米塞斯，不确定性内在于人的行动。行动的人在其行动中自然承担不确定性，在不确定性情形下做出判断、决策和选择。因此，行动的人多多少少是个企业家。每个行动的人都要权衡取舍其目的和手段，选择其主观评价最高的最终目的，并按其主观评价选择匹配可支配的手段，以此采取某个相应的行动，并同时放弃其他的行动。不同的行动的人，也就是不同的米塞斯式企业家，从主观的角度发现财富的不同用途和价值。由此，每一个行动的人都从主观视角化生出一个与众不同的财富世界。

　　奥地利学派经济学解释经济现象的本质和精确规律，是有关真实世界的真实的人的真实行动的经济学。它在经济科学中处于最核心的元经济学的地位。在发展奥地利学派经济学的过程中，门格尔和米塞斯的贡献厥功至伟。米塞斯通过对门格尔奥地利学派理论的上述主观主义改造和发展，提出和建立了先验的行动学理论体系和与之一致的经济学。门格尔的"原生型"奥地利学派经济学理论体系和米塞斯的"化生型"奥地利学派经济学理论体系，属于一前一后的关系，类似于前者开辟了一个宇宙，后者则开辟了一个相应的平行宇宙。二者均有发扬光大的理由与价值，不能拿前一个体系否定后一个体系，也不能拿后一个体系否定前一个体系，应该将二者视为平行矗立的、傲视八方的两座经济科学高峰。

门格尔与米塞斯之间的传承关系：米塞斯事实上完成了门格尔的未竟之业

　　米塞斯和哈耶克成为大名鼎鼎的奥地利学派经济学家，都要归功于奥地利学派经济学创始人门格尔的《国民经济学原理》。在 1903 年圣诞节前后，米塞斯第一次阅读门格尔的《国民经济学原理》。正是通过这本书，米塞斯成为经济学家。根据《米塞斯大传》（ *Mises: The Last Knight of Liberalism* ）的介绍，米塞斯在接触《国民经济学原理》一书时，还是一个国家主义者。《国民经济学原理》帮助米塞斯理解了经济科学的实践本质，也获得以下洞见：自由企业和个人的自愿联合优于国家强制推行的方案。至于哈耶克，他自己经常提到，对他一生影响最大的两本书是门格尔的《国民经济学原理》和米塞斯的《社会主义》（Socialism）。

有关门格尔与包括米塞斯、哈耶克在内的其他奥地利学派经济学家的传承关系，哈耶克在为门格尔于 1934 年再版的《国民经济学原理》德文版写的英文"引言"中写道："如果说在过去 60 年间，奥地利学派在经济科学发展中几乎占据了独一无二的位置，那么，这完全要归功于门格尔所奠定的基础。"他又写道："奥地利学派成员的共通之处，以及那些构成其独到方面和为其日后成就奠定基础的东西，正是他们接受了卡尔·门格尔的传承。"上述两个观点，到现在仍然适用。哈耶克的这个"引言"，也收于门格尔于 1976 年出版的《国民经济学原理》英文版中。

哈耶克作为米塞斯的亲传弟子（但非后者在大学里带出来的学生），在为《米塞斯回忆录》（Memoirs）写的序言中指出了米塞斯及在美国以其为中心的奥地利学派的地位："在当今世界上，米塞斯和他的学生被认为是奥地利学派的代表，他们当之无愧，尽管米塞斯只代表奥地利学派的一个分支——门格尔的理论已经被他的学生分割为两支，而且庞巴维克（Böhm-Bawerk）和维塞尔（Wieser）的亲密的个人友谊也随之破裂。我犹豫之后才承认这一点，因为我很期待维塞尔的传统得以延续——他的继任梅耶试图发扬这个传统。但是我的期望尚未实现，尽管继任者的作为或许比已经表现出来的样子更加富有成果。今天几乎仅仅在美国活跃的奥地利学派基本上是庞巴维克传统下的米塞斯学派，而维塞尔寄予厚望并且继承了他的职位的人却从未真正践行其承诺。"米塞斯及在美国以其为中心的奥地利学派的地位还不尽于此。奥地利学派经济学在世界各国都有一批坚定的拥趸。而大多数拥趸均以米塞斯的"化生型"奥地利学派经济学马首是瞻。米塞斯从 1945 年开始担任纽约大学的客座教授，开设私人研讨会，一直持续到 1969 年。在 1949 年出版《人的行为》英文版后，米塞斯的行动学理论和与之一致的经济学日渐深得人心，他的周边还聚集了罗斯巴德（Rothbard）和柯兹纳（Kirzner）这样的顶级弟子以及社会各界同道。再加上参加过米塞斯维也纳私人研讨会的马赫卢普（Machlup）早在 1933 年移居美国，以及哈耶克在 1950 年迁往美国，二者与米塞斯有呼有应，有唱有和。美国自然成为战后奥地利学派经济学的中心，吸引了世界各国的众多同道。这种状况至今未变。

门格尔在其生前没有完成他最初有关国民经济学体系的

宏大写作计划。在这个写作计划中，《国民经济学原理》只是第一部分，即引论部分。门格尔后来花费了很多时间修订《国民经济学原理》，很多章节几近定稿，他还试图实现最初的宏大写作计划，但其研究兴趣爱好越来越广泛，甚至涉及哲学、心理学和民族学等内容。"老骥伏枥，壮心不已。"但由于种种原因，门格尔没有完成其修订稿。他毕其一生，在经济学理论方面的最重要贡献也就止步于此。但我们其实也不需要感到有多大遗憾。米塞斯创立的行动学理论体系是如此庞大，实际上帮助门格尔完成了他的初心，而且超越了其初心之所能企及。我们对照一下米塞斯《人的行为》所涉及的各章节，可以发现其范围已经完全覆盖了门格尔的原初计划，甚至有超越，比如涉及税收和关税等内容。

米塞斯"化生型"奥地利学派经济学的特点及其贡献

米塞斯的行动学是他在过了知天命之年（50岁后）发展的，是基于先验论的有关人的全部行动的理论。米塞斯在1940年出版了《国民经济学》德文版，该书就是后来的《人的行为》一书的原型。该书出版后，由于纳粹德国正在欧洲发动战争，阅读到此书的读者较少。该书和米塞斯在1933年出版的《经济学的基本问题》德文版一书一起，提出了先验主义认识论。尤其是《国民经济学》一书及其进阶版《人的行为》一书，基于先验论，从"人的行动是有目的的行动"这一公理和其他少数公理出发，借助演绎推理，构造了其行动学理论体系，标志着米塞斯行动学的诞生和与其一致的经济学（交换学）的诞生。这种先验的公理属于逻辑公理，属于普遍为真的陈述，来自经验世界，但是独立于任何人的经验而成立，不能通过穷尽归纳法来证明，也无须证明，同时无法证伪。作为出发点的公理是真的，用于演绎的逻辑是真的，其演绎得到的定理和推论也是真的。

除了在思想领域的巨大贡献，米塞斯在经济学上的增量贡献是巨大的。其中包括：

- 建立了行动学和与之一致的经济学（米塞斯称其为"交换学"），以及相应的认识论和方法论。

- 对门格尔的"原生型"奥地利学派经济学进行了进一步的主观主义改造，并从主观主义视角建立了广博庞大而系统的"化生型"奥地利学派经济学体系，完成了门格尔的未竟之业。

- 在美国复活和弘扬了奥地利经济学派，使得美国成为全世界的奥地利学派经济学研究中心。

- 系统发展了在门格尔理论里可见其原型的目标 – 手段分析法。

- 论证了计划经济的不可计算性，即不可行性，预测了苏联模式终将失败。

- 发展了经济周期理论，预测到大萧条的发生。

- 创立了自己的货币理论，将边际效用分析法运用到货币供求，填补了门格尔货币理论留下的空白（通过提出回归定理，借以识别货币价值中来自交换媒介这个功能的价值成分），整合和统一了之前整个经济学科中相互割裂的经济理论与货币理论。

- 基于其恩师庞巴维克的货币的时间价值理论，提出了独到的利息理论。

- 创立了自己的企业家理论与市场过程理论。

如此种种，不一而足。

门格尔与米塞斯的共同追求：研究经济现象的本质与精确的经济规律

门格尔强调在经验领域紧紧扣住因果关系探究经济现象本身的本质，分析了经济现象的本质，演绎和提炼有关经济现象的一般和精确的规律。在《国民经济学原理》的序言里，门格尔虽然没有指名道姓，但批评了德国历史学派的问题。他认为不能否定经济现象具有规律性，否则就否定了经济学作为"精确的科学"的地位。他指出，"经济生活现象也如同自然现象那样严格受制于其规律"，经济现象"背后的一切规律，恰如化学规律独立于对其加以应用的化学家的意志之外一样，也是独立于我们的意志之外的"。他反对那种只是凭借人类的自由意志来否认经济现象具有规律性的意见，强调"理论经济学不研究经济行为的实用建议，它研究人类为满足其需要而展开其预筹活动的条件"，不同意有些人反对全然独立于人类意志之外的现象所具有的规律性的观点。而这种规律性，正是经济科学的研究对象。门格尔强调，"在本书中我们特别关注对与产品与其生产要素有关的经济现象之间的因果关系的研究"，从而"要从统一的视点出发，确立一个能够反映事物本质的、统括一切价格现象（从而也包括利息、工资、地租等价格现象）的价格理论，而且还为了扼要阐明那些从未被人充分理解的其他许多经济现象"。

米塞斯强调其行动学和经济学属于先验的理论，也强调探究经济现象的本质，推演精确的经济规律。米塞斯强调先验论，也有与主流经济学对垒的必要性。但是，这引起了很多主流经济学家的反感、抵触和敌意。主流经济学家强调实证，用经验去验证经验，把握不了经济现象的本质和有关经济现象的一般的精确的规律。著名经济学家张维迎教授举了一个寓言故事来说明主流经济学家的问题："当你看到一个人跑得很快，但缺失一只胳膊，如果你由此就得出结论说，缺只胳膊是他跑得快的原因，你自然就会号召其他人锯掉一只胳膊。"正因如此，张维迎教授又引用了一句哈耶克的话："尽管事实本身从来不能告诉我们什么是正确的，但对事实的错误解读有可能改变事实和我们所生活的环境。"

其实，米塞斯的先验论与门格尔在经验领域提炼精确的规律的方法，在具体实际做法上基本没什么差别。门格尔在《国民经济学原理》的序言中强调，"在本书中我们特别关注对与产品与其生产要素有关的经济现象之间的因果关系的研究"。而且，在正文开篇第一句，门格尔就写道："一切事物都受制于因果律的支配。这是一大法则，无一例外。我们若要在经验的范围内去找寻这个法则的反例，那也将是终归徒劳无果。"门格尔的全书论述，强调人都有维持其生命和福利的需要，又提出人的需要满足依赖于支配和消耗财货。这个出发点既可视为经验事实，也可视为一种先验公理。这与米塞斯将"人的行动都是有目的的行动"这一公理作为出发点完全类似。米塞斯的出发点既可视为一种先验公理，也可视为一种不可推翻的经验事实。无论是门格尔还是米塞斯，其概念定义和推理，均严格遵循因果律和演绎逻辑，二者的经济学理论与亚里士多德本质主义哲学抓事物的本质这一要求是完全一致的。

　　门格尔是在经验领域之内，通过逻辑演绎，尤其是发掘各种基本经济要素和经济现象之间的种种因果关系，推出诸多一般经济定理，发现种种一般经济规律。这谈不上是"先验论"，而是"经验的方法"。我们如果把门格尔的上述出发点定义为先验的公理，那么将门格尔的研究方法归类为先验论也是可以的。

　　由于门格尔强调在个人的自由意志之外存在着一般经济规律，恰如化学规律独立于对其加以应用的化学家的意志之外一样，一些历史学派学者认定甚至批评门格尔属于"先验论者"。如果说门格尔的这种看法是先验论，那么所有化学家也是先验论者。如此区分是否属于"先验论者"，似乎意义不大，无关宏旨。按道理，先验的一般规律，既不能被经验证明，也不能被经验否证。但是，由于门格尔并不将自身理论视为先验的理论，他欢迎用经验来检验其所阐述的理论。他在《国民经济学原理》的序言中指出："我们必须一方面将前人的见解作为自己的精神财富，但另一方面亦必须毫不畏惧地呼吁对之加以检验，用经验检验学说观点，以事物的本质检验人类思想。"

　　在出版了《国民经济学原理》之后，门格尔也成了"前人"。按他自己的话，他在要求人们对他自己探索和提出的一般经济规律加以检验。门格尔的这种态度是对的。其实，无论一个命题是否属于"先验"的一般经济规律，无论在多大程度上是"先验"的或者一般的规律，人们一般都会借助经验去验证一下，这其实是常人深化认识的一个不大靠谱但经常不得不用的方法。这种验证有助于深化大家对经济规律本身的认识和理解，即便不能完全证明，也可以有所佐证；即便不能证伪，去尝试一下证伪也有助于我们深化认识。

很多经济学家热衷于发现有关经济现象的一些经验规律。对此，门格尔和米塞斯的态度截然不同。门格尔认为，理论经济学的任务是发现经济现象（比如价格和货币现象）的本质和精确的规律。但他对经济学家热衷于提炼一些经验规律持宽容的态度。他认为，经验规律不精确，其不精确程度会随时间和地点的变化而变化，但可能有用。比如，金融领域存在"二八定律"，这就属于一个不大精确的经验定律。按此，金融机构从 20% 的客户获得 80% 的收入。随着中国政府推行发展普惠金融的战略和金融机构发展自身业务的需要，金融机构改进了对过去被其排斥或者服务不足的群体的金融服务，其结果就可能会打破"二八定律"。与门格尔不同，米塞斯则对经验规律毫不宽容、毫不妥协，反对用经验检验经验的任何科学性（包括反对证明和证伪）。米塞斯的坚定立场无疑得罪了大多数主流经济学家，无疑要砸他们的饭碗。这也部分解释了大名鼎鼎的米塞斯为什么在美国的大学里不能得到一个正式的教授席位。

《米塞斯的经济学课：讲座与演讲精选集》中文版是及时雨

米塞斯属于高产作家。当前米塞斯的中译本著作有不少。首先是米塞斯的学术论著中译文，比如《人的行为》、《货币与信用理论》（ *The Theory of Money and Credit* ）、《社会主义》、《自由与繁荣的国度》（ *Liberalism: The Free and Prosperous Common Wealth* ）、《经济科学的最终基础》（ *The Ultimate Foundation of Economic Science: An Essay on Method* ）、《经济学的认识论问题》（ *Epistemological Problems of Economics* ）等；其次是米塞斯的自传，比如《米塞斯回忆录》；还有有关米塞斯其人其事其论的著作，比如《米塞斯大传》、《米塞斯评传》、《米塞斯夫人回忆录》（ *My Years with Ludwig von Mises* ）、《奥地利学派经济学入门 & 米塞斯思想精要》（ *An Introduction to Austrian Economics & The Essential Mises* ）等。目前，国内图书市场一直缺乏米塞斯讲座集、演讲集以及书信集。《米塞斯的经济学课：讲座与演讲精选集》是米塞斯在 1940 年流亡美国之后的经济学讲座和演讲精选集，更加口语化，更加直抒胸臆，无疑部分填补了现有米塞斯中译本著作的空白。对于大量渴求真知的中国读者来说，这无疑是一场及时雨。

米塞斯的主要学术论著是非常严谨的，倚重作为其论证出发点的公理和演绎推理。在一些相对次要的学术论著里，他会直言不讳地批评、指责其他经济学家的理论和观点，包括同门的门格尔、维塞尔和哈耶克的理论和观点，有时甚至到了直接贬低鄙视其人的地步。这种直言不讳和干脆利索，有点像是经济学界的"包青天"。

不过，《米塞斯的经济学课：讲座与演讲精选集》的风格不同于米塞斯的学术论著。其中，他点评哲学家、社会学家和经济学家的观点，阐述经济学理论、经济思想史和经济史，分析对经济问题和经济政策的看法，娓娓道来，妙语连珠，深入浅出，一语中的。比如，书中写道："如果未来是已知的，我们就不会是人类，我们也不会是自由的，我们不能做出决定并采取行动。我们将只是蚁冢里的蚂蚁。当前世界上存在将人类变为蚂蚁的压力，但我不认为这种趋势将会成功！"计划经济者就必须认定自己是全知全能的，未来是已知的。只有这样，才能搞计划经济。米塞斯指出："经济学中不存在恒定的数量关系，因此不可能测量。而若没有测量，经济学的定量化发展就不能产生。"这也体现了他否认计量经济学家的努力的有效性。这些计量经济学家从经验角度提炼经济现象之间一些相关性即经验上的规律性，而这些经验上的规律性，甚至经验规律，都是随时间和地点的变化而变化的，因此也是测不准的。有关经济史研究，米塞斯在书里评论道："经济史当然也是一个非常重要的领域。在人的行为领域，统计学是历史研究的一种方式。统计学描述事实，但除了该事实，什么也证明不了（确实，有些统计学家是'骗子'，而且事实上，某些效力于政府的统计学家得到任命很可能只是因为这个目的）。"可以看出，米塞斯的眼光毒辣，说话不留任何情面。

在本书中，米塞斯解释了德国和奥地利恶性通货膨胀的形成过程及其成因，人类如何从诚实货币逐渐走向不诚实货币，为什么要恢复金本位制，货币注水与信用扩张问题，大萧条与周期波动的成因，"社会保障"税的去向问题，凯恩斯理论及其政策意蕴的问题，以及市场经济与私人产权的重要性。本书也有深入浅出、生动活泼的评述，令人感到醍醐灌顶、豁然开朗。书中的很多内容是在专著和自传中找不到的。

本书的译者风灵（吴获枫）老师是年轻的女性奥地利学派经济学专家，风华正茂，以研究、引介和传播奥地利学派经济学为其志业，对此满怀豪情。我们可以在网上看到她的很多有关讲课课件和文章。我也有幸与她一起开设过奥地利学派经济学线上课堂，一起参加过一些奥地利学派经济学研讨会。她在不久前移居加拿大，但在国内一如既往拥有众多忠实的粉丝。感谢她付出艰辛努力，为我们提供《米塞斯的经济学课：讲座与演讲精选集》这样难得的精神食粮。

掌握《人的行为》里的行动学与经济学原理和方法论，辅之以通过阅读《米塞斯的经济学课：讲座与演讲精选集》一书来进一步汲取米塞斯的洞见，就等于为洞观经济现象与经济政策问题配备了火眼金睛。无论是经济学小白还是资深经济学者，《米塞斯的经济学课：讲座与演讲精选集》都开卷有益。特此推荐。

冯兴元

中国社会科学院研究员

2024 年 10 月 16 日于北京颐源居

目 录

contents

- -

▮ 第一部分 ▮

市场及其敌人

▌ 第二部分 ▌

社会思潮与现代文明

▌ 第三部分 ▌

经济政策——回顾与展望

▌ 第四部分 ▌

货币与通货膨胀

第一部分

市场及其敌人 [①]

---

① 本文是米塞斯于 1951 年在经济学教育基金会上的讲座。——编者注

第 01 讲
经济学与它的反对者

古希腊哲学家柏拉图（Plato）的不朽之作是人类历史上最伟大的著作之一。写于 2300—2400 年前的《理想国》（*The Republic*）和《法律篇》（*The Laws*），不仅讨论了哲学、知识论、认识论，还讨论了社会状况。2000 多年来，柏拉图对这些问题的处理方式，一直都是人们探讨哲学和社会学问题，以及探讨国家、政府等所采用的典型方法。

虽然我们熟知这一方法，但在过去 100 年间，社会发展出了关于哲学、科学、经济学和人的行为学的一种新观点。柏拉图曾说，领袖受到"天意"（Providence）的召唤，或受到其自身卓越才干的召唤，来重构并建设世界，恰如建筑师构造一栋建筑——不用操心其同胞的意愿。柏拉图的哲学认为，大多数人是"工具"或"石子"，被掌权的"超人"用来建造新的社会实体。"臣民"的合作对于计划的成功无足轻重。唯一的条件是，独裁者拥有强制人民的必要权力。柏拉图为他自己分派的特定任务是充当独裁者的谋士，即专家——按照他的计划重建世界的"社会工程师"。今天走进华盛顿的大学教授便类似于柏拉图想要充当的角色。

柏拉图模式历久不变，持续了近 2000 年。其间所有的图书皆以这种观点立论。每个作者都坚信，民众不过是君王、警察等人手中的小兵。政府只要足够强大，则万事可为。强力被认为是政府最重要的财产。

阅读费内隆主教（Bishop Fénelon）的《忒勒马科斯历险记》（*Les Aventures de Télémaque*）[①]，我们便可看到这种思想获得成功的迹象。费内隆主教与路易十四（Loui XIV）是同时代的人，他是一名伟大而杰出的哲学家、政府批评家，也是法国王位继承人伯戈因（Burgoyne）公爵的导师。《忒勒马科斯历险记》是为教育这位年轻的公爵而写的，而法国

[①] 《忒勒马科斯历险记》是法国作家和神学家弗朗索瓦·费内隆（Francois de Salignac de la Mothe Fénelon）于 1699 年发表的一部寓言小说。该书以古希腊神话中的人物忒勒马科斯为主人公，他是荷马史诗《奥德赛》中英雄奥德修斯的儿子。故事讲述了忒勒马科斯在寻找父亲的旅程中所经历的冒险，以及他通过这些经历学习到的智慧和道德价值观。——译者注

的学校直到最近仍在使用该书。书中讲的是周游世界的故事，所至各国，所有善事皆归功于警察，所有要事皆归因于政府。这就是所谓的"警察科学"（science of the police），其德语为"Polizeiwissenschaft"。

18世纪，有了一项新发现——研究社会问题的新方法。这种观点发展得出：社会问题的发生顺序与自然现象的发生顺序一样具有规律性。它认识到，制定与执行法令本身不能消除坏事，必须研究社会现象有规律的发生顺序或联结关系，以揭示能做什么和应该做什么。虽然人们已经认识到了自然科学领域的规律性，但在此之前尚未认识到，社会问题的领域中也存在秩序和有规律的发生顺序。

人们曾认为，正如让－雅克·卢梭（Jean-Jacques Rousseau）所描绘的那样，自然条件下的人生活在乌托邦似的理想国之中，邪恶的人及其邪恶的制度改变了这种状况，并导致了现在的贫困和苦难。人们曾相信，最幸福的人——生活状况最让人满意的人——便是北美的印第安人。当时，欧洲文学作品将北美印第安人理想化，认为他们幸福快乐，因为他们不知现代文明。

然后，托马斯·罗伯特·马尔萨斯（Thomas Robert Malthus）发现，大自然无法为每个人都提供生存手段。马尔萨斯指出，所有人都普遍受制于生存必需品的稀缺性。所有人都得为谋生、世界财富的份额而竞争。人类的目标就是要消除这种稀缺性，让更多的人得以生存。

竞争导致劳动分工，导致合作的发展。劳动分工比孤立劳动更具有生产性，这一发现是令人欣喜的偶然，使得社会合作、社会制度和文明成为可能。

如果所有的产品一生产出来就立即被消费掉，那么生活状况就不可能有任何改善。改善只是因为一些产品被储备下来，用于后续的生产——也是因为有资本的积累。储蓄非常重要！

在所有的改革者（比如柏拉图）看来，离开顶层干预，"政治体"就无法运作。要想采取行动，要想行而有果，国王、政府和警察的介入就必不可少。别忘了这也正是费内隆的理论。他将街道、工厂以及所有进步都归功于警察。

18世纪，有人发现，即使没有警察——没有人发号施令，人们自然而然的行动方式最后也会出现生产成果。亚当·斯密以鞋匠为例来说明。鞋匠不是因利他的动机而生产鞋子，他为我们提供鞋子是出于其自身的利益，他想用鞋子换取他人的产品。每个人在服务自己时必须服务他人的利益。"国王"不必发号施令。因此，行动是由市场中的人自行产生的。

18世纪社会问题方面的发现与这一时期的政治变革紧密

相关且不可分割——代议制政府取代了专制政府，自由贸易取代了贸易保护，"国际和平"的趋势取代了侵略，农奴制和奴隶制被废除了，等等。新的政治哲学还导致自由代替了君主与专制。这带来了产业与社会的变革，在很短的时间内就改变了世界的面貌。这种改变习惯上被称为"工业革命"。这一革命的结果是世界整体结构的变化：人口成倍增加，平均预期寿命延长，生活水平提高。

特别要谈到人口，今天（1951年）全球人口是250多年前的四倍。如果不算亚洲和非洲，那么人口增长更是惊人。早在1800年，英国、德国和意大利三国就没有了无人定居之地，所有的土地都已被开发；但到了1925年，这里又多容纳了1.07亿人口（与美国相比，这个数据更为突出——美国的面积比这三个国家大了许多倍，但同期美国人口仅增加了1.09亿）。同时，引入大规模生产而发生的工业革命，让世界各地的生活水平都得到了提高。

当然，仍有令人不满的地方，仍有需加以改进的状况。对此，新哲学的回答是：提高人们生活水平的唯一途径，便是让资本积累比人口增长更快，即增加人均投资资本量。

虽然这种经济学新理论是正确的，但因为诸多问题，它不受特定群体（君主、独裁者和贵族）的欢迎——因为这威胁到他们的既得利益。19世纪和20世纪，这些反对者针对

18世纪的哲学，发展出了若干异议，攻击新哲学基础的认识论，并提出了许多严肃且重要的问题。他们的攻击或多或少属于哲学性的攻击，针对的是这门新科学的认识论基础。他们几乎所有的批评都是受政治偏见驱使的，而非由真理的探索者提出。但是，这并没有改变一个事实：我们必须认真研究针对18世纪的各种真理（正统的哲学和经济学）的反对意见，而不管反对者的动机如何。某些反对意见颇有根基。

过去100年间，对抗正统经济学的声音出现了。这是一个非常严重的问题。这些反对意见已被当作论据，以反对整个资产阶级文明。我们不能简单地认为这些反对意见"荒谬"而置之不理，必须进行研究，进行批判性的分析。就政治问题而言，某些支持正统经济学的人这样做是为资产阶级文明正名或辩护。但这些辩护者不通晓事情全貌，而将争论局限于非常狭窄的范围内。在思想斗争中，辩护者的战斗未攻击到对手真正的基础。我们绝不能满足于仅仅对付某种教义的外围装备，而必须攻击其基本的哲学问题。

政治上"左""右"的区分全无意义。这种区分从最开始就不充分，并已产生了许多误解，不仅是政治，甚至连基本哲学的反对意见也是基于这种观点来分类的。

奥古斯特·孔德（Auguste Comte）是19世纪最有影响力的哲学家之一，而且很可能是过去100年中最有影响力的人物之一。就我个人看来，他还是个"疯子"。虽然他阐述的思想甚至不是自创的，但他的影响力很大，特别是他对基督教会充满敌意，因此我们必须研究其著作。他创立了自己的教会，并设定了宗教假日。他鼓吹"真正的自由"。他说，真正的自由要比资产阶级提供的自由更多。据他在书中所言，他不需要形而上学、科学自由、新闻自由或思想自由。所有这些自由在过去都非常重要，因为它们让他有机会著书立说，但因他的书已经写成了，未来就再也用不着这些自由了。因此，警察必须压制这些自由。

反对自由，正是那些"左派"或"进步派"的典型特征。人们奇怪地发现，所谓的"自由主义者"并不赞成自由。"黑格尔左派"和"黑格尔右派"都起源于著名的德国哲学家格奥尔格·威廉·弗里德里希·黑格尔（Georg Wilhelm Friedrich Hegel）。纳粹则来自"黑格尔右派"。

关键是研究基础哲学。有一个很好的问题是：为什么一定程度上，自由的辩护者没有成为这场哲学大战的老手？自由的辩护者未能认识到基本的哲学问题，这便是他们尚未成功的原因。我们必须首先理解产生分歧的基础，这样做就能得到答案。下面，我们将讨论针对 18 世纪自由哲学所产生的反对意见。

第 02 讲
伪科学与历史认知

在英语中，"科学"这个词通常只应用于自然科学。毫无疑问，自然科学与人的行为科学（有时被称为社会科学或历史）之间存在根本性的区别。这些根本性区别之一，在于获取知识的方式不同。

在自然科学中，知识来源于实验。事实是通过实验确定的。自然科学家能够控制变化，这与人的行为学者相反。比如，在实验室做实验，自然科学家能隔离所涉及的不同因素，观察当某一个因素改变时所产生的变化。自然科学的理论必须符合这些实验——理论绝不能与实验所确定的事实冲突。如果产生了冲突，他们就必须寻求新的解释。而在人的行为领域，我们永远无法控制实验。在社会科学领域，我们所谈论的事实与自然科学所指的事实绝不相同。人的行为领域的经验非常复杂，由不同因素之间的相互影响而产生，所有的因素都会导致改变。

在自然领域，我们不知道最终的原因。我们不知道自然力量所"努力奋斗"的"目的"。有些人试图将宇宙的目的解释成为人所用。但这有问题：举个例子，苍蝇对人有什么价值？细菌呢？我们在自然科学中所知的不过是经验。我们熟悉特定的现象，而且基于实验发展出了一种技术科学。但我们不知道电是什么，不知道事情为什么这样发生。我们不问这种问题。真要问，也得不到答案。如果说我们知道答案，这就意味着我们有"上帝"的思想。断言我们能够发现其原因，意味着我们有某种类似"上帝"的特征。

总存在着人类心智不能及之处——总存在一个领域，在其中探索得不到更多信息的领域。许多年以来，该领域的边界已经不断地被向后推得越来越远。对自然力量的追溯已经超越了从前所认为的人类"终极"知识。但是，人类的知识一定会止步于某个"极据"（ultimate given）。法国生理学家克劳德·伯纳德（Claude Bernard）在他关于实验科学的著作中说道，生命本身就是某种"极据"，生物学只是确定了存在生命这种现象，仅此而已。

在历史或人的行为领域，情况则不同。在此，我们能将我们的知识追溯到隐藏在行为背后的东西，我们可追溯行为的动机。人的行为意味着人致力于确定的目标。人的行为领域中作为"极据"的这个点是：某一个人或某一群人，有明确的价值判断，并对运用何种方式以实现其选定的目的有明确的观念，受此激励而行动。这种"极据"是个性（individuality）。

作为人类，关于人类实现目的的方式，我们知道其评价、原理和理论。我们知道在个体不同的动作背后有某种目的，知道每个人都表现出了有意识的行为，知道存在某种意义、某种理由。我们可以确定人们有明确的价值判断，有明确的目标，而且运用明确的手段以图实现这些目标。比如，某个外来者突然闯进一个原始部落，他虽然对原始部落的语言一窍不通，但仍然能在某种程度上解释那些人对他所做的行为，解释他们做事的目的以及用来实现目的的手段。如果他们忙忙碌碌地生火，往罐子里放东西，那么他通过逻辑便能将其解释为他们在做饭。

研究价值判断和行为方式并非人的行为科学所特有的。科学家的逻辑，即智力活动的逻辑，与每个人日常生活中所实践的逻辑没有什么不同。工具都是一样的。目标不是社会科学家所特有的。即使孩子的哭泣和尖叫也有目的，他在行动，以得到想要的某样东西。生意人也在行动，以得到想要的东西。他们理解人的行为科学，在与其他人做生意时，他们每天都在践行这种理解，特别是在计划未来时。

这种对理解经验的认识论解释不是发明了一种新方法。这不过是发现了每个人自古以来就在运用的知识。经济学家菲利普·H. 威克斯蒂德（Philip H. Wicksteed）出版了《政治经济学常识》（*The Common Sense of Political Economy*），他引用歌德（Goethe）的名言作为他的座右铭："人皆为之，鲜有人悟之。"（Ein jeder lebt's, nicht vielen ist's bekannt.）

法国哲学家亨利·柏格森（Henri Bergson）认为，理解（l'intelligence sympathique）是历史科学的基础。历史学家收集资料以佐证他的解释，正如警察探寻事实以求能得到法庭判决一样。历史学家、法官、企业家都是在收集到尽可能多的信息后开始工作的。

对自然科学的法则没有做出任何贡献的孔德，却这样描述他所认定的所有科学的任务：科学必须知道如何预测和行动。自然科学给了我们确定的方法来实现这一点。凭借物理、化学等学科的不同分支，技术人员就能设计建筑和机械，并预见运转之后的结果。如果一座桥梁垮塌了，人们就会认识到犯了错误。而在人的行为中，人们不会认识到这种确定的错误，孔德认为这是一种失败。

孔德认为，历史不具有科学性，因此没有价值。在他看来，不同的科学存在一定的等级。他认为，科学研究始于最简单的科学，然后推进到更复杂的科学；最复杂的科学尚有待发展。孔德说，历史是素材，复杂的研究从中得以发展。这种新研究是社会法则（a science of laws）的科学，这种社会法则相当于科学家们发展出的技术性法则。他将这种新科学称为"社会学"（sociology）。他新创的这个词取得了巨大的成功。现在，世界各地的人都在研究社会学，写关于社会学的东西。

孔德清楚地知道，一门关于人的行为的普遍科学已经在过去的 100 年间发展起来了，这就是经济学或政治经济学。但孔德不喜欢政治经济学的结论。他没有办法反驳这些结论，也没有办法反驳推导出这些结论的基本规律。因此，他忽视这些结论和规律。追随孔德的社会学家也显示出了这种敌意和忽视。

孔德设想了科学性法则的发展。他谴责历史只考虑单独的事例，考虑在确定的历史时期和特定的地理环境下发生的事件。孔德说，历史不考虑人类普遍所做的事，只考虑个人所做的事。但是，社会学家们没有做孔德认为他们该做的事，没有发展出普遍的知识。他们做的正是孔德所谓的无意义的事，只研究单独的事件，而不是普遍性。比如，某个社会学报告讨论的是"韦斯切斯特的休闲"（Leisure in

Westchester）。社会学家也研究青少年犯罪、惩罚方式、财产的形式等。他们写了大量关于原始人习俗的材料。的确，这些作品没有研究君主或战争，主要研究的是"普通人"。但它们研究的仍然不是科学性法则，它们研究史实，对在某时某地曾经发生的事做历史调查。然而，这种社会学的研究之所以具有价值，恰恰是因为它们所进行的历史调查，对其他历史学家常常忽视的人类日常生活的方方面面所进行的调查。

孔德的计划是自相矛盾的，因为从历史研究中不可能得出普遍性的法则。历史观察的总是复杂的现象，相互之间的联系如此复杂，不可能以无可争议的准确度将最终结果的某一部分归于特定的原因。因此，历史学家的方法与自然科学家的方法毫无共同之处。

孔德打算从历史中发展出科学性法则的计划从未实现。所谓的"社会学"要么是历史学，要么是心理学。就心理学而言，我指的不是关于感知的自然科学。我指的是文艺心理学（literary psychology），哲学家乔治·桑塔亚纳（George Santayana）将其形容为理解历史事实的科学，即人类对人类奋斗历程的评价。

马克斯·韦伯（Max Weber）自称是社会学家，但他是一位伟大的历史学家。他的著作《宗教社会学》（*Sociology of Religions*）的第一部分"新教伦理与资本主义精神"（The Protestant Ethic and the Spirit of Capitalism），研究了资本主义的起源。他将资本主义的发展归因于加尔文主义。关于这一论点，他写得非常有趣。但是，他的理论能否得到逻辑支持，那就是另一回事了。

孔德有篇文章论"城市"，旨在讨论如何对待城市或城镇本身，试图赋予城镇普遍性的观念。不过，他在某个方面非常明确，即非常明确地坚持这种方法比起讨论某个城市在某个具体时期的历史更有价值。而事实上，情况可能完全相反。历史信息越具有普遍性，其包含的有价值的材料就越少。

至于未来，我们必须对如何理解未来事件形成某种观念。政治家、企业家在某种程度上都面临着这种情况。我们每个人都必须应对不可预测的不确定的未来状况。因此，可以说，政治家、企业家就是"关于未来的历史学家"。

在自然界中，存在恒定的数量关系——特定的重量等，这些可以在实验室中确定。因此，我们能够对不同物品的数量关系进行测量和安排。随着自然科学的进步，其研究越来越定量化，即从定性的化学反应到定量的发展。正如孔德所说的："科学就是测量。"

然而，在人的行为领域，特别是经济学领域，不存在这种恒定的数量关系。但是，人们所持的观点与此相反，甚至到现在还有许多人不明白，在经济学领域，不可能进行精确的定量解释。在人的行为领域，我们只能就特指的个别情况做出解释。

以法国大革命为例。历史学家试图解释是哪些因素促成了革命。有许多因素混在一起。他们衡量每种因素，比如财政状况、王后以及王后对懦弱的国王的影响等。所有这些都被认为起了作用。历史学家通过运用心智工具，试图理解这些因素，并赋予每种因素确定的重要性。但各种因素对结果到底产生了多大影响，无法准确回答。

在自然科学中，确定实验事实不依赖于个人的判断，也不依赖于特定科学家的气质或个性。在人的行为中的判断却染上了理解和解释之人的个人色彩。我谈的不是有偏见的人，或者有政治偏好的人，抑或企图伪造事实的人。我所指的仅是那些真诚的人。我不是指因其他学科的发展影响历史事实而产生的差异，不是指知识上的变化对历史解释的影响。我也不考虑科学、哲学或神学的各种观点对人们产生的不同影响。我只讨论两个历史学家，他们在其他任何方面都完全一致，然而他们对促成法国大革命各个因素的相关性有不同的看法。在人的行为领域，不可能像对某种金属的原子量那样，取得完全一致的共识。就某个企业家或政客对未来运作的理解而言，只有以后的事件才能证明基于他们的评价所做的某些预言是否正确。

理解涉及两种功能：一是确定价值，也就是对人们进行判断，判断他们的目标、他们的目的；二是确定他们运用什么方式来实现其目的。不同因素的重要性及其影响结果的方式只能是一种价值判断。比如，在讨论十字军东征时，看起来主要原因是宗教，但还有其他原因。例如，威尼斯可以从建立贸易霸权中获利。历史学家的任务就是，决定事情发展过程涉及的各种因素的相关性。

经济学中的历史学派试图将孔德针对社会学提出的一般规则同样地运用于经济学中。有人建议用别的东西来代替历史——一种源自经验的社会法则的科学，就像物理学从实验室中获取知识一样。他们还认为，历史方法是在人的行为领域研究问题的唯一方法。

18 世纪晚期，某些改革者希望能修改当时的法律制度。他们指出法律制度的失败与缺陷，希望政府以新法典代替旧法典。他们建议改革要与"自然法"一致。这种观点研究认为，法律不是撰写的，而是源于个体的本质。英国的埃德蒙·伯克（Edmund Burke）是这种观点的典型代表，他支持殖民地人民，后来则强烈反对法国大革命。德国法学家弗里德里希·卡尔·冯·萨维尼（Friedrich Karl von Savigny）是这种思维方式的支持者。在人民的精神这一方面，保守派接受了伯克一派的主张。该计划在某种程度上在许多欧洲国家（普鲁士、法国、奥地利，最后是 1900 年的德意志帝国）得到了实施，而且有时还相当成功。后来，反对制定新法律的意见出现了。然而，这些群体仍是现代世界的先驱。

历史方法的学派认为，如果你想研究某个问题，那么你必须研究其历史，不存在普遍规律。历史调查是在问题存在时进行研究的。人们必须先知道事实。要研究自由贸易或贸易保护，你只能研究其发展的历史。这与孔德所倡导的方法相反。

这一切不是贬低历史。认为历史不是理论、不是理论历史，既不是贬低历史，也不是贬低理论。我们只需要指出其中的区别。如果一个历史学家研究某个问题，那么他可能会发现某些历史趋势在过去占了上风。然而，对于未来，他无法做此判断。

人类由个人组成，因此无法做出预测。数学的概率法则不能预测任何特定的事例。大众心理学除了告诉我们大众由个人组成之外，也没有别的。个人不是同质的物质。通过对群众的研究，我们认识到，一件小事可能会带来重要且广泛的结果。例如，如果有人在拥挤的大厅里高喊"着火了"，引发的结果就与在一小群人中所引发的不同。同样，在人群中，警察的权威和刑事审判与处罚的威胁就没有那么强大。但是，如果我们研究不好个人，我们也就不能应对大众。

如果历史学家认定存在某种趋势，那么这并不意味着趋势是好是坏。认为存在某种趋势与对其进行评价是两回事。某些历史学家曾说，与演化的趋势相一致便是"好的"，甚至是符合道德的。但是，比如，有一种演化的趋势是现在美国离婚的人比过去更多，或者另一种趋势是识字能力增长了，那么，能够仅仅因为其中某种趋势是演化的，就认为它是"好的"吗？

第03讲
行动的人与经济学

　　人们普遍认为，只有商人、银行家之类的人才对经济学感兴趣，而且，不同群体、社会的不同组成部分或不同国家都有各自不同的经济学。由于经济学是晚近才发展出来的科学，所以人们对这一知识分支的意义与内容存在许多错误观念也就不足为奇了。

　　要指出常见的误解是如何产生的，哪些作者需要对此负责，以及政治因素又起了什么作用，得花费大量时间。与之相比更重要的是，列举这些误解并讨论公众接受了这些误解的后果。

　　第一种误解就是以为经济学不研究人们真实的生活方式与行动方式，而是研究经济学创造出来的一个"幽灵"，一个在现实生活中没有对应物的幻影。这种批评认为，真实的人不同于"经济人"这个"幽灵"。

一旦消除了第一种误解，又会出现第二种误解，认为经济学假设人们只受一种野心和动机的驱使，即改善他们的物质条件与自身的福祉。批评这种信念的人说，不是所有的人都是利己的。

第三种误解是，经济学假设所有的人都是有头脑的、理性的，而且仅受理性的引导。批评者说，实际上，人们可能受"非理性"的力量引导。

这三种误解都是基于完全错误的假定而产生的。经济学并不假定经济人不同于日常生活中的人。经济学唯一的假定是，人对所处世界中的某些状况并非无动于衷，因此他试图通过有目的的行动来改变其处境。如果一个人无动于衷、漠不关心、满足现状，他就不会采取行动。但是，如果一个人能区分不同的形势，并且在他看来有机会改变境况，他就会行动。

行动就是根据因人而异的个人价值判断来寻求改善所处状况的。这并不意味着从超自然的视角或从上帝视角而言是一种改善。人的目的是以一种他认为更好的状态来代替不那么令人满意的状态，他为此而努力。如果满足了这种愿望，他就比以前更幸福。这与行动的内容无关，也与行动是出于自私还是无私无关。

要消除试图区分"理性"与"非理性"时所产生的误解，我们必须认识到，人们有意识所做的事都是在某种力量的影响下完成的，我们将其称为理性。在这种意义上，任何针对确定目的的行动都是"理性的"。通常就"理性"与"非理性"所做的区分完全没有意义。人们所引用的"非理性"例子是爱国主义，或在似乎有更为明智的行动时去买了一件新大衣或一张音乐会的门票。人的行为理论科学的假设只有一样，即存在行动，也就是个人为了消除不适，为了以一种更令他满意的事态代替不那么满意的事态而做出的有意识的努力。这一假设不对行动的理由或内容做出价值判断。经济学是价值中立的。经济学处理的是价值判断的结果，而经济学本身是中立的。

试图区分"经济"与"非经济"的行动没有任何意义。某些行动处理的是维持一个人生存的必需品——食品、住所等。其他的行动被认为受更高层次的动机驱使。但这些不同的目标所被赋予的价值因人而异，并且同一个人也因时而异。经济学只关心行动，描述目标之间的区别是历史研究的任务。

我们关于经济规律的知识来自理性，而不能从历史经验中获取，因为历史经验总是复杂的，不可能像实验室中的实验那样进行研究。经济学事实的来源是人自身的理性，也就是认识论上我们所称的先验知识（a priori knowledge），是一个人已知的知识。先验知识与后验知识（a posteriori knowledge）不同，后验知识来自经验。

关于先验知识，英国哲学家约翰·洛克（John Locke）发展出了这样的理论：人心生而是一张白纸，经验则写在这张白纸上。他说，不存在什么固有知识（inherent knowledge）。德国哲学家和数学家莱布尼茨（Leibniz）将智力本身作为一个例外。莱布尼茨认为，经验并不是写在人类心智中的空白纸上，人类心智中存在着某种动物不具备的心智结构，这种结构能够让人类将经验转化为人类知识。

我不打算介入"理性主义"（rationalism）和"经验主义"（empiricism）之争，即经验与知识［英国哲学家和经济学家约翰·穆勒（John Mill）称之为先验性的知识］之间的区别。然而，穆勒及美国的实用主义者也相信，先验性的知识是以某种方式从经验中得来的。

经济学知识、经济学理论等与经济史及日常生活发生联系的方式，与逻辑和数学对于我们理解自然科学的关系是一样的。因此，我们能清除这种反自我主义，接受经济学理论的教义源于理性的事实。逻辑与数学也都以类似的方式源于理性。数学领域没有实验与实验室研究这种事。按照一位数学家的说法，他所需的设备不过是一支铅笔、一张纸以及一个废纸篓——他的工具是心智。

但是，我们可能会问，既然数学是纯粹由人类心智发展而来的，完全不涉及外部的世界与现实，又怎么能用来理解存在并运行于我们心智之外的物质宇宙呢？对于这个问题，数学家亨利·庞加莱（Henri Poincaré）和物理学家阿尔伯特·爱因斯坦（Albert Einstein）都曾经做了回答。经济学家也可就经济学问相同的问题。我们坐在椅子上，完全凭自己的理性、自己的心智发展出来的某种东西，怎么能用来理解市场和世界上所发生的事情呢？

这是因为，每个人的活动——所有的行动——皆源于理性，与我们的理论同源。在市场上、政府中、工作时、休闲时、做买卖时，人们的种种行动皆受理性引导，受某人在喜欢的东西与不喜欢的东西之间所做选择的引导。理性是达成解决方案的方式，不管这种解决方案是好是坏。每次行动都意味着以一种状态代替另一种状态，就此而言，每次行动都可被称为一次交换。行为的人希望以他喜欢的状态代替不太喜欢的状态。

自然科学的起点是由实验所确立的各种事实，从这些事实出发而建立的理论越来越抽象，越来越具有普遍性。最后的理论非常抽象，以致普通人几乎无法理解。这无损于它们的价值，只要它们能被少数科学家理解就足够了。

在先验性的科学中，我们从某个普遍的假定出发——采取行动是为了以一种状态代替另一种状态。这一理论——很多人认为这是没有意义的理论——推导出了其他概念，这些概念越来越容易理解，也不那么抽象了。

自然科学的发展是从具体到抽象，经济学的前进方向与之相反。自然科学能够建立恒定的数量关系。而在人的行为的领域，没有这样的恒定关系，因此没有测量的机会。价值判断激励人们行动，产生了价格和市场活动，却无法测量。价值判断有程度之分，有等级。人们不说 A 与 B 相等，或 A 比 B 多或少，他们说"我更喜欢 A 而不是 B"。他们没有数量判断。这一点被误解了 2000 年。即使在今天，还有许多人，甚至是杰出的哲学家，完全误解了这一点。市场的价格体系正是从价值与偏好的体系中产生的。

除了别的著作，亚里士多德（Aristotle）还描写过男人和女人的不同属性。他错了不少。如果他就女人的问题问过他太太，他就能发现他在某些方面犯了错，他会学到不同的东西。他还谈道，如果两样东西在市场上交换，那么它们必然具有某种共性；它们之所以能够互相交换，是因为它们是相等的。关于这一点，他也错了。如果两种东西相等，那么有什么必要交换呢？如果你有一美分硬币，我也有一美分硬币，那么我们不会交换，因为它们是一样的。因此，如果存在交换，那么交换的物品之间必然有什么不相等，而不是相等。

马克思将他的价值理论建立在这种论述之上。庞巴维克在其所著的《资本与利息》（*Capital and Interest*）一书的第十二章（第一卷"利息理论的历史与批评"中的"剥削理论"）中评论了这种理论。过了很久，亨利·柏格森在一本备受推崇的著作中谈到宗教道德的两种来源，他也接受了同样的谬论——如果两种东西在市场上交换，那么它们必然在某个方面是相等的。但是，相等的东西之间不会有交换，交换之所以发生，是因为它们不相等。你之所以不怕麻烦地到市场上买东西，是因为你认为一块面包比你为它所支付的货币价值更高。人们之所以购买东西，是因为当时他们更喜欢这些东西而不是金钱。交换绝不会出于受损的目的。行动的人绝不悲观，因为他的行动受现状能够改善的想法激励。

行动的目标是以采取行动的人认为更适宜的状态来代替之前的状态。在其状态中，价值的改变，如果是正值，就被称为"获利"（gain）；如果是负值，就被称为"亏损"（loss）。这种价值纯粹是心理上的，不能被测量。你只能说这种价值多一点或少一点。唯有当商品在市场上与货币相交换时才能被测量。单就行动自身而言，它没有数学上的值。

但是，你会说，这与我们的日常经验相矛盾。是的，因为我们的社会环境使计算成为可能，只要各种东西都与一种共同的交换媒介——货币——相交换。当与货币进行交换时，我们就能以货币形式进行经济计算，但必须满足以下三个条件。

（1）必须有私人所有权，不仅是产品的私人所有权，而且包括生产手段的私人所有权。

（2）必须有劳动分工，因此生产是为了满足他人需求的。

（3）必须在一个共同的基准下进行间接交换。

大体而言，只要满足这三个条件，我们就可以建立某些数学上的值，虽然这些值并不精确。这些测量结果之所以不准确，是因为其衡量的是昨天发生的事，是历史上的事。商业财务报表看起来是精确的，但即使是记为"多少美元"的某种存货的货币价值，也是对预期未来的估值。关于设备与其他资产的价值也是估算的。通货膨胀的真正问题是，它歪曲了这些计算，从而引发了不幸的问题。

不是所有类型的组织或社会都必然存在货币计算。在经济活动刚出现时，货币计算不存在。最早的人类也有行动，人类始终都有行动，但经过了千万年，人类才演化出了劳动分工，以及使货币计算成为可能的金融工具。中世纪时，货币计算逐步发展。在早期的发展阶段，人们缺少我们今天认为不可或缺的许多特性（在计划经济下，这些条件会再次消失，从而使计算和测量变得不可能）。

由于自然科学的量化性质，人们能够运用技术来制订计划、修建桥梁。如果你知道需要修建的是什么，那么基于自然科学的技术就足够了。然而，问题是：应该修建什么，以及应该做什么？技术人员回答不了这些问题。

生活中的生产原料是稀缺的。不管我们怎么做，生产要素都不会剩下，都会有别的项目需要。我们始终都会有其他迫切的需求。这是商人在计算得失时纳入考量的因素。若某个商人因为成本太高，决定反对某个特定的项目，那么这意味着公众不打算为这种使用原材料的方式买单。可得的生产要素要实现最多的能满足最为迫切需求的项目，我们不要将生产要素从较迫切的用途转移到不那么迫切的用途，从而造成浪费。

要确定这一点，我们必须能够比较不同生产要素的支出。比如，我们要在城镇 A 和城镇 B 之间修建一条铁路。假设城镇 A 与城镇 B 之间有一座山，那么修铁路有三种可能：翻山、穿山或绕山。我们必须有一个共同标准来计算相对价值，但这只能给出货币情况的图景。这不是测量，而是根据现在的需求与形势所做的评估。明天的条件会有所不同。一个商业项目的成败取决于是否成功地预测了未来的可能性。

试图发展出量化经济科学的问题在于，许多人认为理论经济学必须遵循其他学科的演化进程。自然科学在本质上是从定性发展到定量，于是许多人倾向于相信经济学也必然产生同样的趋势。然而，经济学中不存在恒定的数量关系，因此不可能测量。而若没有测量，经济学的定量化发展就不能产生。经济学中的量化事实属于经济史，不属于经济学理论。

保罗·道格拉斯（Paul Douglas）最近评论了一本名为《测量需求弹性》（*Measurement of the Elasticity of Demand*）的著作（道格拉斯是美国参议员，他甚至希望日后能谋得更高的政治职位）。道格拉斯认为，经济学应该成为一门精确科学（exact science），像化学中的原子量那样具有定值（fixed values）。但该书本身涉及的不是定值，而是一个特定的国家（美国）在一个确定时期的经济史。如果考虑另一段时间或另一个国家，结果则有所不同。我们在这个宇宙的框架下操作，原子量不会因时因地而改变。而另一方面，经济价值和经济数量却随着时间和地点的变化而变化。

经济学是人的行为的理论。这是一个具有重要意义的历史事实，比如，土豆的用途被墨西哥原住民发现，被某个英国人带到欧洲，之后传到全世界。这个历史事实对爱尔兰这样的国家有重要的影响，但是从经济学理论的角度来看，这只是一个偶然事件。

当你在经济学中引入数字时，你就不再处于经济学理论之中，而是进入了经济史的领域。经济史当然也是一个非常重要的领域。在人的行为领域，统计学是历史研究的一种方式。统计学描述事实，但除了该事实，什么也证明不了（确实，有些统计学家是"骗子"，而且事实上，某些效力于政府的统计学家得到任命很可能只是因为这个目的）。

有些人可能会曲解这些表述，断定经济学作为一个纯粹的先验性的科学，其目的是发展一个未来科学的计划，而且经济学只是一种闭门造车的理论。这些看法都是错的。经济学不是一门尚不存在的科学的计划，也不仅仅是纯理论者的科学。因此，我们必须拒绝某些人所说的通过历史来研究人的行为的观点。历史很重要，但你不能靠研究过去来处理今天的情况。情况在变化。

举例来说，美国国家经济研究局（The National Bureau of Economic Research）发布了一份分期付款销售的报告——关于第二次世界大战前夕、通货膨胀前夕以及政府限制信贷前夕的分期付款销售的情况。当这个研究完成时，它就已经"死"了，它处理的是过去的情况。我不是说这没有用。聪明的人可以从中学到很多东西，但要记住，这不是经济学，而是经济史。他们研究的其实是最近的经济史。

达尔文（Darwin）也意识到了这一点。他在研究动物时发现，当解剖动物用以研究时，动物已经被杀死了，因此人们无法真正研究这个动物——无法研究生命本身。

经济学同样如此。人们无法描述当前的经济体系，只能描述过去。人们无法通过研究过去来预测未来。经济史学家经常以"经济学"的名义教授经济史。即使你对过去无所不知，你对未来仍一无所知。

第 04 讲
资本主义与人类进步

今晚我先谈谈经济与人类日常生活之间的关系，然后谈谈经济学理论发展带来的后果。

吉卜林（Kipling）说："东方就是东方，西方就是西方，二者永不会相遇。"东方与西方之间的差异确实已经存在了几千年。追求知识和真理本身，是希腊人赠予人类文明的。希腊人的第二大成就，就是政府的政治自由的观念，即公民个人的政治责任的观念。然而，尽管有这些观念之别，直到大约 250 年前，世界都或多或少是一个整体。

直到 250 年前，世界各地的社会关系和生活条件都大致一样。东方和西方的平均生活水准相差无几。现代的生产方式和消费水平、技术知识以及法律面前的平等尚不为人所知。今天我们会认为当时的主流情况是极其糟糕的。温德尔·威尔基（Wendell Willkie）所说的"天下一家"（One World），若不考虑其政治含义的话，就更适用于当时而不是现在。

大约 250 年前，政治稳定的普遍发展已达到了一定的程度，导致了人口的增加。增加的人口令当时的社会制度不堪重负。政治条件最好的那些国家出现大量劫匪、小偷和杀人犯，他们是在既有经济情况下无立足之地的人。

后来，欧洲发生了一些事情，始于西欧，然后是英国与荷兰，继而扩散到西方世界的其他各处。正是这场运动造成了东方和西方的显著差距。历史学家称之为"工业革命"。巨变是由之前智识上的彻底变革带来的，也就是由一场产生了经济学，并使其成为人类知识的一个独立分支的智识运动（intellectual movement）所带来的。这些巨变让人口倍增，改变了世界的面貌。其中，有些思想从更早的时代就开始发展了。

比如格雷欣法则。托马斯·格雷欣（Thomas Gresham）爵士提出的法则指出，法定高估的货币（劣币）最终将会把法定低估的货币（良币）逐出流通领域。更早的时候，注意到货币领域规律性的有希腊的喜剧作家阿里斯多芬尼斯（Aristophanes）［其作品有《青蛙》（*The Frogs*）］和法国主教尼古拉·奥雷斯姆（Nicolas Oresme）。然而，过去没有人领悟到，市场现象中的联结关系和发生顺序同样存在类似的规律性。对更广泛的市场活动的规律性的认识是人类心智的一大成就，是思想上的成就。这种关于市场规律性的新知识的后果是，人类看待所有生产活动的视角有所不同了。

关于古希腊，有人提出这样的问题：古希腊人虽然有着迄今为止仍可谓先进的科学知识，却为何没有将他们的发明运用于实际？据说，他们已具备了开发铁路的科学知识，但他们并未修铁路。为什么呢？他们的进步受到了某种观念的阻碍。一种妨碍他们的观念至今仍然盛行，就是"技术性失业"的观念，认为改良生产技术会导致失业。因此，不管老式的方式多么不尽如人意，背离传统生产方式都被认为是一种犯罪。他们不曾产生这种想法，即生产一定数量的产品或物品所需要的劳动量减少了，便可为生产其他东西释放出材料和劳动。

束缚希腊人发展的第二个观念是，他们将贸易看作单方的——卖家获利，而买家损失。这种态度对国际贸易的影响尤其重要。外贸产生失业的古老迷信如今也仍然盛行。许多人仍然相信，外贸所得的好处来自出口，而不是进口。如果真是这样的话，那就意味着，买一个面包所得的好处不是得到面包本身，而是来自"输出"了货币，来自为买面包所花的钱。

因为背离生产和贸易的传统方式被认为是一种犯罪——
而任何变化都必然一定是创新的东西，所以我们倾向于忽略
另一种发展，即以前不为人所知的一种新观念的发展。我们
对所发生的巨大变化（不仅是生产方面的巨大变化，而且
是消费方面的巨大变化）视而不见。我们看到了大规模的
生产，但是看不到这种大规模的生产是为了满足大众的需
求。中世纪的行会和手工业者为富人生产。在工业革命之前
以及工业革命早期，旧衣服的买卖大量存在。这些衣服是为
富人定制的，富人不穿的衣服就被穷人买走。这种旧衣贸易
曾是经济中重要的一部分，后来因现代生产方式的发展而消
失了。

工业革命始于为穷人、大众的需求而生产。大规模生
产始于生产最廉价、最低劣的东西。棉纺业是工业革命早
期发展的产业之一。棉布是穷人的衣料——上流社会或中产
阶级没人需要棉布。只有当大众的状况改善了，以致他们
也瞧不起便宜产品的时候，大众产品的质量才会改进。不太
久以前，还没有人能买到工厂生产的男鞋、女鞋，或现成的
男装、女装。直到100—120年前，人们在德国才能买到现
成的衬衫。所有这些产业都是在最近100—150年中发展起
来的。

西方工业革命的结果是，出现了一条巨大的鸿沟，也是

如今将西方和东方分离的鸿沟。东方仍然坚持曾经阻碍西方世界资本发展的那种观念，即某人发财就会导致他人贫困的观念。"欠发达国家"的概念已经出现了，人们认为有必要给予他们技术建议，即"专门知识"。这真是可笑！我们的大学里有很多其他国家的学生，他们非常有能力，正在掌握专门知识。即使他们不行，也有很多美国人愿意去那些国家工作并提出建议。他们真正需要的是资本，所缺乏的是资本主义。

经济学、经济理论的讨论有什么用？如果没有 18 世纪的经济学家所传播的劳动分工的思想、交换自由的思想等为那些科学发现的实际应用铺平了道路，那么物理和化学等科学取得的所有成就将仍然是"纸上谈兵"，对现实生活没有任何意义。然而，有些人至今仍对创新多有疑虑。比如，一位德国教授，被认为是著名的经济史学家，也是许多学会的名誉会员，他在最后所写的某本著作中说，我们的社会制度让每个人都有机会创造发明，并将其投入实际应用，这是一个非常严重的缺点。他相信，将发明放入博物馆是无害的，这是发明应该待的地方，除非是军事上的发明。（这是领袖原则的基础——领袖原则是指全知的元首应该发号施令，而元首直接从上帝，即宇宙的元首那里得到指令。）科学进步可能会在一定程度上受到阻碍，但是总的来说，不可能完全阻止这种进步。

有人认为，科学进步是"物质的"。仅仅是致力于改善物质的或外部的生活条件——更好的食品、衣服、住房等，他们就称之为"物质主义"。他们说，以此为目的的人只在乎日常生活中"低下"的必需品。另外，他们认为自己道德高尚，通过诋毁这种物质进步来显示其理想主义。但是，我们来看一看。

工业革命的后果之一是，世界上现在住着比以前所能承受的多得多的人口。每个人的生活水平也比以前高得多。这意味着人们的平均寿命长得多。人口增长不是通过出生率的增加，而是通过死亡率，尤其是婴儿死亡率的减少来实现的。英格兰的安妮（Anne）女王是斯图亚特王朝的最后一个统治者，有 17 个孩子，但没有一个活到成年。这种情况对英格兰有重大影响，产生了新教继承权的历史和宗教问题。婴儿死亡率高低的进一步证据是，贝拉斯克斯（Velásquez）画过的那些哈布斯堡家族中大多数可爱的孩子夭折了。你可以将工业革命所带来的生活水平的提高称为"物质主义"，但从父母的角度而言，他们孩子预期寿命的提高似乎不仅仅是物质的。

弗里德里希·恩格斯（Friedrich Engels）说，人们必须先吃饭，然后才能发展哲学思想。我同意这一点。现在欧洲人声称，他们在与"可口可乐文化"斗争，但是认为资本主义除了发展出可口可乐，别的什么都没有，是错误的。资本主义无疑也会导致哲学和神学的进步。鉴于 19 世纪和 20 世纪的伟大科学发现，认为资本主义经济是"可口可乐文明"，似乎不是一个公正的说法。

有好几种权利与自由伴随着工业革命而发展，比如国内外贸易的经济自由政策、稳健货币的政策以及放弃政府干预的政策。这些都是政策，而非科学真理。它们是基于价值判断的政策，之所以有这些政策，是因为知识的进步。我们必须认识到知识与价值的关系。

在医学或化学领域，人们较为容易理解这种区别。科学家可以确定事实，比如，药物 A 是一种毒药，但他们并没有就这种药物给出价值判断。病理学和化学不谈某种化学药品该如何使用。当他们确定了该药品能否延长人的生命的时候，他们的任务就完成了。是否要使用这种毒药，以及如何使用，做出这种决定的理由来自他处，而不是来自化学家或病理学家。这种决定必然源于某种价值判断。如果医生不能同时挽救母亲和孩子的生命而陷入两难的结果，那么医学也无法给出答案，它必然来自一种价值判断。

在社会关系与人的行为的领域，科学为我们提供了有关存在的命题，即关于特定原因的后果的陈述。这种事实陈述与告诉我们哪种选择更值得、更可取的价值判断之间存在一种根本性的区别。价值判断是从拥有共同价值观的人的视角来告诉我们事情应当如何。

看起来，经济学对日常生活似乎没有多大重要性，但事实并非如此。其实，经济学理论非常重要。为了采取适当的措施以达到特定的目标，首先，我们必须熟悉实际情势——现存的状况。然而，另一方面，我们需要经济学的知识和对经济学的理解来决定、行动和进行价值判断。要判断经济学知识的重要性，我们可以考虑伊朗的情况。伊朗最近没收了英伊石油公司（Anglo-Iranian Oil Company）的财产，并将石油产业国有化，这是想改善民众的状况。[1]问题是，伊朗正在实行的政策是否具有这种效果。

古典经济学家引入了"被正确理解的利益"的术语。这里存在各种长短不同的时间段。要决定什么是"被正确理解的利益"，我们必须考虑所有的可能性，因为短期的结果往往不同于长期的结果。对经济学最常见的攻击之一是，认为经济学家只考虑长期而不考虑短期。但这不是事实，经济学

---

[1]　1951 年 4 月 30 日，穆罕默德·摩萨台总理领导下的伊朗议会颁布了一项立法，自 1951 年 3 月 20 日起征收英伊石油公司的财产，并将该行业国有化，"为了伊朗民族的幸福和繁荣，为了确保世界和平"。——原编者注

家只是指出二者之间存在区别。

人们倾向于喜欢短期利益而不是长期利益，但是这并不意味着，我们必须只考虑长远之计。政府采取各种干预措施以寻求解决经济问题，这在短期内或许不会毁灭资本主义国家。有些毒药会很快生效，另一些则慢些。就像慢性毒药，政府干预在长期可能会带来灾难性的后果，即使从诉诸这些干预措施的人的角度来看也是如此。

约翰·梅纳德·凯恩斯说："从长远来看，我们都死了。"这是我唯一同意凯恩斯的地方。这种观点虽然是正确的，但也不过和蓬帕杜夫人（Madame de Pompadour）说的话一样。蓬帕杜夫人是国王路易十五的情妇，她的作用是在国王的军队受到威胁时安慰国王："不用担心，哪怕我们死后洪水滔天。"蓬帕杜夫人是幸运的，她早早就去世了。但是她的继任者、亦为路易十五情妇的杜巴丽夫人（Madame du Barry），就不是那么幸运了——她活过了短期，但在长期，她被处死了。

但是，即使从凯恩斯自己的角度来看，他的观点也不能令人满意。他的信用扩张理论带来的人为繁荣最终必然会变为萧条和危机。就在一个人活着的时候，而不仅仅在他去世后，这种没人想要的后果就可能出现好几次。活在今天的人可能已经见识过了发生在 1907 年、1921 年、1929 年、1937

年的萧条，而他还可能活着看到另一次萧条。

经济学只说既有短期也有长期的后果。人们必须同时考虑二者，应该根据所有可用的知识来做决定。经济学不会说自由贸易比贸易保护更好，仅仅指出二者后果之间的差异。经济学仅仅说，贸易保护不是提高普遍的生活水准的方式。但这并不适用于因其他理由而主张保护性关税的情况。例如，第二次世界大战前夕，当意识到补给线面临威胁时，美国就可以增收对天然橡胶的进口税，并补贴合成橡胶的制造商。于是，人们认为是一种"防卫"支出，而不是基于经济学的选择，并从防卫的角度来评价这种措施。

经济学家不提供价值判断，没有哪门科学会给出这种判断，只是提供人们进行价值判断并做决定所需的信息。评价和判断取决于个人，取决于人民，取决于选民。

科学的中立性的理念遭到了批评，尤其被那些希望将特定的价值判断提到更高地步的人批评，他们想将特定的价值判断提升为人人必须服从的规则的高贵地步。在德国，特别是在 1870 年战争结束后，教授政治学的经济方面的德国教授认为，国家之间应该有宽容、谅解、和平与善意这种观念是可悲的。

科学的中立性（价值无涉）的理念是科学最有特色的发展。经济学是中立的，这并不意味着它不处理实际问题，只是意味着它不解释人的行为的意义。但是，恰恰正是因为其中立性，对事物评价不同的人才能够和平共处。这是工业革命和现代科学发展所产生的最重要的思想之一。16世纪，即使最杰出的头脑，对这种理念也完全陌生。当时，罕有人能理解，有着不同宗教信仰、不同价值观、不同理念的人能够在同一个城市、同一个国家或同一个世界共存。

19世纪初，思想的和平交流与观念各异的人和平共存的观念胜利前进。然后，社会上出现了趋于自由与和平的发展，特别是趋于观念的思想自由，趋于废除政府残酷的刑罚，以及废除刑事程序中的官方刑讯，同时也趋于生活水平的改善。人们开始相信，自由与和平是必然的发展趋势。19世纪，他们完全相信，没有什么能够阻挡朝着更为自由的方向发展的趋势。英国的曼彻斯特商会（The Manchester Chamber of Commerce）在19世纪20年代甚至宣布，战争时代已经永别了。这就是不流血的经济学理论。有了自由贸易和代议制政府，人们就无须战争了。但是，这些人没有意识到，有一种反作用已经开始了。一场运动正往相反的方向发展。

自由思想的反对者包括奥古斯特·孔德。正是这种对抗自由的反作用将今日的世界分成了两大阵营。矛盾的是，热衷对异见者等进行监禁、迫害的那些集团的支持者，被称为

"进步派"。

"有道德的经济学家"反对英国不流血经济学理论的"物质主义"，成了后来被称作纳粹主义的先驱。纳粹不容忍任何反对。一个好的德国人只能有德国的想法。每个人都会被自然规律强制，按照他的种族或民族的"天然"利益来思考。纳粹难以解释为什么贝多芬（Beethoven）、歌德、康德（Kant）等人虽然都是德国人，却有着非德国的思想。现在，鉴于后来发生的事，我们可以追问：这些被强加在德国人头上的纳粹思想，表面上有利于他们自己，但从长远来看，是不是真的对他们有用？

某些人宣称，他们预料到了纳粹主义的胜利。但是，他们并没有！相反，没有任何人预见到这一点。在德国，20世纪20年代末至30年代初，纳粹党开始出现。中立的观察者说："确实，他们获得了一些选票，但是德国不可能成为纳粹。看看统计数据，大多数德国人是工人和马克思主义者。他们绝不会给纳粹投票。"这表明没人能预测历史。人们可以做出预言，但这些预言的正确性是存疑的。

有特殊利益的群体很可能是少数派。牧场主、奶农、棉农、麦农等都是有特殊利益的少数。但是，如果政府进行干预，这些群体就可能形成联盟，即使他们的利益并不相同，甚至他们可能互相对立。劳动者也存在同样的情况，比如制衣工人、铁路工人、煤矿工人等。在政治生活中，我们必须面对的东西不是因为天然的共同利益而形成的压力集团，而是由政府促进的几个少数派的联盟组成的压力集团。

特权只有被授予少数人时才有好处。在某些情况下，少数派可能会在一段时间内获得一些特权，但是最终这种优势会衰变。尤其是对农民而言，当他们开始意识到特权为他们带来的后果不尽相同时，情况更是如此。要说服不同的少数群体——说服他们其实是得不偿失的——并不困难，因此这种联盟只是暂时的。在代议制政府中，某一少数派除非与其他的团体联盟，否则绝不可能为自己争得特权。人们只有拥有真正的知识，才会从中获益。

在纳粹统治之前，德国被称为诗人和思想家的国度。纳粹发展出了一种全面保护的理论，保护各种国家组织和各种民族产品。他们没有意识到，如果你以同等程度保护每个人，那么每个人作为消费者之所得，正是他作为生产者之所失。如果在诗人和思想家的国度德国都发生这种事，那么你还能对别的国家指望什么呢？其后果导致了人们对另一种制度的渴望，于是人们投票支持能保护他们免受自身无知伤害的政府。

从长远来看，每个国家都必然按照与大多数人一致的想法来统治。如果一国政府与人民的想法相反，那么迟早大多数人会发动革命，除掉这种领导人。大卫·休谟（David Hume）在文章《政府第一原理》（First Principles of Government）中指出，从长远来看，让政府强大的是观点。因此，代议制政府是好的，它反映了观点，而且下一次选举会消除分歧。

如果大多数人受到不良观念控制，那么除了尽力改变不良观念外，我们别无他法。这是写作者、经济学家等的事情。不幸的是，有许多糟糕的写作者以及糟糕的经济学家。然而，以良好的观念代替不良观念的努力仍然不可替代。在国家、政府和经济组织的领域，政策的后果只有经过很长时间才会显现，而后果在显现时仅仅是历史事实。由于难以将后果归结于某个确定的原因，转变思想观念可能非常困难。尽管如此，对付不良观念的唯一办法仍是尽力以良好的观念取而代之。

18 世纪，特别是 19 世纪早期，社会哲学家和经济学家一心认为，向着更好条件、更多自由进步的趋势将永远持续下去。他们没有预料到我们这个时代所发生的事。

对于未来，我们所能知道的一切都是通过历史理解的方法知道的，但这不会带给我们确定性。然而，未来的不确定性与我们是自由行动的个人是同一个事实。如果未来是已知的，我们就不会是人类，我们也不会是自由的，我们不能做出决定并采取行动。我们将只是蚁冢里的蚂蚁。当前世界上存在将人类变为蚂蚁的压力，但我不认为这种趋势将会成功！

第 05 讲
货币与通货膨胀

经济学家必须努力解决的问题之一是，商业术语的发展先于经济理论的发展，因此，商业语言就不见得适合探讨经济问题。有一种情形造成了实实在在的困难，那就是"货币市场"的术语。

18 世纪末，英国经济学家发现了"货币市场"，这与商业贷款相关。术语"货币需求"（demand for money）与"货币供给"（supply of money）已经被用来表示贷款的需求与供给。这些术语如此根深蒂固，以致不能用于讨论货币问题，也就是说，不能用来讨论货币本身的需求与供给。相反，经济学家必须指出，利率和市场上的贷款需求并不依赖于现有的货币数额或货币量。他们必须指出，存在一种对货币的需求，即对现金的需求，这独立于对贷款的需求。通过报纸报道，人们日益熟悉股票市场与货币市场，这种观念对他们而言难以理解。几乎所有的报纸都使用"货币需求""货币供给"这类的商业术语来报道货币市场，即贷款市场的状况。

经济学家指出，市场上存在货币的供求，这类似于其他物品的供求。然而，他们顺便指出，这种货币的供求与贷款的供求无关。值得注意的是，虽然对大多数物品的需求是对消费的需求，但对货币的需求不是对消费的需求。对货币的需求并不是要消费或毁坏每一块钱。对货币的需求本身是一种持有货币的需求，是对"现金持有"的需求。

因为未来的情况必然是不确定的，所以人们必须在手头上保持一定数量的现金。如果事情是确定的，他们就可以把每一分钱都投资一个确定的时间。他们如果确切地知道什么时候需要现金，就可以做出计划，让投资恰好在这个时候到期。但是，因为人们无法准确估计什么时候需要货币，所以他们必须在手头或支票账户上保持一定数量的现金，而不能投资或借出所有的现金。

流通中的货币量就是所有现金持有的总量。考虑某一块钱的历史，没有哪一块钱没有被某人持有，也就是说，没有现金不是出现在某人的现金持有中。现金从一个人的现金持有转为另一个人的现金持有。就特定的一块钱而言，这两种情况之间没有间隙。这一块钱不可能不被某人拥有，而如果它是因某种情况消失了，比如被火烧了，那么这也不会对它曾经的主人造成伤害。

关于货币的错误定义、不当说明和解释可分成两类，即认为货币要么是超越商品的某种东西，要么是不如商品的某种东西。但实际上，货币既非超越商品，也非不如商品，它就是商品。货币类似于其他任何商品，其可能的供给影响其市价，并且人们之所以对它有需求，是因为人们认为它有用。

因为存在对现金持有的货币需求，并且人们愿意为得到货币而舍弃商品，充当货币的物品的价值就会因这种需求而提高。如果对黄金产生了充当货币的目的的需求，黄金的价值就会增加。类似地，如果需要将白银用作货币，白银的价值就会上升。当19世纪货币状况改变时，白银作为货币不那么重要了，其单位价值，即购买力，则趋于下降。

对于通货膨胀，虽然货币量增加，但货币需求没有相应增加。我不是说通货膨胀自身对货币需求没有影响。货币量与货币需求不是两个截然分开的量。对现金持有的货币的需求取决于个人对未来状况的具体理解——他关于未来的推测和观念。

在通货膨胀开始时，也就是在货币量增加却没有货币需求相应增加的初始阶段，价格会上涨。于是，如果民众对理论和历史有所认识，那么他们可能会预测到价格的进一步上涨。在这种情况下，他们预计价格上升，而如果每一块钱的购买力下降，他们就趋于限制自己的现金持有。如果他们对货币的未来购买力没有这种推测，他们就不会有这种限制。这取决于公众推测性的反应。另外，如果人们认为价格会下降，并且预计货币的购买力将上升，人们就会有增加现金持有量的趋势。

总的说来，货币购买力的通胀性变化是由这样的事实引发的：只有少数人能够很快认识到发生了什么事，并按照政府的通胀政策来调整其活动。他们并不一定具有伟大的思想，也不一定比其他人睿智。他们只是比别人的反应快。第一次世界大战后，当德国和奥地利发生通货膨胀时，一些"傻瓜炒家"（silly speculators）偶然被推动用保证金购买股票。这不是因为他们聪明，而是因为银行家们不聪明。银行持有普通股，对销售融资，并将这些股票以保证金形式出售给一些"炒家"。在极短的时期内，这些"炒家"大发其财。但很快他们就损失了其已得的收益，因为他们不明白发生了什么事。

不是每个人在这一方面都不相信政府，而那些动作快的人必须如此。只要那些迅速预测通货膨胀的人还是少数，而反应较慢的人是多数，只要家庭主妇相信价格会下降而推迟购买商品（她们对自己说，每个人，特别是政府，都说价格会降下来），通货膨胀就会继续。这种心态是通货膨胀的基础，是其得以成立的基石。随着越来越多的人发现政府的说辞可疑，而到某天，每个人都发现了这一点，整个事态便急转直下。这种变化发生在一夜之间，当家庭主妇决定最好立即去买东西而不是拖到明天或明年（因为那时价格还会更高）时，变化就来了。在德国，第一次世界大战之后，这被称为"逃到实物价值"（Flucht in die Sachwerte）。

每次通货膨胀都有一个特征，就是不会及时停止。第一阶段可能持续多年，于是政府扬扬得意。第二阶段仅仅持续非常短的时间。在德国，第一阶段从 1914 年 8 月 1 日开始，直到 1923 年 9 月底，第二阶段仅仅持续了三四周。德国第二阶段的特征是，工人每天早上提前发薪，他们的妻子和他们一起上班。每个男人在得到钱后马上给妻子，妻子则赶到最近的商店去买点什么（买任何东西），只为了把钱花掉。买点东西总比拿着明天就会变成废纸的钞票要好。

这种通货膨胀的冒险在历史上发生了好几次。大多数政府在第二阶段之前就停止了通货膨胀。经历了完整阶段的通货膨胀最重要的有三次：一是 1781 年的美国，二是 1796 年的法国，三是 1923 年的德国。其他较小的国家也有过通货膨胀，比如匈牙利，但不是那么重要。

美国南方各州与其邦联在 1865 年的情况是另一回事。之所以有所不同，是因为邦联政府本身因其军事上的失败而崩溃了。

20 世纪，卡尔·赫弗里希（Karl Helfferich）是一位杰出的学者和有天赋的经济学家，但缺乏公开坚持自己意见的品质，他创造了一句口号：战胜国的货币将证明是最佳货币，并能在战后保值。但这并非历史事实。在 1781 年的美国，殖民地是胜利的一方，刚刚打败了一个伟大的国家——英国，然而美国的大陆币贬值了。1796 年，法国虽然在军事战役中获胜，但也遭遇了通货膨胀。到了德国，赫弗里希犯下了双重错误：首先，他认为德国会在第一次世界大战中获胜；其次，他相信德国的货币，认为战胜国的货币必然是良币。赫弗里希没能认识到，当一国开始通货膨胀时，与它是富是穷没关系，重要的是它将新增货币注入了流通领域的基础。

每一次通货膨胀，如果没有及时停止，就会包括两个阶段：灾难性崩溃的繁荣（这很令人讨厌）以及失控的通货膨胀。正是经济规律导致事态如此发展。第一阶段的持续时间取决于我们称为心理性的条件，即民众的思想，取决于他们的判断以及他们对政府的信任。这也取决于他们的观念，取决于他们被灌输的伪经济学。因此，我们估计不了第一阶段会持续多久。

德国人确实被灌输了一种观念，他们信任政府。甚至直到 1918 年 10 月 19 日，他们仍然相信德国会在战争中取胜，并且认为他们的货币安全无虞。他们谴责投机者抬高了美元的价格。在这些事情上，比起德国经验丰富的银行家，美国和法国头脑简单的 18 世纪农民的判断更胜一筹。我们不要忘记，德国的银行在此期间崩溃了，因为它们无视通货膨胀的相关问题。

这让我们能够解释为什么价格管制不奏效。政府增加了货币的数量，这就是通货膨胀。每个人的现金持有量都比以前更多。其结果是，个人有了未能在日常消费中花掉的剩余货币。在他看来，这是现金持有的盈余状态。如果他不打算购买奢侈品，他就会想拿出一部分投资。这个小人物会投资于储蓄银行或保险单。大企业拿着这些货币直接或间接地进入了贷款市场。政府暂时成功地压低了价格。但价格管制没有消除危险，使得人们更容易以低价购买他们无论如何都要购买的那些东西。这增加了他们口袋里的货币量，增加了他们的现金持有量，他们可以购买别的东西。

德国在两次世界大战时的通货膨胀相对温和，因为大部分多赚了钱的工人会在战争期间增加其现金持有量。下层工人的确增加了现金持有量，他们预测战后物价会降下来，而且某些商品在战争期间得不到，比如收音机、冰箱、汽车等。这是通货膨胀第一阶段的特征。记住，家庭主妇说的是："让我们持币在手，明年的价格就会降低。"但是，一旦人们发现情况是另一回事，灾难就会发生。这些头脑简单的人的解释让局势变得严峻且危险。

现在（1951年）通货膨胀仍遭遇了强大的阻力，对限制通货膨胀的必要性仍有很多讨论。确实，这类讨论九成都没有意义，比如，打算以价格管制来掩盖通货膨胀的必然后果。虽然如此，只要有这样的阻力，只要政府和国会被迫承认通货膨胀蕴藏危险，这种危险就还不算大。崩溃发生在政府官员不再介意会出什么事和不再害怕之后会失控之时。

在第二次世界大战期间，因为审查制度，大多数国家的经济学家不被允许谈论本国发生了什么事，或者因为他们在军中服役而不许讨论。但在第一次世界大战中，并非所有的国家都卷入。在中立国瑞典，有位教授名为古斯塔夫·卡塞尔（Gustav Cassel），作为中立者，他获得了去德国访问一周的特权，然后是英国，其间还顺便访问了荷兰和比利时。他写下了自己的见闻。卡塞尔告诉德国人："你们处于通货膨胀中，你们的利润并非真实的利润，只是虚幻。"他告诉德国人，他们必须采取措施从货币体系中收回超发货币，一是通过税收，二是通过借款。但德国人没有勇气对得到新增货币的人征税。他们尝试了一种"超额利润税"，但这只去掉了一小部分超发货币。他们尝试借款，比如购买 100 马克的债券，公民只需支付 17 马克，剩下的 83 马克由政府新印钞票来支付。因此，新发行的每一张债券都意味着货币量的增加。这表明，哪怕是最好的建议，到了那些抱着错误观念的人手里，也起不到任何作用。

现在我要来讨论第二个问题。18 世纪下半叶，英国采用的是金本位制。这对每个人都是明摆着的事，因为有金币在日常的商业交易中使用。人们也使用英格兰银行的纸币，那时已经有了支票货币。纸币被用作货币替代品，且能立即赎回，没有任何迟延或借口。这是 18 世纪存在于英格兰的金本位制，并在 19 世纪被更重要的欧洲大陆国家采用，比如法国、德国、荷兰、比利时和斯堪的纳维亚国家。

亚当·斯密曾经建议，如果所有的旅行都能在空中进行，那么用来铺路的陆地便能投入更具有生产性的用途中，比如农业。沿着这样的思路，经济学家们开始询问，为了得到良好的通货，人类是否真的有必要费神劳力来制造贵金属货币。如果人们能够构想一种花费较少的通货，这将是有利的事。1819 年，大卫·李嘉图（David Ricardo）论证说，人们可以废除金币而只拥有能被赎回的纸币，赎回的不是金币，而是金锭、金块。这种金锭、金块可用于国际交易，可以节省制作小面额金币所用的黄金。长达 60 多年的时间，李嘉图的建议都不过是纸上谈兵。

19 世纪 70 年代，那些遭遇财政困难但仍打算以最低成本推行金本位制的国家，发现了李嘉图的这一方案。这被称为"金汇兑本位制"（gold-exchange standard）。到 19 世纪末 20 世纪初，许多国家采用了这种金汇兑本位制。它与传统的金本位制只有程度上的差异。纽约大学的耶利米·詹克斯（Jeremiah Jenks）教授代表美国公众研究了这种金汇兑本位制在远东——英属马来亚、英属西印度群岛等地的情况。他与其助手爱德温·沃尔特·凯默勒（Edwin Walter Kemmerer）十分热衷金汇兑本位制。人们没有发现这种理论有任何可疑之处。我不能说我自己也热衷于此，但我找不到不应采用它的任何理由。一位德国经济学家说过，若将所有的黄金都集中到政府手中，那么在打仗的时候，事情就简单了。这其实是让政府容易操纵通货，这总是意味着操纵货币贬值，由此为通货膨胀铺平道路。若一国采用金汇兑本位制，且黄金退出了日常流通，那么当政府宣布纸币不再可赎回时，没人会意识到这意味着什么。

第一次世界大战爆发时，所有国家都采用了金汇兑本位制，仍有少量黄金在流通，甚至原本采用金本位制的国家也逐渐越来越接近金汇兑本位制了。很快，代替金汇兑本位制的法币本位制又进入了所有国家。战后，所有国家都急于尽快重返金本位制。但是，大多数国家只回到了金汇兑本位制，国内通货在对外贸易中是可兑换的，并把通货交给民众，从而取代了黄金。但到了1929年，随着危机到来，人们开始鼓吹另一种东西。

具有弹性平价的金汇兑本位制被称为"弹性本位制"（flexible standard）。当银行发行纸币时，他们真正赎回了货币，与纸币原来的兑换平价相差1/10就被认为是可耻的。顺便说一下，19世纪70年代，法国的银行业以巴黎为中心，黄金也集中在巴黎，而巴黎在革命者手中。然而，即使在那时，通货兑换偏离平价5%也是可怕之事。现在（1951年），一种通货偏离平价不超过20%就被认为是稳定的。那时，中央银行对纸币的赎回由大众控制，因为中央银行有义务每周发布一个声明，告诉公众整体的情况。

一步一步地，各国政府得到了以弹性本位制替代金汇兑本位制的机会，这意味着，平价不再由法律决定，而可能是由某位官僚决定。银行交易从银行转移到了一个新机构。在英国，交易账户是外汇平准账户（Exchange Equalization Account）。首先，平价不再像以前那样固定，而是处于保密之中。报纸时不时地发布一份通货贬值的声明，这意味着官僚将平价改变了一点。平价时不时地在更大程度上改变，这取决于不同的国家。即使是表面上以民主方式统治的国家也会发生货币贬值。1936 年，尽管瑞士已做出了瑞士法郎不会贬值的保证，但一次议会会议在半小时内就完成了货币贬值。瑞士的确别无选择，之前的政策，比如对农业、钟表业、酒店等的补贴，把瑞士推到了这一步。而即使在这样的民主政体中，平价的改变也是由行政性的行为来实现的。

凯恩斯及其追随者捍卫弹性本位制，并将其当成一件伟大的事，但当某种甚至"更为伟大"的事取而代之后，弹性本位制就消失不见了。英国在 1925 年 4 月以 4.85 美元的平价回归金本位制，这导致了进口价格上涨、出口下降和失业。1931 年 9 月 21 日，英国放弃了金本位制，让英镑的价值浮动。结果，英镑贬值了。

货币就像其他商品。由于在曼哈顿和布鲁克林之间不存在海关，这两个区之间的价格上涨只是因为运费。如果有海关栅栏，情况就不同了。货币也是如此。如果布鲁克林有一种独立于曼哈顿的货币体系，那么这两种货币之间的汇率将建立在这样的基础上：不管用哪种货币在一地或另一地购买商品，都没有区别。如果这里出现了区别，套利的交易机会就会立即产生。这种套利将会持续到差异消失。

我们以同样的方式谈论英国 1931 年放弃金本位制的贬

值与两年前 ① 的贬值，当时汇率从 4.03 美元变为 2.80 美元。但这两次贬值完全不同，毫无共性。1931 年，当英国放弃金本位制时，英国通货的所有者能够得到的外国货币量或黄金量减少了。这一措施旨在让英国通货对外国通货保持稳定。英国政府垄断了黄金贸易和外汇兑换，并有权征收外汇。他们想的是，重新定价，一方面改变了外国货币的英国持有人的兑换率，另一方面改变了进口商从英国政府那里得到外汇的兑换率。

两年前的英国，4.03 美元的平价是一个历史事实，类似于其他任何历史事实。这是一个官方的平价，是征收欠了外汇的英国人的法律规范，也是英国人购买外汇的价格。但实际上，英镑在国际市场上仅值 3.00 美元上下。英国政府在与美国缔结的一份条约中承诺，在某个特定的日期，英国将重新开始以黄金、美元等赎回其通货。但是，英国政府不再有聪明的银行经济学家顾问。他们没有考虑到，在这种 3：4 的比价下，在伦敦赎回货币意味着什么。世界上的任何人都可以在英国之外以 3.00 美元的价格兑换 1 英镑，然后将同一英镑以 4.00 美元的价格卖给英国。经过 4 周或 6 周之后，英国政府发现以这种价格赎回英镑完全不现实。

---

① 指 1949 年 9 月 18 日。——译者注

第06讲
金本位制的重要性及恢复

　　今天晚上我要探讨的问题，提供了一个绝妙的机会，可以说明之前我在有关认识论的讲座中提出的一个论点——解释经济学观念与价值判断之间的区别。作为个人，我对相关的政治问题有一种非常明确的观点。重点是，想要实现这种价值判断的每个人都应该知道，他为什么在做这种事，并且应理解其行动的后果。

　　我要谈的问题是，怎样恢复金本位制，并且美国以什么平价恢复金本位制才是有效的。我们先假定应该恢复金本位制。法币体系不能永久持续，必然会在某一天走到尽头。在当前的条件下，金本位制是唯一能让货币购买力的决定权独立于易变的政党、政府和压力集团的货币本位制。问题是，怎样恢复金本位制才是有效的——接受 1 盎司黄金等于 35 美元的价格，还是根据转型期的市场状况来决定 1 盎司黄金的美元价格？

首先，我们必须明白为什么这些问题是重要的。原因是，货币单位购买力的变化必然导致与各种社会成员收入和财富相关的社会后果。如果这种由货币关系的变化所引起的变化（也就是由与商品和服务相关的货币量增减引起的变化）将在同一时间以同种程度影响各种商品和服务，那么，其唯一后果将是对以前的合同中关于延期支付、贷款等内容产生影响。

我们来讨论一下因通货膨胀或通货紧缩引起购买力非均匀、非同时变化的社会后果。如果这些变化在每个地方都同时发生，程度也相同，那么，某天早上，人们会发现货币单位的购买力一夜之间就改变了。但是，其他方面没有什么不同，因为他们所出售的服务价格也在同一方向上有同样程度的改变。

当通货膨胀发生时，货币的增量是通过特定个人的财富或收入进入经济体系的。如果政府印钱，政府就是最先得到新发货币的。增加的需求和订单提高了政府所需商品的价格。销售政府所需的商品和服务的人卖的价比以前高。于是，军工厂工人、军工厂企业家以及士兵得到的钱都比以前更多了。这些人的现金持有里出现了多出来的货币，他们就有条件在买东西时出更多的钱。他们的钱更多了，收入也更高了。因此，他们就可以花更多的钱以更高的价格购买商品。但这些人不是什么东西都买，他们可能只买饮料而不买图书。

现在，有了因货币量增加而受益的第二群人，比如饮料生产商，他们从出售的商品和服务中赚的比以前更多。第二群人现在处于一个非常有利的地位，因为他们打算购买的商品和服务还没有受到影响。但是，其他人（比如教师和牧师）的工资和以前一样。尽管增加的货币尚未影响他们出售的服务，但他们买东西时必须支付更多，其他人已经把这些商品的价格抬上去了。

在这样的通货膨胀过程中，有赢家，也有输家。赢家是军工厂工人和所出售的商品涨价早于所购买的商品的人。如果这个过程持续，那么每天都会有问题。赢家感到满意而保持沉默，他们不会写信给媒体编辑说这是一件很好的事情。此时，军工厂企业家、饮料销售商以及其他人生意兴隆——他们是赢家。虽然他们不说话，但他们享受着繁荣，大把花钱。输家是另一个方向的人。处于不利地位的人（比如丈夫的薪水没变且有好些孩子要养的家庭主妇）会感觉到。直到通货膨胀终结以后的很长时间，因为这种失调存在，赢家和输家都还存在。人们在公众场合听到的只是输家的声音。

当通货紧缩发生时，同样的事也会发生，但方向相反，货币量减少。那些销售价格最早降低的是输家，销售价格最后降低的则是赢家。

物价的变化是货币量的膨胀或紧缩最引人注目的影响。

通货膨胀的另一个特征是，所有延期付款的价值都会改变。假设在通货膨胀的前夕，你借了 100 美元，这时 100 美元能买 10 个 A 商品；而 6 个月过后，由于通货膨胀，100 美元只能买 5 个 A 商品，那么你还给债权人的 100 美元就比以前贬值了。于是，你会借钱，买 10 个 A 商品，等 6 个月，再卖出 5 个 A 商品，换得 100 美元去还债。你的净通货膨胀利润就是 5 个 A 商品，价值是 100 美元。你作为债务人，赚了钱。而存钱的人，即债权人，受到了通货膨胀的损害。为了讨论现在的问题，这些事情必须记在心里。

在 19 世纪初至 1815 年的英国对拿破仑的战争之前，英格兰存在传统的金本位制，既有金币，也有英格兰银行发行的纸钞作为货币替代品。英格兰银行的纸钞可随时赎回黄金，纸钞是黄金的替代品。因为人们能毫不迟延地得到黄金，所以英国人毫不犹豫地接受了这些纸钞。这让政府想出了从英格兰银行借钱的主意，而英国政府发现这是最容易来钱的办法。政府借钱的后果就是，国内的货币量增加，物价上涨。由于英国物价上涨，而外国物价没有上涨，商人发现进口有利可图。为了支付这些进口商品的费用，商人必须出口黄金。于是，要求赎回纸钞的人增加了。英格兰银行的管理者们变得惊恐不安，害怕银行倒闭。政府提出了一个非常简单的补救办法：通过了一项法律，解除了英格兰银行赎回其发行的纸钞的义务，暂停支付金币。这项法律使得纸钞能被赎回的声明变得毫无意义。

政府借的钱越来越多，导致金价升高。交付金币要加上额外的溢价。在拿破仑战争之前，货币的官方兑换率为 1 盎司黄金兑换 3 英镑 17 先令 10.5 便士。在战争快要结束时，英格兰银行的纸钞的真实价格为 1 盎司黄金兑换 5 英镑 4 先令。以英镑计价，黄金价格已上涨了差不多 50%，换言之，英镑的价值下降了。

在英法战争结束之后，英国决定恢复金本位制。英国所考虑的唯一方案就是通货紧缩，并恢复战前平价——1 盎司黄金兑换 3 英镑 17 先令 10.5 便士。于是，英国减少了货币量，将通货收缩了。为了通货紧缩，政府必须向公众借钱——而不是从银行借钱，并且不能花掉借来的钱，必须将其销毁。你可以想象这有多难！你几乎找不到打算这样做的财政部部长。不过，当时这件事发生了——因为他们相信这是唯一"诚实"且"公正"的方式。

现在，我们来看看这种方式有多么"公正"且"公平"。如果某人在 1797 年以前签约借了一笔钱，而且尚未归还，那么他应该按照战前的价值还钱，这是正确的做法。但是别忘了，许多人是在英格兰银行暂停支付金币期间借的钱。特别是许多英国农场主，当进口不容易时，他们想要通过改善自己的产业来帮助英格兰渡过战争难关，这些农场主抵押了自己的农场，得到了贬值的英镑，或者说"轻英镑"。而现在来了一项法律，要求他们归还"重英镑"。这"公平"吗？

对这些农场主而言，还另有一种复杂性。在恢复和平后，进口增加了，而他们不得不与比战前更多的进口商品竞争。他们的债务和需要支付的本息增长了，同时他们的产品的价格却下降了。这两个因素导致了英国 19 世纪 20 年代巨大的农业危机。这场危机的重要后果之一是，强化了《谷物法》，该法律在 19 世纪 40 年代被废除。

政府也是借款人，借的也是"轻英镑"。然而，根据这项新法律，政府——也就是纳税人——必须归还"重英镑"。于是，这就赋予了曾以"轻英镑"购买了政府债券的人一项特权，他们得到了"重英镑"的偿付。

这同样产生了价格变化的所有后果：有赢家，也有输家。这带来了在英国进行通货膨胀的非常强大的动力，由所谓的"伯明翰小先令人"（Birmingham Little Shilling Men）领导。过了些年头，当所有的变化都已经发生，这场危机消失了。一部分国民变得富有，代价是其他人变得贫困。最后，英国重新享有了稳定的货币。

第一次世界大战期间，英国政府再次进行通货膨胀。英镑相对其等价的黄金贬值了。然而，战后政府想要恢复金本位制。但是，英国还是没有认识到，以战前英镑的平价恢复金本位制，将产生类似于拿破仑战争之后所发生的一系列事件。大英帝国不懂得该怎么做，这是不可原谅的。他们不明白理论，也不知道历史，虽然有过经验，却意识不到这个问题。一位瑞典人［奥克森谢尔纳伯爵（Count Oxenstierna）］说过的话可以恰如其分地描述当时的情形，他说："孩子啊，你不知道，统治这个世界的人有多么白痴！"

1922 年，凯恩斯爵士已写成一本书，他在书中指出，国内的稳定比汇率的稳定更重要。我记得，在这件事发生之前的几年，我与一位英国的银行家交谈，他告诉我："英国人再也不用为了换取黄金来保持英国通货的平价，而向世界市场上的高利贷者支付高利息了。"这便是当时的主流思想。而在这个国家①，情况也是一样的。

---

①　指美国。——译者注

当英国在第一次世界大战后恢复金本位制时，当时（1925 年）的财政大臣温斯顿·丘吉尔（Winston Churchill）先生恢复了英镑的战前平价。他不明白英国的情况与其他国家相比有所不同。第一次世界大战之前，伦敦是世界银行中心，因此，外国在英国的银行里有数量可观的存款。当战争爆发时，这些外国存款被称为"热钱"，因为存款人害怕通货膨胀和英镑贬值。他们急于把钱取出来，但如果他们相信英国将恢复战前平价，他们就会等待。

在 1925 年恢复金本位制时，英国人不明白他们在做些什么。在英国，即使最笨的人也应该知道，英国工会坚决要求加薪，因此工资涨得过高，造成数百万人永久性失业。然而，面对这样的情况，英国政府让英镑升值了。政府把"轻英镑"变成了"重英镑"，由此，在工作岗位的数量没有任何变化的情况下，增加了工人的实际工资。其结果是，英国产品的成本进一步增加了。即使英镑不升值，在当时的工资率下，英国产品的成本对世界市场而言也太高了。

1925 年，英国恢复英镑的战前平价，犯下了恶劣的错误。购买债券或以其他方式借出"轻英镑"的人的收入增加了。政府为了以"重英镑"支付这些债券，不得不征收更多的税。因此，灾难发生了。联合王国的国内资源不够民众吃穿，政府必须进口食品和原材料，并以工业品来支付进口货物，其中大多数工业品是以进口的原材料生产的。他们发现自己处于这样的窘况：出口不足以支付进口，以保持原来的生活水平。而工会不会考虑降薪。

要想避免损害借出了"重英镑"的人的利益，政府不必恢复战前平价。政府可以另作规定，在偿还 1910 年的贷款合同时，应支付比签约时更多的英镑。这虽然可能有用，但未必"公正"或"公平"，因为债券可能已经转手了好几次。

由于这些问题，1931 年，英国政府认输了，英镑贬值了，这次贬值的幅度是 1925 年之前那次贬值的四倍。这意味着，仍然是重要债权国的英国，为外国债务人送上了丰厚大礼。1931 年之后，外国债务人可以以"轻英镑"来还债了。这是些什么样的政治家？作为财政大臣，温斯顿·丘吉尔被误导了。

如今在美国，我们面临如何恢复金本位制的问题。就我看来，恢复金本位制的必要性毋庸置疑。问题是，以什么平价来恢复。应该以稳定化的过程来决定吗？废除不得持有黄金的法律，并且停止货币量的增长。经过一段短时间的价格博弈，所形成的金价不管是多少，都不会影响黄金的购买力。于是，政府可以此价格恢复金本位制。除了以前的债务问题外，这种方式不会改变任何事情——不会摧毁整个经济体系。

但是，在支持恢复金本位制的少数派中，有一些非常著名的人热衷于以 35 美元兑 1 盎司黄金的比率恢复金币的流通。他们说，这是唯一"诚实"的方案。我不明白这些人为什么偏偏热衷于 35 美元 / 盎司的价格。政府必须在没有通货紧缩的情况下稳定当前的金价。而以 35 美元兑 1 盎司黄金来恢复金本位制会产生通货紧缩，因为现在（1951 年）35 美元不再被认为等于 1 盎司黄金。黄金的价格要高得多，这可以从美元在瑞士和其他中立国的报价看得出来。如果美国政府以 35 美元 / 盎司的金价来赎回美元，那么将有巨量的黄金从美国撤出，整个事情会因此不得人心。

如果有人在考虑了通货紧缩的所有巨大缺点后，还是想要通货紧缩，并且想要恢复的只是理论价格的往日金价，那么为什么非要恢复罗斯福新政时期的金价呢？这个价格不过是律法书上的一个"幽灵"而已，对美国人从没有什么真正的重要性。为什么不恢复最初的美元金价——20.67 美元 / 盎司？为什么只是新政时的美元金价？他们说这是法定的美元金价。当然，35 美元 / 盎司是针对外国人的价格，政府间国际黄金买卖的价格是 35 美元 / 盎司，但不是针对美国人的价格，美国人拥有黄金是犯罪行为（不许拥有黄金的禁令后来被废除，1975 年 1 月，美国公民恢复了拥有和买卖黄金的自由）。许多黄金生产商被迫出售黄金。35 美元 / 盎司不是黄金真正的市场平价。我不明白为什么有人会想承担一场通货紧缩运动的灾难后果。通货紧缩极为不受欢迎。它不受欢迎的性质被夸大了，但既然人们如此反对通货紧缩，这就行不通。

我认为，恢复金本位制只有一个办法，那就是废除禁止持有黄金的法律，重建黄金市场，然后看价格自身如何确定。这样做可能产生的破坏最小。位于美国国外的黄金更多。美国政府可以在一段时间内保持安静，不进入黄金市场。黑市黄金的价格将下跌。没人能事先知道自由的金价将会是多少——不过我猜大概是38—40美元/盎司。然后，我们就可由此建立金本位制了。

作为一位公民，我有自己的看法。我不会说鼓吹以35美元兑1盎司黄金恢复金本位制是错误的或不诚实的，但如果你相信能够向美国人民提出某种通货紧缩的方案，例如，以35美元的比率恢复金本位制所意味的那样，那么我会说，你是生活在幻想的世界里。35美元只不过是罗斯福新政期间的财政部部长摩根索（Morgenthau）先生所定的比率。为什么要采用新政期间的美元价？如我所知，这些倡议者并不是非常热衷于新政。35美元兑1盎司黄金的比率始于1934年，但迄今已过去了18年。

有些人认为，通货紧缩可以治好通货膨胀。这有点类似于一个人被汽车从北到南碾过了一次，要治好他，建议你应该倒车从南到北再碾他一次。

我同意很难恢复金本位制。但第一步是重建黄金市场，最终会产生一个金价。开始时，政府可以承诺它在这个价位上不会出售比平常（比如过去十年的均量）更多的黄金。

美国之所以放弃金本位制，是因为它曾相信通货膨胀是有利的。美国希望根据价格来调整本位。美国模仿英国，在 1931 年放弃了以前的平价。当时，美国处于萧条和失业之中，因此必须下调工资。这没能做到。1931 年英国货币贬值，1934 年美国货币贬值，1935 年拉丁货币联盟（Latin Monetary Union）贬值，因为这些国家的政府和人民太软弱而不能对抗工会。工会相信工资越高，对工人越好。但是，如果工资涨到高于市场工资率，结果就是永久性失业。别认为我喜欢低工资率。然而，世界上的贸易壁垒越来越多，资本消耗越来越多，低工资率是不可避免的必然结果。关税减少了全世界的生产，工资率必然下降。价格是根据这一标准来调整的。贸易壁垒转移了生产，生产从较小投入能得到较大产出的地方转移到了相反的地方。

我们举例来说：葡萄牙政府提高了英国以前出口到葡萄牙的某种商品的关税，葡萄牙的条件非常不适宜生产这种商品，相应的生产成本更高，但因为关税的提高，这方面的工业得到了发展；而英国被迫限制其出口，不得不发展条件非常不适宜的其他工业，结果是全世界的生产力普遍下降。随之而来的必然是消费的减少，对工人来说，这意味着更低的工资率。而罢工纠察改变不了低工资率，罢工纠察队不能让工资上涨。

因此，如果你说这是世界历史上第一次一国在没有理由的情况下放弃金本位制，那么我会说这并不是第一次。

黄金的储备量并不重要。如果没有特别的理由减少黄金储备，那么你必须达到的效果是，现在的交易能以不改变黄金数量的比价转变到金本位制。主要任务是，找到不用转移黄金就能维持市场的平价。

黑市也是市场，它一点也不"黑"。黑市价格考虑到了风险。当黑市不再是黑市时，价格很可能会下降。黄金也是这样的。

我不相信通货膨胀失控的危险迫在眉睫，因为有足够多有力量的人反对通货膨胀、阻止通货膨胀。

我支持金币，因为这样每个人都会涉及其中，于是，即使最轻微的通货膨胀发生，也会被人们察觉到。公民个人能够发现情况变化是反通货膨胀宪法中最重要的抑制措施之一。

世界是以金本位制为基础的，但美国是以纸币本位制为基础的。恢复金本位制在经济上行得通，但在政治上不行。现行政府建立在如此巨大的国内开支之上，如果民众不积极反对，政府就会一直进行通货膨胀。金本位制的优势就在于，货币购买力的决定条件不受制于政府、政党以及变动不居的法律、信条和欲望。

金本位制毫不神圣，但我们有理由支持它。金本位制是一种人类制度，是在历史过程中投入使用的。金本位制可阻止政府通过通货膨胀来增加货币量。

法币不可能保持稳定。一位非常有能力且有时候极为出色的经济学家——欧文·费雪（Irving Fisher）坚信能够测量货币的购买力。他谈到家庭主妇的菜篮子，里面装了价值10美元的商品。他相信，保持购买力稳定的目的就是让这样的货币单位①总能买到同样的各种东西。如果我们可以从这个世界上选出一位标准的主妇，即某个特定时期的某位特定的主妇，那么这种说法很美妙。但这只能维持很短的一段时间，因为每个人购买的东西都是不同的，而且每个人在一生中购买的东西也是不断变化的。一位老祖母要买多少汽油？如果孩子上大学了，那么父母还要买婴儿食品吗？

欧文·费雪忽视了这种不均匀性，只是把市场当作一个

---

① 这里指10美元。——译者注

延期付款的标准来处理。当他发起稳定货币运动时，购买力的下降还不是很显著。他之所以发起这场运动，是因为他支持债权人。这本身就很了不起，因为很少有人支持债权人。一般而言，人们喜欢购买力稳定且缓慢地下降，这有利于债务人。

稳健的货币是一种购买力变化非常缓慢的货币，因此不会对商业产生严重的影响。

威廉·尤尔特·格莱斯顿（William Ewart Gladstone）说过，甚至爱情都不曾像金钱那样令如此多的人疯狂。

第 07 讲
货币、信用与商业周期

大家都知道货币替代品的起源。英国人过去时常把黄金寄存在伦敦的金匠铺子里。稍后，他们把金匠开的收据作为交易和现金持有的替代品。持有人有权得到一定数量货币的票证与有权得到一定数量面包的票证的区别在于，如果他想得到面包，那么他必须兑现面包票证。然而，如果面包师考虑到现金票证的价值并愿意将其作为现金持有，那么他也可以直接用现金票证来得到面包。

金匠很快发现，他们可以发行比所储备的黄金更多的现金票证以及更多的货币替代品。这意味着，该国的货币量以信用媒介和货币证书（money certificate）的形式增加了，超过了黄金的储备量。这里出现的一个问题是，因为信用媒介可以无中生有地创造出来，那么理论上，它就没有限制，或者说看起来是这样的。

信用媒介的创造代表了一种引发价格上涨的因素。如果信用媒介出现在借贷市场上，那么作为额外的信贷供给，它还会产生另外一种效果：增加的供给会立即暂时性地降低利率。利率是由于个人时间偏好而产生的一种真实的市场现象，这一点没什么可争论的，它不仅仅是一种货币现象。然而，利率受贷款市场上货币量增加的影响。贷款市场上货币量的增加导致货币利率的降低。这种再调整是怎么产生的呢？这就是商业周期的问题。

在讨论货币替代品和信用媒介时，也就是在讨论超出银行储备的货币替代品数量时，我们绝不能忘记，发行这种信用媒介的银行家或银行的立场很微妙。只有当银行家口碑良好时，人们才愿意持有这些超额的货币替代品，而不是要求赎回（这会让银行破产）。更重要的是，我们首先要意识到，要让人们把货币替代品当作货币并不容易。最初，货币替代品受到怀疑，人们不是很情愿接受让它们来代替黄金。当代人难以意识到这一点，因为近些年来，政府对货币替代品进行保护，并将其强加到人们头上。而且，现在这些货币替代品被宣布为法币，因此，债权人受到法律的约束，必须接受债务人以货币替代品偿还债务，便如它们是真正的货币那样。

　　宣传家们传播了许多关于私人货币替代品的故事，宣称政府能出色地发行货币替代品。这些故事由一位不知姓名的美国人浓缩成了一句格言："银行业的自由贸易就是欺诈的自由贸易。"然而，经济学家的看法不同，他们认为银行业的自由贸易是防范政府发行劣质银行券的唯一措施。

　　不幸的是，主要的问题在于，所有的人（即使在自由主义时代和古典经济学家的时代）都认为利率是一种货币现象，而不是市场现象。古典经济学家将价格和工资解释为市场现象，但他们并不乐意说利率也是一种市场现象。这是亚当·斯密所写的《国富论》的缺点之一。他驳斥了货币的稀缺会让商业情况变糟的观念，但他不打算攻击由来已久的针对高利率、"高利贷"的法律。杰里米·边沁（Jeremy Bentham）是第一个反对这些陈旧的利率观点的人，他于1787年出版了《为高利贷辩护》（Defense of Usury）一书。

　　人们认为高利率是经济贸易和发展的障碍，觉得不论如何，只要能把利率降下来就是幸事。因此，增加货币替代品被看作好事，因为它能降低利率。在所有其他情况保持不变的条件下，如果制造货币的人，即发行银行，提供了额外的贷款，潜在的贷款人就必须降低利率以吸引额外的借款人。这被认为是有利的事，而且公众舆论也积极支持。

并非所有的自由主义者都意识到了利率是一种经济现象而非货币现象，这是致命的悲剧。这些自由主义者不仅不反对，甚至还协助建立了新增的享有特权的政府中央银行，因为他们认为这些中央银行能降低利率。结果是，短期内利率降低，出现短暂的繁荣。但是稍后，经过一段时间，不可避免地会出现经济危机，出现萧条。人们开始认为，周期性萧条和商业周期是资本主义的固有特征。这已成了人们反对资本主义的主要原因之一。在美国，1929年大萧条的影响仍很明显地反映在人们对其错误的解释中。

坚信低利率是好事的后果就是，信用扩张变得非常受欢迎——起初是在那些存在资本主义和银行系统的国家。18世纪末，英国已经受到了循环经济危机的影响。后来，这些危机开始影响其他国家，先是那些资本主义更为发达的欧洲国家，比如荷兰、法国和最发达的德国城邦汉堡和不来梅。伴随着资本主义的扩散，这些周期性的经济危机才进入其他国家。比如，在1857年的萧条中，奥地利的资本主义发展状况还相当落后，因此奥地利只受到了非常轻微的影响。奥地利政府做了一些在当时非常惊人的事。出于政治因素，奥地利要援助德国汉堡。奥地利以重兵押运了整整一列车白银到汉堡，以支持汉堡的银行系统。当时，奥地利仍处于世界之外。但是到了1873年，在下一次萧条袭来时，奥地利已深陷其中，以致维也纳成了危机中心。

经济学家开始提出关于是什么导致这些危机的问题。萨伊定律（Say's Law）只是证明了什么不能被当成原因——生产过剩。稍后，一群英国经济学家和银行家开始意识到，问题在于盛衰循环的经济周期，而导致萧条的原因正是之前的繁荣。要消灭萧条，我们必须消灭之前的繁荣和银行所制造的信用扩张。

但这尚不是完整的解释。这可以用来解释英国和其他几个国家的状况，这些国家在当时已经具备了这种银行系统。这种解释假设世界其他地方没有那种信用扩张。比如，通货学派（Currency School）论述，如果英国存在信用扩张，导致英国繁荣和价格上涨，而世界其他地方的价格保持稳定，那么英国的出口额将会减少，收支平衡会驱使金块从英国运到世界其他地方。纸币的持有人要求赎回他们的钞票。英国银行的储备降低，因此银行必须限制发行银行券，以保持银行自身的偿付能力。这便引发了萧条。就其本身而言，该理论是正确的，但它没有考虑到有可能所有国家都扩张其通货，这种情况就解释不了货币的流出。

通货学派的理论犯下了一个严重的错误，它未能意识到由纸币引发的通货膨胀与由支票货币引发的通货膨胀之间没有不同。在 1844 年的立法，即《皮尔法案》（Peel's Act）通过后，英国不可能再以纸币的方式扩张货币，其他国家也采取了类似立法。但限制纸币的立法全然不管支票货币。于是，1844 年的这一立法未能制止通胀繁荣。次年，英国又出现了基于支票货币的通胀繁荣，这令人们觉得整个理论都毫无价值。

通货学派理论是银行学派（Banking School）货币数量理论的基础。英国银行学派发展出了这一理论，认为商业对货币的需求量是一定的。他们说，如果银行限制其创造的银行票据、支票货币和纸币，让它们不要超过"商业需求"的数量，这就绝不会引起通货膨胀。让我们假设发行银行只贴现那些真实商业交易产生的汇票。棉花商出售一定数量的棉花给棉纺商，棉纺商需要支付货款。他开出一张汇票，由银行贴现，这就产生了新增货币。三个月后，原棉变成棉纱售出，贷款被还清，新增货币消失了。在这套体系下，人们相信"商业需求"自动地产生商业所需的货币。

这一理论在 19 世纪下半叶相当流行，而它的错误也同样流行。"商业需求"会自动限制新增货币产生的想法是错误的。它运用于实践，会导致周期性的通胀繁荣。虽然没人介意繁荣，但与繁荣相继而来的萧条没人喜欢。

50 年间，这一方面的研究毫无进展。然后，19 世纪末，瑞典经济学家克努特·维克塞尔（Knut Wicksell）于 1898 年出版了《利息与价格》（*Interest and Prices*）一书。维克塞尔指出，这种商业交易的数量并不独立于银行的行为。如果银行家降低贴现率，买方需要为原材料支付的货款变少，交易看起来就比原来更有利可图。因此，银行可以通过降低利率来增加"商业需求"。而当利率降低时，银行就会扩张，这是通货膨胀性扩张。所以，货币数量理论的破灭归功于维克塞尔。而在1912年，拙作《货币与信用理论》出版。这一理论可追溯到利息理论的首创者——威廉·斯坦利·杰文斯（William Stanley Jevons）和庞巴维克。这是货币理论，也是循环理论，即商业周期的奥地利学派理论。

《皮尔法案》的生效时间是1844年，接着是1845年和1846年的通胀繁荣，随之而来是1847年的萧条。1848年，《共产党宣言》问世，宣称资本主义制度导致了周期性危机。《宣言》称，危机会一次比一次更为严重，直到最终使资本主义制度崩溃。1857年、1866年、1873年以及1929年，人们都在等着注定的"那一天"。许多经济学家也这样认为。这是国际联盟所持的哲学，也是联合国中许多"不联合"的国家所持的哲学。他们不相信萧条的发生与信用扩张有什么关系，他们相信经济周期是资本主义制度固有的，因此必须建立一个特别的委员会来对付经济周期。

开始时，信用扩张流行是出于低利率对每个国家以及全世界都是幸事的观念。信用扩张被认为是降低利率的工具。政治家希望为他的国家和人民带来繁荣。政府想要保持低利率，甚至1924年的美国总统柯立芝（Coolidge）都想要低利率。人们试图提高或降低工资、价格，但是你绝对找不到一个政府或政治家支持提高利率的场合，对此我深感吃惊。这并不是说我支持高利率——我支持市场利率。

政府在最初创建中央银行时，其目的是通过降低利率来创造繁荣。但是，后来政府赋予中央银行特权，因为政府自己想要借款，而政府认为中央银行是廉价货币的来源。这是政府的一大绝妙发现。首先，政府授予中央银行发行的银行券法币的地位，并且免除了它们依照合同以金银赎回银行券的义务，这些银行券是人们自愿接受的。（如果查理一世能够为他的军事冒险筹措资金而不用担心议会和纳税人的话，他的命运将大为不同——他在1649年被砍了头。）

现在我想讨论人为降低利率的后果。虽然人们同意降低利率，但问题是商业周期和信用扩张，因此人们必然担心引发萧条的繁荣。国际联盟做了一份关于商业周期的报告，是由戈特弗里德·哈伯勒（Gottfried Haberler）教授准备的。报告的开头明确宣称，如果银行不扩张信用，引起随后萧条的繁荣就不会发生。因此，人们会认为问题很容易解决——我们只要避免银行扩张信用，或者至少避免采取招致银行扩张信用的政府制度和政策。但是不然，他们开始寻找商业周期的其他解释。有人意识到，不可能通过信用扩张完全取消利率，但是他们否认人为降低利率会有恶果。他们忽略了利率表现的是现货与期货之间的市场估值差异。

信用扩张时到底发生了什么？为什么我们说，因为缺乏资本，某些事情就会做不了？通过削减足够的当前消费，从而让更多的生产者制造更多的耐用投资品，就会影响现在不可行的某些项目（使其可行）。每个人都对决定将来的消费量和投资量起到了一定作用。各个企业家是因为利率而知晓这一点的。如果人们更愿意储蓄，利率就会下降。反之，如果人们打算花钱，利率则会上升。企业家做计划时要估算预期成本和价格，考虑劳动成本、原材料成本和利率。他如果判断从事某个特定的项目无利可图，就不会去做。总会有项目因为钱用来消费而不能进行。

信用扩张人为降低了利率，于是，昨天看起来无利可图的项目，今天似乎有利可图了。因此，信用扩张及降低利率的效果是，某些本来不会进行的项目现在开工了。如果我们仔细考虑，我们就会认识到这不是好事。有形的商品并没有增加。唯一的区别是，银行无中生有地创造了额外的银行券或额外的支票货币。

后果就是，商人的计算被篡改了。以前，计算准确地反映了可得的生产要素的状况，并表明了什么能做和什么不能做。现在这些被篡改了，因为存在增量的货币替代品和信用媒介。商人被人为的低利率误导，从事那些资本品供给不足的项目。（设想某人的建筑材料数量有限。但承建人做了错误的估算，于是地基修得过大，而实际上可得的材料没那么多。他之前本该意识到材料不够。其后果是，建造者陷入了危机。）

现实中的情况更为困难。早先本不会进行的那些项目，现在产生了额外的需求，推升了所需原材料的价格。确实，虽然利率低了，但物价高了。如果银行的信用扩张结束，整个事情就会停止。但是，银行信用有弹性，于是银行更多地授信。

随着工资率上升，人们对消费品的需求也上升了。但是，因为繁荣看起来是普遍性的，企业家决定继续开展他的工程，导致生产要素包括劳动的价格上涨，而这进一步增加了消费。

同样重要的是，面对这种增加的需求量，银行开始提高利率。在每次危机中，谨慎的人都会告诉银行家："这是过度扩张，应该削减下来，而你不该以那么优惠的条件贷款。"但银行说："看，我们的利率升高了，而即使利率升高了，贷款仍有增加的需求。因此，你不能说我们的廉价货币政策得为繁荣负责。"

价格变动和利率之间的关系是由欧文·费雪贡献的。在价格上涨的时期，贷款人无须放贷就可自行倒卖货物获利。另外，借款人可获得额外的利润，因为当他归还贷款时，他用借来的钱购买的货物价格更高了。因此，当存在价格上涨的趋势时，利率的增长会比真实利率的增长更多。利率的这种额外增量就是"价格溢价"。因此，相比之前的利率，在数学上看起来上涨了的利率仍然太低了，如果考虑到利率加上价格溢价的话，那么利率本应该更高。（在 1923 年的德国，德意志银行将贴现率提高到闻所未闻的 90%，但以当时的价格溢价来看，贴现率应该是 10000%。）

在投机的阶段，股市价格上涨，每个人都兴高采烈，对股票一无所知的人也入市了，人人得到了授信。所有这些症状都众所周知。同样众所周知的是，这种繁荣将如何崩溃，以及其后果和特征是什么。问题是：这是怎么回事？是什么弄糟了整个局势？

1929 年，美国存在信用扩张的情况，货币低廉。于是，其他国家从美国贷款，美国产生了积极的贸易平衡状况。美国的出口比进口多，因为其他国家用不着付款——他们可以通过贷款来支付。"邪恶"的沙赫特（Schacht）[①]先生比纽约的大银行更清楚这是怎么回事。任何人想要借钱都没问题。（从美国借钱太容易，以至于西里西亚的一座小镇都修了室外的热水湖来种植热带植物。）

据说繁荣的特征就是普遍的投资过度。这是不可能的。可用于投资的数量为先前的储蓄，以及前一年的产品中相当于过去几年所消耗的设备和可用来替换废旧工具的部分。（可能是以更好的或不同的机器来替换旧机器。许多制造商由此完全改变了他们的产品。）除此之外，没有可用来投资的东西，因此不可能有普遍的投资过度。

当以可用的先前储蓄和可用的替换补充的资本投资时，如果所依据的投资计划高估了可用的投资品数量，那么对整个国家的经济而言，结果是不当投资（malinvestment）。启动的建设需要比实际可用量更多的原料。据说，1857 年英国的危机是英国修了太多的铁路导致的。当时，那些铁路无利可图，而其他的必需品缺少资本。太多的流动资本被转变成了固定资本。在这次危机中，消费品由于过剩而变得价格

---

① 全名亚尔马·贺拉斯·格里莱·沙赫特（Hjalmar Horace Greeley Schacht，1877—1970），德国经济学家、银行家，1923—1943 年在德国政府担任多个职位，包括德意志银行行长和经济部部长。——译者注

非常低廉。

个人可能过度扩张。某个人可以说："我的个人财务状况非常糟糕。我花了太多的钱扩张我的生意，修建我的新工厂。"投资过度的观念是在这种情况下出现的，把适用于个人的概念移植到了国家。但对整个经济体系来说，这种观念并不适用，因为只有那些能投资的商品可以用于这一目的。货币可能投资于错误的计划，导致开工了太多的项目，因此，有些项目完不了工，或者即使完工也只能亏本运营。

发生了什么是显而易见的。问题是，为什么这种情况在短短几天内突然被发现，导致危机一夜之间到来。哪里有信心和乐观，哪里就有萧条和绝望。无疑，一夜之间到来的只是对这种情况的洞见，而不是真正的危机，危机已积累了相当一段时间。

因为过去在不同的国家，信用扩张并不一致，不同的国家信用扩张的程度各有不同。对外汇和信用的需求使得某些国家的货币枯竭。银行家们陷入恐慌。某位政府官员宣称："或许我们将被迫限制信贷。"商人们陷入恐慌："我们需要信贷，让我们在还有可能的时候尽量贷款。"一夜之间，信贷需求增加，于是银行不得不限制信贷。如果一家银行开始限制信贷，那么所有其他银行不得不限制。一旦一个国家开始这样做，那么其他国家也不得不这样做，于是限制信贷会扩散到全世界。

如果银行不限制信贷，我们就能够让这样的繁荣永远持续吗？事实是，在每一次繁荣的时期，商人们都曾经宣称："这一次不是暂时的繁荣——这一次是人类最终的伟大繁荣。危机永远不会随之而来。"但是，我们不可能让繁荣永久持续，因为这种繁荣建立在纸上，建立在纸钞和支票货币上。其基础是，假定可用的商品比实际更多。如果银行到最后一分钟还不停下，信贷扩张就会进行得越来越快，直到通货彻底崩溃，就如1923年的德国那样。这种通货膨胀运动必然终结，要么终结于彻底的崩溃，要么终结于参与的银行自愿的限制。

如果人们不是那么乐观，危机就不会那么严重，因为人们会有所准备。导致繁荣崩溃的都是单独的历史事实。繁荣什么时候终结的问题取决于偶然因素。但是，这不可避免。而且，危机来得越晚，就有越多的资本被浪费，后果就会越发严重。

我想谈谈通货膨胀与信用扩张之间的关系。二者非常相似，实际上几乎完全一样。其区别在于，在信用扩张的情况下，所有新创造的货币增量首先进入了贷款市场，不用来消费，而是贷给商业。因此，信用扩张首先产生的后果是商业扩张。而所有其他的影响来自商业的这种刺激。在通货膨胀的情况下，新增的货币首先进入了花钱的人手上——比如政府在武器或其他东西上的开支。因此，通货膨胀的过程是不同的。二者本质上相同，但次序不同，而且这两种繁荣的特点不同。不过，通货膨胀中支出的货币或早或晚也会进入投资市场，就如信用扩张的货币最终也会进入消费市场一样。

对信贷定性控制的观念很流行。我们想对好东西、新增工厂和农业额外授信，但不对不好的人、不好的目的和无聊的东西授信。我们通过最后的分析可知，信贷扩张从哪里开始无关紧要。如果新增的货币首先给了农民，农民的信贷需求就会下降；而如果没有信贷扩张，他们本来能够吸收的那部分就可以在别的地方创造出繁荣。繁荣不能定向控制。经济是一个整体，没有独立的部分。

第 08 讲
超越商业周期

　　大约在 19 世纪末，当人们开始认识到信贷扩张有问题时，这个政策的捍卫者发现了一个新理由。他们宣称，信贷扩张在没有以金本位制为媒介与世界其他地方相联系的孤立国家可以奏效。废除金本位制并建立与黄金无关的通货体系或法币体系，就有可能扩张信用，降低利率，让该国永远繁荣。19 世纪八九十年代，受到美国进口谷物损害的德国地主显然持这种态度。然而，他们将自己的不幸归咎于金本位制，而不是他们贫瘠的土地和低下的亩产。他们说，如果不是金本位制，他们就能享受低利率和繁荣了。

　　意大利财政部部长在声称需要召开银行界会议时，明显受到这些观念的影响。第二次世界大战末，这些观念导致了国际货币基金组织（IMF）的建立。英国政府建议成立一家国际银行，并且为了创造有利于"国际清算联盟"（International Clearing Union）的公众舆论，发行了由凯恩斯爵士执笔的一本小册子。这本小册子由英国宣传部门在国内分发，宣称信用扩张是最可取的事。用凯恩斯自己的话说，信用扩张在各个国家已带来了"将石头变成面包"的奇迹，而现在有必要在国际范围推行。他们需要一种国际货币单位。布雷顿森林会议产生了一份文件，成员国组成了一个机构、一个理事会，等等，但是众所周知，除此之外，他们什么都没做成。从一开始，这个会议就是失败的、无用的。

为什么信用不能在国际基础上扩张？信用扩张失败不是因为它只是在一国范围内进行的，而是因为不可能以纸币来代替不存在的资本品。人们没有认识到，经济扩张所需的是更多的资本品、更多的先前储蓄。的确，过去单独某国的信用扩张之所以告终，是因为扩张的速度与其他国家不同。但这种扩张不管怎样都会结束。

国际银行不能成功的真正原因是不可能回答这个问题："谁应当在短期内从信用扩张中获利？"假如存在一个中央银行（我们假设忘掉了所有的政治性敌对），这样的一个国际银行要能增加可得的信贷数量，要么是加印纸钞，要么以支票货币来给予额外的银行信贷。然而，出现的问题无解——向谁提供这种新信贷和"廉价货币"？我们假设全部增量都贷给了某个国家。该国将享受最初的繁荣。该国的人民将得到更多的货币，并将他们想买的东西的价格抬高。他们有了更多可供支配的货币，将处于有利地位，能够从那些还未进行信贷扩张调整的其他国家购买商品。最初得到新增货币的国家将成为赢家，而其他国家会变成输家。其他国家仍然以原来的价格销售，但它们不得不以更高的新价格来购买。

要问的问题是："谁将得到贷款？新增的货币将怎样分配？"每个国家集团都会提议一种分配制度。远东国家将会赞成按照人口来分配。发达国家将建议按照年度的总产量或国民收入来分配。因此，这些计划都没什么用。国际货币基金组织已成了世界政策最显著的失败之一，其唯一的价值就是占据了华盛顿的办公场所。

虽然所有这一切都被证明是无用功，但是，信用扩张的捍卫者，也即不相信萧条的根源在于之前信用扩张的那些人，煞费苦心地提出了反周期措施，以求将萧条的程度减到最少。考虑到萧条不可避免，他们希望通过政府干预，让萧条尽可能平缓温和。他们的想法是，周期源于商业，或者源于自由放任，而政府应当以反周期计划来干预，使其变得温和。但事实与之相反。反周期措施的观念认为，当存在危机时，商业经营困难，失业就会出现。于是，政府应当以公共工程来介入。国际联盟和联合国的委员会成员们相信自己发现的是什么新东西，但这毫不新鲜。

繁荣走到尽头的原因是，生产要素被不当投资。在萧条时，社会上存在生产能力过剩就是不当投资的表现，因为判断上的失误是过去犯下的。解决之道是让工资和价格下跌，直到情况得以恢复。然而，有人建议政府以公共工程来介入。但生产要素为私人工程所需，政府为什么要拿走？所给出的答案是，政府应当在繁荣时期限制开支，而在萧条到来时启动重大工程。这些报告总是相当幼稚地说，应该有许多由技术专家详尽设计好的工程"备而待用"。一旦危机出现，政府就应该拿出这些工程开始运作。

这个观念是错误的，因为它建立在以个人的情形来类比整个国家的基础上。某个人行事谨慎，通过储蓄来未雨绸缪，他或许意识到，他虽然现在发达，但要牢记做生意不会永远成功。当困难的日子到来时，如果他想消费，他就必须将储备之物出售给需要之人。

如果预期有公共工程计划，那么政府应该怎样处理税收？它应当事先囤积钱财吗？它应当以税收的方式从经济体系中提取资金，从而平衡信用扩张吗？公共工程的鼓吹者们觉得，政府应该在扩张期间抑制开支，囤积钱财，然后在萧条到来时支出这些钱，以制造新的通货膨胀。他们推理说，这样做或许能把繁荣延长数周。但经济体系也有可能不肯合作，刺激经济的政府投资陷入失败，像罗斯福新政早期那样。

另一种建议是政府不要囤积钱财，而是贮藏生产手段，比如机器、工具和原材料。这意味着，在繁荣期间，政府会作为机器、工具和原材料的买家出现在市场上，让繁荣更加繁荣。

瑞典夸口说，自己通过采取反周期政策，已经解决了萧条的问题。20世纪30年代，瑞典的情况相当特殊。瑞典出口的恰恰是德国为重整军备需要消费的东西，比如铁、木材、机械等。瑞典在这场重整军备的繁荣中的形势，类似于匹兹堡或百老汇的娱乐部门如果成为独立国家而在战争中所享有的繁荣。它们能够销售钢铁，能够为士兵和军工厂提供娱乐，可以享受繁荣的好处而不受到任何不利影响，可以成为西半球最为繁荣的部门。这就是瑞典的情况。这并非得益于其出色的政策。于是，当战争结束时，瑞典因中立而领先于全世界。你知道，如果希特勒入侵瑞典，那就完全不同了。瑞典的一位经济学家被任命为欧洲重建计划的领导人，这成了相当糟糕的实验。

没有信用扩张就不可能有泡沫式繁荣，而信用扩张必然导致大灾难。当繁荣结束而萧条开始时，人们的心理可能会让萧条比原来的情况持续更长的时间。（比如，1929年的大萧条之所以持续了那么长的时间，是因为工会不肯接受工资率任何实质性的降低。这一繁荣的重要成本因素保持了多年，只能靠一场新的通货膨胀来弥补。）这种繁荣是幻觉：它基于我们比实际情况更富裕的假设。这场繁荣启动了本不应该执行的项目。萧条意味着重新调整，使其适应真实的事态。在萧条中，主要的商业活动就是挽救繁荣中能留下的东西。萧条必须持续到通过新的储蓄积累了足够资本，能让尽量多的繁荣期开业的企业继续经营。萧条并不意味着该国的贫困。实际上，比起之前的繁荣，萧条反映了一幅更为准确的画面。但是，由于萧条、价格下跌和生产减少所导致的心理因素和政治状况，萧条可能远比重建之前的状况严重得多。

商业周期的文献，特别是早期的资料，以施虐的快感来详尽描述萧条的各种现象，有时候出现矛盾的情况。但是，我们不能不意识到，萧条是在回到现实，并试图尽力纠正之前繁荣所产生的缺陷。

19世纪，繁荣和萧条几乎会定期重现。这就是所谓的"商业周期"。一旦状况恢复正常，民众和政府就要求新一轮信用扩张，于是繁荣再度开始。

　　人们开始认为，商业周期是一种不可避免的贸易现象，他们开始研究周期的长度。估算周期长度的所有努力都有一些稀奇古怪。因为有些经济学家宣称商业周期的长度是 11 年，这种观点不是源于社会和人类的事件，而是源于天文事件。因为太阳黑子理论发展出来了。这样的理论纯粹是臆测。首先，周期不是 11 年。其次，即使周期真是 11 年，为什么可以根据自然、气候、土地肥力和其他条件自我调节的商业却从未意识到这一点，并根据太阳黑子来调整自身的行为？没有任何实际证据证明商业周期与太阳黑子同步。

　　但是，人们也认识到了某种规律性，感觉到商业周期是现代银行和货币系统引起的新发展。然而，商业周期不可避免吗？如果资本主义继续下去，那么以后这种现象是否会如以前那样盛行？人的行为科学不应与自然科学混为一谈。商业周期源自人的行为——信用扩张。如果这种知识普及了，还会有商业周期吗？当然不会！如果每个人都认识到信用扩张导致了随之而来的萧条，政府和民众就很可能明白信用扩张并非有利，从而停止扩张。

　　另外，我们假设政府和公众舆论即使明白了这个道理，有时仍然顽固地坚持信用扩张政策。那么，难道各个商人对信用扩张的反应不是很可能会有所不同吗？尽管有政府的刺激，难道商业本身不会做出调整，从而使其更为稳定吗？假设政府开始信用扩张，而商人感觉这么做有问题，他们可能会变得相对谨慎，而不是一有可能就扩张业务。这个念头并非那么不切实际，别忘了罗斯福新政刺激经济的政府投资。新政要的是繁荣而绝非萧条。他们打算启动信用扩张后就停止。但商人意识到，一旦自己开始扩张，政府就会停下来，于是他们没有落入圈套。

这让我想到，自 1780 年以来出现在资本主义国家的商业周期可能会永久消失。因此，认为商业周期属于市场经济，并且只要有市场经济，商业周期就不会消失的说法可能是错误的。首先，商业周期不是一种市场现象，而是一种插入市场经济之中的信用扩张现象。因为政府和公众舆论相信，市场经济的正常运作不能产生足够的桥梁和财富。他们相信自己发现了"把石头变为面包"的方法。我可以说，商业周期可能只是一种暂时的现象，这种现象是人的行为科学与自然科学存在差异的证据之一。

将繁荣描述为不同生产部门之间、生产资料和消费品之间的失调的说法错在哪里？企图将普遍繁荣或全国范围内的普遍亏损归咎于商业生产失调的那些人指出，存在耐用消费品和生产资料。当一种新发明（比如冰箱）上市时，每个人都想购买，该特定产业就会繁荣并扩张。但是，他们问道，在每个人都买了一台新冰箱后，该产业又怎能继续扩张呢？

他们说，同样的情况也适用于其他事项，比如建筑业等。在需要这些耐用品和生产资料的人都购买以后，需求就会跌落，于是萧条发生。这种想法其实是荒唐的，因为经济扩张并不是以这种方式发生的。

关于商业周期的货币理论这样解释"失调"。开始只有少数几个人购买新产品，之后变得越来越多。当最后一批人购买时，购买早期产品的人就需要更换了。商人不会那么愚蠢地说，过去生意好，以后的生意也必然好。一个人在开展新业务时，会自问是否现在已有了足够多的工厂。经商的人并非傻瓜。这解释了不同产业之间的适当比例，比如，为什么市场上生产和销售的面包数量大于棺材的数量。这就是为何产业规模会根据其产品寿命来调整。我们不需要政府告诉我们什么东西生产过剩了。单个商人的计算可能是错误的，于是此人可能会破产。可能他在冰箱产业需要增加生产的时候增加了汽车产业的生产。他导致了汽车生产过剩，而冰箱生产不足。每天都有一些生意赚钱，有一些生意亏损。这意味着，某些企业人员冗余，某些企业人手不足。但这并不意味着普遍繁荣或全国范围内的普遍亏损。普遍繁荣只可能由信用扩张所固有的错觉引发。

把危机解释为与商人的错误和不足相关的所有企图都是错误的，他们未能考虑到这样的错误会相互抵消。如果某个产业部门犯下了过度扩张的错误，那么其他部门必然存在生产不足和生意兴隆。只有普遍的信用扩张能导致繁荣。

商业的问题就在于，商人看不到全局，只能看到一小部分，因此注定会犯错误，这是无政府生产状态的观念。亚当·斯密和其他人在其著作中回答了这个问题。无政府生产状态的观念不能解释这样的事实，即使没有独裁者告诉人们怎样做，经济体系中也存在一种趋势，即确切告诉各个产业部门消费者所需的资本、劳动和产品的数量。那些猜测正确的人会盈利，犯错的人则产生亏损。其结果是，对生产要素的最终控制会落入那些能最好地满足消费者需求的人手中。

如果政府通过对产品征税，试图消除利润、没收利润，这些税收就会阻止伴随利润而来的后果，市场机制就会遭到明显削弱。结果是，消灭了资本主义制度所固有的经济发展和不断进步的趋势，制度也陷入僵化。

举个例子，我们设想有一家百货商场，这是一位野心勃勃的年轻人多年以前白手起家发展起来的。市场经济会阻止这家老百货商场变得死板、保守和官僚主义。如果创建者的孙辈在经营这家商场时缺乏效率，其他小商店很快就会赚钱，它们只会消耗部分利润，将剩下的用来投资。一段时间后，老商场的生意就会萎缩，直到它被新来者兼并，或被卖给新的管理者。于是，某家小商店将成为大商场。

但是，今天的情况不同。现代税收阻止新来者将更多资金用于再投资。政府并没有以法律或官方的形式歧视新来者。如果新来者的盈利为 25 万美元，那么他缴的税与盈利为 25 万美元的老企业一样多。但是，在新来者能够建立大商场之前，未来的商业资本就被税征走了。因此，老商场得到了某种保护，它不必那么积极地与具有天赋的新来者竞争，它可能会变得满不在乎。这样的状况让新来者难以挑战既有企业，即"既得利益者"。人们认为，这种税法极为先进，但实际上极为保守，有利于现有结构，不利于新来者，会导致僵化的局面。但是，这与我们的主题——信用扩张——无关。不过，如果有信用扩张，那么银行更乐意借钱给老企业而不是新企业。这也意味着现存结构趋于固化。

我想谈谈银行与信用扩张的联系。我们绝不要混淆两种迥然不同的情况，除了都是由同一个人（银行家）在做生意之外，这两种情况毫无共同之处。一种情况是，银行家将他自己的钱贷给别人，这种人是放贷者。在这种情况下，没有信用扩张的问题。

另一种情况是，银行家贷出的是他人的钱。接受客户的存款并贷出这些货币的银行家是一家储蓄银行，是中介机构。这家银行或许也会创造信用媒介，即银行券，并将其贷出去，通常以其客户的支票账户发放贷款。由于这两种银行业的功能——贷出客户的存款和贷出信用媒介——通常与同样的企业相关，因而控制了信用媒介事务的政府就控制了整个借贷业务。这给予政府极大的权力。如果政府从不干预银行，所有的问题就根本不会发生。

支持政府干预银行券和支票货币发行的人宣称"银行业的自由贸易就是欺诈的自由贸易"，以此来为政府的政策背书。他们说，必须保护贫穷、无知的人免受劣质银行券之害。但是，如果政府没有宣布银行券为法币，那么没有人会被迫使用银行券。19 世纪中期的德国文献认为，确有必要保护贫穷的德国人不受银行的损害。但是，德国的中央银行——德意志银行——将马克贬值。1914 年，1 美元等于 4.2 马克；到 1923 年，1 美元等于 42 亿马克。现在该国的状况没有那么糟糕，但仍然比较差劲。政府对货币与银行的干预使得政府有了贬值货币的至上权力。与当初将这种权力授予政府时的理由和承诺相比，现在的结果简直不可想象。有什么事比人们手中的钱在日益缩水更糟糕的事呢？

凯恩斯爵士称金本位制为"野蛮的遗迹"。许多书上说，政府必须干预，因为金本位制失败了。但是，金本位制没有失败！政府宣布持有黄金为非法，由此废除了金本位制。但是，所有国际贸易都是以黄金计算的。这不是因为黄金是黄色且沉甸甸的，而是因为黄金本身能使货币单位购买力的决定权独立于政府与政党观念的变化。

　　市场经济的精髓在于，个人经济行为的实施不是靠政府的命令进行的，而是由个人自发完成的。这同样要求货币，即交换媒介，独立于政治影响。不然的话，未来就只会是各种政府货币和信用政策的一系列失败。要避免如此，每个人都必须意识到，凯恩斯主义的奇迹绝无可能，我们不可能靠信用扩张来改善人们的境况。

第二部分

社会思潮与现代文明 [1]

---

[1] 本文是米塞斯于1952年在旧金山公共图书馆上的讲座。——编者注

第 01 讲
精神、物质与人的命运

　　本部分前几讲是关于哲学的讲座，而不是经济学。哲学很重要，因为每个人，不管他自己是否知道，都有一种明确的哲学观，而他的哲学思想指导着他的行动。

　　今日的哲学是马克思的哲学。他是我们这个时代最有影响力的人物。马克思和他的思想（并非他发明、发展或改进的思想，而是他将这些思想结合成一个体系）在今天被广泛接受，甚至被许多断然宣称自己是共产主义和马克思主义的反对者接受。在很大程度上，许多人不知道自己是哲学上的马克思主义者，虽然他们用其他的名称称呼自己的哲学思想。

　　今天的马克思主义者讲马克思-列宁-斯大林主义。现在

（1952 年）的俄国有大量关于弗拉基米尔·伊里奇·列宁（Vladimir Ilyich Lenin）和约瑟夫·斯大林（Josef Stalin）所做贡献的图书。然而，这一体系仍然是马克思时代的体系。我们意识到，马克思对这一哲学最重要的贡献是在 1859 年发表的，因此把与马克思主义相关的任何贡献称为"新"的都是有问题的。[①]

思想征服世界需要很长的时间。马克思于 1883 年去世时，他的名字几乎无人知晓。庞巴维克在 1896 年发表的一篇评判马克思经济思想的文章[②]，只有几家报纸报道。直到 20 年后，人们才开始将马克思视为哲学家。

马克思的思想及其哲学思想确实主宰着我们的时代。流行图书、哲学著作、小说、戏剧等作品对时事和历史的解释，大体上是马克思主义的。其核心是马克思主义的历史哲学。他从这种哲学中借用了"辩证"一词，适用于他所有的思想。但这一点尚不如意识到马克思唯物主义的含义那么重要。

唯物主义有两种不同的含义。第一种含义只涉及伦理

[①] *A Contribution to the Critique of Political Economy*（Moscow：Progress Publishers, 1859）.

[②] "The Unresolved Contradiction in the Economic Marxian System" in *Shorter Classics of Eugen von Böhm-Bawerk*（South Holland, Ill.：Libertarian Press, 1962［1896; Eng.Trans. 1898］）, pp. 201–302.

问题。一个物质至上的人只对物质——吃、喝、住——感兴趣，而对艺术、文化等不感兴趣。在这个意义上，大多数人是唯物主义者。第二种含义是指对一个基本哲学问题——人的思维或灵魂与人的身体和生理功能二者之间的关系，提出的一组特殊的解答。对于这个问题，人们给出了各种各样的答案，其中包括宗教方面的答案。我们很清楚地知道，身体和思维是有联系的。外科手术已经证明，对大脑的某些损害会带来人类思维功能的某些变化。然而，持第二种观点的唯物主义者把人类思维的所有表现都解释为身体的产物。

这些哲学唯物主义者分为两种思想学派。

第一派唯物主义者认为人是机器。持机器论的唯物主义者认为，这些问题非常简单——人这种"机器"完全就像任何其他机器一样工作。法国人朱利安·德·拉·梅特里（Julien de La Mettrie）写了一本书《人即机器》（*Man, the Machine*），书中包含了这个观点。而今天，许多人仍然想把人类思维的所有活动直接地或间接地解释为和机械操作一样。例如，看看《社会科学百科全书》（*Encyclopedia of the Social Sciences*），其中一位撰稿者是纽约社会研究新学院（New School for Social Research）的一名教师，说新生的孩子就像一辆福特汽车，随时准备起跑。也许吧！但一台机器，或者一台新生的福特汽车，并不是自己运行的。机器不能完成任何事情，不能单独完成任何事情——总是有人或许多人以机器为手段来完成一些事情。必须有某个人来操作这台机器。如果这个人停止了操作，机器也就停下来了。我们必须问这位社会研究新学员的教授："谁在操作这台机器？"其答案将摧毁唯物主义的机器说。

人们有时也会谈论给机器"喂食"，好像它有生命。但是，它当然不是活的生命。人们有时也会说机器"精神崩溃"了。但是，没有神经的物体怎么可能神经崩溃呢？这种机器说被一再重复，但它不太现实。我们不需要去对付它，因为没有一个严肃认真的人会真的相信它。

第二派唯物主义者提出的生理学说更为重要。路德维希·费尔巴哈（Ludwig Feuerbach）和卡尔·沃格特（Karl Vogt）在马克思早年，阐述了这一学说的初始形式。该观点认为，思想和想法"就是"大脑的分泌物（甚至没有哪个唯物主义哲学家不用"就是"这个词，这意味着"我知道，但我不能解释"）。今天，科学家们知道，某些病理条件会产生某些分泌物，而某些分泌物会导致大脑中的某些活动。对所有处于相同情况和条件下的人而言，这些分泌物的化学成分都是相同的。然而，在同样的情况和条件下，人们的想法和思想并不一样，它们存在差异。

首先，观念和思想不是有形的。其次，同样的外部因素并不会对每个人产生同样的反应。有一次，一个苹果从树上掉下来，砸到了一个年轻人——艾萨克·牛顿（Isaac Newton）。这种情况可能曾经发生在许多其他年轻人身上，但是，这次特定的事件让这个特定的年轻人产生了怀疑，他由此产生了某些思想。

但是，当人们面对同样的事实时，他们的想法并不总是相同的。例如，在学校上学时，有的人学，有的人不学。人与人是不同的。

伯特兰·罗素（Bertrand Russell）问："人与石头有什么区别？"他认为，人除了对更多的刺激有反应外，与石头没什么区别。但实际上，二者是不同的。石头的反应是按照我们所知的确定的模式进行的。我们可以预见以某一种方式对待石头，石头会发生什么。但以某一种方式对待人，人的反应并不都是一样的。我们不能为人设立石头那样的行为范畴。因此，尽管许多人认为生理唯物主义（physiological materialism）是一种解决方案，但它实际上走向了一条死路。如果它真的能解决问题，那就意味着，在任何情况下，我们都能知道每个人的反应。而我们甚至想象不出来，如果每个人都知道其他人要做什么，会有什么后果。

马克思不是第一种意义上的唯物主义者——不是机器论者，但生理论在他那个时代非常流行。要确切地知道是什么影响了马克思并不容易，因为他有个人的好恶。马克思讨厌生理唯物主义的倡导者沃格特。只要沃格特这样的唯物主义者一开始谈论政治，马克思就说他们的想法很糟糕。这表明马克思不喜欢他们。

马克思发展了他认为的一种新体系。根据他对历史的唯物主义解释，物质生产力是一切事情的基础。每一阶段的物质生产力都对应着一定阶段的生产关系。物质生产力决定生产关系，即决定世界上存在的所有权和财产的类型。而生产关系决定上层建筑。在马克思的术语中，资本主义或封建主义都是生产关系。每一种都必然是由物质生产力的特定阶段产生的。马克思在 1859 年提出，物质生产力的新阶段将产生社会主义。

但是，这些物质生产力是什么呢？正如马克思从来没有说过什么是"阶级"，他也从来没有说过什么是"物质生产力"。遍览他的著作，我们发现，物质生产力就是工具和机器。在马克思于 1847 年用法语写的一本书《哲学的贫困》（*Misère de la philosophie*）中，他说："手工磨坊产生封建主义，蒸汽磨坊产生资本主义。"[①]他在这本书中没有说，但在

---

① "Le moulin à bras vous donnera la société avec le souzerain; le moulin à vapeur, la société avec le capitaliste industriel," Karl Marx, *Misère de la philosophie*（Paris and Brussels, 1847）, p. 100.

别的著作中写道，有其他机器将产生社会主义。

马克思努力避免对进步的地理解释，因为这种解释当时已经不可信了。他说"工具"是进步的基础。马克思和恩格斯认为，将会有导致社会主义的新机器发展出来。他们对每一台新机器都感到高兴，认为这意味着社会主义指日可待。在 1847 年的那本法语书中，马克思批评了那些重视分工的人，他说重要的是工具。

我们不能忘记，工具不会从天上掉下来，它们是观念的产物。为了解释观念，马克思说，工具、机器——物质生产力，反映在人的大脑中，观念就是这样产生的。但是，工具和机器本身就是观念的产物。此外，在机器出现之前，必须有劳动分工。在有分工之前，必须发展出明确的观念。这些观念的起源不能用只有在社会中才可能出现的东西来解释，因为社会本身就是观念的产物。

"物质"一词吸引了人们的注意。为了解释观念的变化、思想的变化，以及观念所产生的一切事物的变化，马克思将它们归结为技术观念的变化。在这一方面，他并非第一人。例如，赫尔曼·路德维希·费迪南德·冯·亥姆霍兹（Hermann Ludwig Ferdinand von Helmholtz）和利奥波德·冯·兰克（Leopold von Ranke）就是把历史解释为技术的历史。

历史的任务正是要解释为什么人们明明拥有了建成某些发明所需的一切物理知识，却并没有实际实施这些发明呢？例如，为什么古希腊人拥有相关的技术知识，却没有建造铁路呢？

一种学说一旦流行起来，就会被简化，以便为群众所理解。马克思说，一切都取决于经济条件。正如他在1847年的法语著作《哲学的贫困》中所说的，工厂和工具的历史是独立发展的。马克思认为，人类历史的整个运动表现为物质生产力的发展，即工具的发展的必然结果。随着工具的发展，社会结构发生了变化，因此其他一切事物也发生了变化。他所谓的其他一切事物，指的是上层建筑。马克思之后著书立说的马克思主义学者，将上层建筑的一切东西都归因为生产关系的明确变化，而把生产关系中的一切东西都归因为工具和机器的变化。这是对马克思主义学说的一种庸俗化、简单化，马克思和恩格斯对此不能负全部的责任。他们不应该为今天所有的荒谬说法负责。

这种马克思主义学说对观念有什么影响呢？生活在17世纪早期的哲学家勒内·笛卡儿（René Descartes）认为，人拥有心智，因此人会思考，而动物不过是机器。马克思说，当然，笛卡儿生活在"制造业时代"（Manufakturperioden），工具和机器就是这样的，因此他必然以动物是机器来解释他的理论。18 世纪的瑞士人阿尔布雷希特·冯·海勒（Albrecht von Hailer）也说了同样的话（他不喜欢自由政府的法律面前人人平等的观念）。朱利安·德·拉·梅特里生活在这两个人所处的时代之间，他也把人解释为机器。因此，马克思认为观念是某一特定时代的工具和机器的产物的概念很容易被证伪。

著名的经验主义哲学家约翰·洛克宣称，人类头脑中的一切都来自感官经验。马克思说，约翰·洛克是资产阶级学说的代言人。这样的话，我们从马克思的著作中就会得出两个不同的推论：（1）他对笛卡儿的解释是，笛卡儿生活在一个机器被引入的时代，因此，笛卡儿把动物解释为机器；（2）他对约翰·洛克的灵感的解释来自他是资产阶级利益的代表。关于思想的来源，就存在着两种互不相容的解释。第一种解释是，思想建立在物质生产力，即工具和机器的基础上；第二种解释是，阶级利益决定思想。

根据马克思的观点，每个人都是被迫的——被物质生产力强迫，以结果是表现其阶级利益的方式去思考。你的思维方式受你的"利益"所迫，你根据你的阶级"利益"去思考。你的"利益"是与你的观念和思想无关的东西。你的"利益"独立于你的观念而存在于世界上。因此，你的观念的产物并不是真理。在马克思出现之前的整个历史时期，真理的概念都没有意义。过去，人们的思想所产生的东西都是"意识形态"，而非真理。

法国的"意识形态家"（les idéologues）被拿破仑大肆宣扬，他说，如果没有这些"意识形态家"，那么法国的一切都会好起来。1812年，拿破仑战败。他离开了俄国的军队，独自一人，隐姓埋名，于1812年12月底重新出现在巴黎。他将在他的国家发生的罪恶都归咎于坏的"意识形态家"对这个国家的影响。

马克思在另一种意义上使用"意识形态"。马克思认为，意识形态是某个阶级的成员提出的学说。这些学说不一定是真理，而仅仅是相关阶级利益的表达。当然，总有一天会出现没有阶级的社会。有一个阶级——无产阶级——为没有阶级的社会铺平了道路。今天的真理是无产阶级的思想。无产阶级将消灭一切阶级，于是黄金时代，即没有阶级社会的时代将到来。

马克思将约瑟夫·狄慈根（Joseph Dietzgen）称为无产阶级，但马克思如果对他有更多了解，就会称他为小资产阶级。马克思在正式场合赞同狄慈根的所有观点，但在与费迪南德·拉萨尔（Ferdinand Lassalle）的私人通信中，他表达了一些不同看法。这里不存在普遍的逻辑。每个阶级都有自己的逻辑。当然，无产阶级的逻辑已成为未来的真正逻辑。

（当种族主义者继承了同样的思想，声称不同的种族有不同的逻辑，但雅利安人的逻辑是真正的逻辑时，这些人却感到被冒犯了。）

卡尔·曼海姆（Karl Mannheim）的知识社会学是在希特勒的思想中发展起来的。每个人都是以意识形态来思考的——也就是说，以错误的学说思考。但是，有一类人享有某种特殊的特权——马克思称之为"独立的知识分子"（unattached intellectuals）。这些"独立的知识分子"有发现非意识形态真相的特权。

这种"利益"观的影响巨大。首先，要记住，该学说并不是说人的行为和思想是根据人们所认为的自身利益来决定的。其次，该学说认为"利益"独立于人的思想和观念。这些独立的利益迫使人们以某种确定的方式思考和行动。作为这一观念影响我们今天思想的一个例子，我要提到一位美国参议员——不是民主党人，他说人们根据自身"利益"投票，他没有说根据他们所认为的自身利益投票。这就是马克思的观念——假定"利益"是某种确定的且与人的看法无关的东西。这种阶级思想观最初是由马克思在《共产党宣言》中提出的。

马克思和恩格斯在《共产党宣言》中加入了一段话：当时机成熟时，资产阶级中有一部分人加入了新兴的阶级。然而，如果某些人有可能摆脱阶级利益的规律，这种规律就不再是普遍的规律了。

马克思的观点是，物质生产力引导人们从一个阶段走向另一个阶段，直至达到社会主义，社会主义是所有阶段的终点和最高境界。马克思说社会主义不能预先计划，历史会对此负责的。在马克思看来，那些说社会主义将如何运作的人都只是"空想社会主义者"。

在马克思写作时，马克思对其批评者的回应是，那些持反对意见的人只不过是"资产阶级"。他说，没有必要驳倒对手的论点，只要揭露他们的资产阶级背景。他们的学说只是资产阶级的意识形态，所以不必去应对。这就意味着，资产阶级绝不会写出任何有利于社会主义的东西。因此，这些学者都急于证明自己是无产者。在此处，我们也可以适当地提一下，法国社会主义祖师圣西门（Saint-Simon）是某个著名的公爵和伯爵家族的后裔。①

某个发明得以发展出来，是因为人们追求的是实用目的而非真理，这种说法根本不对。

在马克思发表其著作时，德国的思想是由柏林大学的教授黑格尔主导的。黑格尔发展了历史的哲学进化论学说。在

---

① Claude Henri de Rouvroy，Comte de Saint-Simon（1760—1825）.

某些方面，他的思想与马克思不同，甚至完全相反。至少在一个多世纪的时间里，黑格尔消灭了德国思想和德国哲学。他从康德那里得到了一个警告。康德说，写出历史哲学的只能是那个敢假装以上帝视角来看世界的人。黑格尔相信他有"上帝之眼"（eyes of God），他知道历史的结局，他知道上帝的计划。他说，"精神"是在历史的演变过程中发展和显现的。因此，历史进程必然是从不太令人满意的条件向更令人满意的条件发展。

1825 年，黑格尔说我们已经达到了一种极好的状态。他认为弗里德里希·威廉三世（Friedrich Wilhelm Ⅲ）的普鲁士王国和普鲁士联合教会是世俗政府和精神政府的完美形态。马克思说，正如黑格尔所说的，过去有历史，但当我们达到最令人满意的状态时，历史就不复存在了。因此，马克思采用了黑格尔的体系，尽管他用物质生产力取代了精神。物质生产力会经历不同的阶段。当前处于很糟糕的阶段，但有一点是有利的，那就是，这一阶段是完美的社会主义阶段得以出现的必要准备阶段。而社会主义就在眼前。

黑格尔被称为普鲁士专制主义哲学家。他去世于 1831 年。他的学派分为"左派"和"右派"的学说（"左派"不喜欢普鲁士政府和普鲁士联合教会）。"左派"和"右派"之间的这种区别从那时起就已经存在了。在法国议会中，那些不喜欢国王政府的人坐在议会厅的左边。如今，没有人愿意坐在右边。

起先，也就是在马克思之前，"右派"一词指的是支持代议制政府和公民自由的人，与支持王室专制和剥夺公民权利的"左派"相对。社会主义思想的出现改变了这些术语的含义。一些"左派"曾直言不讳地表达了他们的观点。例如，柏拉图坦率地说，哲学家应该统治国家。而奥古斯特·孔德说，在过去，自由是必要的，因为这使他有可能出版他的著作，但现在既然这些书已经出版了，就不再需要自由了。艾蒂安·卡贝（Etienne Cabet）以同样的方式谈到三类书：（1）坏书应该烧掉；（2）不好不坏的书应当修改；（3）剩下的是"好书"。

马克思哲学的这些特性只能用这样的事实来解释：虽然马克思生活在英国，但他讨论的不是英国的情况，因为他认为英国不再需要公民自由了，他讨论的是德国、法国、意大利等国的情况，这些地方仍然需要公民自由。由此可见，在法国大革命时期具有意义的"左"与"右"之别，现在已经没有任何意义了。

第 02 讲
冲突和革命

　　马克思认为，"利益"独立于人的观念和思想。他说社会主义是无产阶级的理想制度。他说阶级利益决定了个人的想法，而这种情况导致了不同阶级之间不可调和的冲突。然后，马克思回到了他的起点——社会主义是理想状态。

　　《共产党宣言》的基本概念是"阶级"和"阶级冲突"。马克思并没有说明"阶级"是什么。马克思于 1883 年去世，那是《共产党宣言》发表 35 年后。在那 35 年里，他出版了许多著作，但没有一部著作谈到他用"阶级"一词表达的含义。在马克思去世后，恩格斯出版了马克思《资本论》第三卷未完成的手稿。恩格斯说，这份手稿是于马克思去世后在他的书桌里发现的（马克思在去世前许多年就停止了这份手稿的写作）。在这本书短短的一章（只有三页纸）中，马克思告诉我们"阶级"不是什么。你可能查遍了他所有的著作，想知道"阶级"是什么，却根本找不到。事实上，"阶级"并非自然存在的，正是我们的思维——我们的分类安排，在我们的头脑中构建了阶级。问题不在于是否存在马克思意义上的社会阶级，问题是我们能否按照马克思的意思来使用社会阶级的概念。我们不能。

他没有看到，某个人或某个阶级的"利益"问题并不能简单地通过提到存在这样的利益以及人们必须按自己的利益行事来解决。我们必须问两个问题：（1）这些"利益"将人们引向什么样的最终目的？（2）这些"利益"打算采用什么方法来达成这些目的？

第一国际由一小群人组成，是一个在伦敦的委员会，里面有马克思的朋友，也有他的敌人。有人建议他们与英国工会运动合作。1865 年，马克思在第一国际的委员会的会议上宣读了一篇论文《价值、价格和利润》（ Value，Price and Profit ），这是他为数不多的几篇用英语写就的作品之一。在这篇文章中，他指出，工会运动的方法很差，必须改变。文章转述如下："工会希望在资本主义制度的框架内改善工人的命运——这是无望且无用的。在资本主义制度的框架内，工人的状况不可能改善。工会在这个方面最多只能取得某种短期的成果。工会必须放弃这种'保守'的政策，必须采取革命性的政策。他们必须为废除工资社会本身而斗争，为社会主义的到来而努力。"马克思生前没敢发表这篇论文。在他去世后，他的女儿发表了这篇文章。他不想得罪工会，他仍然希望他们会放弃他们的理论。

在此，对于什么是正确的方法，无产阶级自身存在明显的意见冲突。无产阶级工会与马克思在什么是符合无产阶级"利益"的问题上存在分歧。马克思说，阶级"利益"是显而易见的——不可能有疑问，每个人都知道。然后，一个根本不属于无产阶级的人来了，他是一名作家和律师[①]，他告诉工会他们错了。"这是一项糟糕的政策，"他说，"你们必须从根本上改变你们的政策。"在此，整个阶级的概念都瓦解了：阶级的概念认为，个人有时可能犯错误，但是阶级作为一个整体永远不会犯错误。

对马克思主义的评论总是肤浅的。他们没有指出其矛盾之处。庞巴维克的评论[②]不错，但他没有覆盖整个体系。这些人甚至没有发现他最明显的矛盾。

---

① 指马克思本人。——译者注

② "The Unresolved Contradiction in the Economic Marxian System" in *Shorter Classics of Eugen von Böhm-Bawerk*,（Sonth Holland, Ⅲ.: Libertarian Press, 1962 [1896; Eng. Trans. 1898]), pp. 201–302.

马克思信奉"工资铁律"（iron law of wages）。他将此作为其经济学说的基础。他不喜欢这一定律的德语术语，即"无耻的"工资法则（the "brazen" law of wages）。费迪南德·拉萨尔曾就此出版过一本小册子。马克思和拉萨尔不是朋友，而是竞争对手——非常激烈的竞争对手。马克思说，拉萨尔唯一的贡献就是这个术语本身，即"无耻的"的工资法则。而且，这个术语是从词典和歌德那里借用来的。

"工资铁律"仍然留在许多教科书中，留在政治家的头脑中，因此也留在我们的许多法律中。根据"工资铁律"，工资率是由维持生存繁衍所需食品和其他必需品的数量决定的，以养活工人的子女，直到他们自己能够当工人。如果工资率高于这一水平，那么工人的数量将会增加，而工人数量的增加又会降低工资率。工资也不能低于这一水平，因为那样就会出现劳动力短缺现象。这条定律认为，工人是某种微生物或啮齿动物，没有自由选择和自由意志。

如果你认为，在资本主义制度下，工资绝对不可能偏离这个比率，那么你怎么还能继续谈论工人不可避免的逐渐贫困呢？"工资铁律"思想与历史哲学之间存在无法解决的矛盾。"工资铁律"认为，工资将保持在某个水平上，足以养活工人的后代，直到他们自己成为工人。而历史哲学认为，工人将越来越贫穷，直到他们被迫公开叛乱，从而实现社会主义。当然，这两种学说都站不住脚。即使在 50 年前，主要的学者也被迫诉诸其他精心设计的方案来支持他们的理论。令人惊奇的是，自马克思写这部著作以来的一个世纪里，没有人指出这一矛盾。而这个矛盾并非他唯一的矛盾。

马克思的推理从命题到命题之否定，再到否定之否定。起始命题是每个劳动者对生产资料的私有制。在这样的社会中，每个劳动者要么是独立的农民，要么是拥有自己劳动工具的手工业者。当工具不再由劳动者所有，而是由资本家所有时，这一命题——资本主义下的所有权——被否定了。否定之否定是整个社会对生产资料的所有权。以这种方式推理，马克思说他已经发现了历史演化的规律。这就是他为什么将其称为"科学社会主义"。

马克思给以前所有的社会主义者都贴上了"空想社会主义者"的标签，因为他们试图指出为什么社会主义更好。他们想说服同胞接受他们的观点，他们期望，人们如果相信社会主义更好，就会采纳社会主义制度。马克思说，他们是"空想主义者"，因为他们试图描述未来的人间天堂。他所认为的"空想主义者"先驱有法国贵族圣西门、有英国制造商罗伯特·欧文（Robert Owen），还有法国人查尔斯·傅立叶（Charles Fourier）。（傅立叶被称为"巴黎皇家宫殿的傻瓜"。他说过这样的话："在社会主义时代，海洋不再是盐水，而成了柠檬水。"）马克思认为这三个人是伟大的先驱。但是，马克思说，他们没有意识到他们讨论的只是"空想"。他们期望的是社会主义因人民的观念变化而到来。但对马克思而言，社会主义的到来是不可避免的，将伴随着本质上的必然性而到来。

一方面，马克思论述了社会主义的必然性。另一方面，他组织了一个社会主义运动和一个社会主义政党，一次又一次地宣布他的社会主义是革命性的，因此以暴力推翻政府是实现社会主义的必要条件。

马克思借用妇产科领域来比喻。他说，社会主义政党就像产科一样，使社会主义的到来成为可能。当被问及如果你认为整个过程都不可避免，那么为什么不赞成进化而赞成革命时，马克思主义者回答说："生活中没有进化。出生本身不就是一场革命吗？"

马克思认为，社会主义政党的目标不是影响，只是帮助不可避免的事发生。但产科本身就会影响和改变状况。产科实际上已带来了这一医学分支的进步，甚至拯救了生命。既然拯救了生命，可以说，产科其实已改变了历史进程。

"科学"一词在 19 世纪获得了声望。恩格斯于 1878 年出版的《反杜林论》（*Anti-Dühring*）成为最成功的马克思主义哲学著作之一。其中一章以"社会主义从空想到科学的发展"（The Development of Socialism from Utopia to Science）为题印成了小册子，并取得巨大的成功。苏联共产主义者卡尔·拉狄克（Karl Radek）后来也写了一本小册子，叫《社会主义的发展，从科学到行动》（The Development of Socialism, from Science to Action）。

马克思创造意识形态学说，是为了贬斥资产阶级的著作。捷克斯洛伐克的托马斯·马萨里克（Tomás Masaryk）出生在贫苦的家庭，父母是农民和工人，他写过关于马克思主义的著作。然而，马克思主义者称他为资产阶级。如果马克思和恩格斯都自称"无产阶级"，那么马萨里克怎么能被认为是"资产阶级"呢？

如果无产阶级必须根据他们的阶级"利益"来思考，那么他们之间存在分歧和异议的话，这又意味着什么呢？思想上的混乱很难解释这样的情况。当无产者之中存在异议时，他们称异议者为"社会叛徒"。在马克思和恩格斯之后，共产主义政党的伟人是一位德国人，即卡尔·考茨基（Karl Kautsky）。1917年，当列宁试图彻底改变整个世界的时候，考茨基反对这种观点。由于这一分歧，他一夜之间就从伟人成了"社会叛徒"。他被扣上了"社会叛徒"的帽子，还有许多其他帽子。

我们来看看类似的种族主义者的观念。德国种族主义者

宣称，德国有一套确定的政治理念，每一个真正的德国人都
必须按照这一套特定的理念进行思考。这套政治理念就是
纳粹的政治理念。根据纳粹的观念，最好的状态就是战争状
态。但是一些德国人，比如康德、歌德和贝多芬，有"非德
国"的不同观念。如果并非每个德国人都必须以一定的方式
思考，那么谁来决定哪些观念是德国的观念，哪些不是呢？
答案只能是，"内心的声音"是最终的标准、最终的尺度。
这种立场必然导致冲突，其结果是内战，乃至国际战争。

俄国有两派人，他们都认为自己是无产阶级，即布尔
什维克（Bolsheviks）和孟什维克（Mensheviks）。"解决"
他们之间分歧的唯一办法是武力和清算。布尔什维克获胜
了。随后，在布尔什维克派系内部，里昂·托洛茨基（Leon
Trotsky）和斯大林之间出现了别的意见分歧。托洛茨基被迫
流亡，逃到了墨西哥，于 1940 年死在那里。

《共产党宣言》发表于 1848 年。马克思相信革命就在眼
前。当时他认为，社会主义是通过一系列干预措施来实现
的。他列出了十项干预措施，其中包括累进所得税、废除继
承权、农业改革等。他说，这些措施虽然不能持续，但为了
社会主义的到来，是必须的。

因此，1848 年的马克思和恩格斯认为，社会主义可以
通过干预主义实现。到了 1859 年，也就是《共产党宣言》

发表 11 年后，马克思和恩格斯已经放弃了干预的倡议，他们不再指望通过立法改革来实现社会主义。他们想通过一夜之间的巨变来实现社会主义。从这个角度来看，马克思和恩格斯的追随者认为后来的措施，比如罗斯福的新政、杜鲁门的公平施政等，都是"小资产阶级"政策。19 世纪 40 年代，恩格斯曾说，英国劳工法是进步的标志，也是资本主义崩溃的标志。后来，他们称这种干预主义措施或干预主义政策非常糟糕。

1888 年，也就是《共产党宣言》出版 40 年后，一位英国作家完成了该书的翻译。恩格斯对该译本作了一些评论。他提到《共产党宣言》所倡导的十项干预措施，认为这些措施不仅如《共产党宣言》所称的是不能维持的，而且正是因为其不能维持，这些措施必然会一步步走得更远，推动更多的这类措施出现，直到这些更先进的措施最终导向社会主义。

第 03 讲
个人主义与工业革命

　　自由主义者强调个人的重要性。19 世纪的自由主义者已经认为个人的发展是最重要的事情。"个人和个人主义"是进步的口号，是自由主义的口号。反动派在 19 世纪初就攻击过这一立场。

　　18 世纪的理性主义者和自由主义者指出，我们需要的是良好的法律。理性上不具备正当理由的古老习俗应该被抛弃。法律唯一的正当性是，它是否可以促进公共的社会福利。在许多国家，自由主义者和理性主义者要求成文的宪法，要求法律的编纂，要求允许每个人发挥才能的新法律。

　　对个人主义观念的反作用在发展，特别是德国，德国法学家和法律史学家弗里德里希·卡尔·冯·萨维尼很活跃。

萨维尼宣称法律不能由人来制定，法律是由民族整体的灵魂以某种神秘的方式发展出来的。思考的不是个人，而是国家或某个社会实体，它们只是利用个人表达自己的思想。马克思和马克思主义者非常强调这一观点。在这方面，马克思主义者不是黑格尔的追随者，黑格尔关于历史演化的主要观点是朝个人自由的方向演化的。

马克思和恩格斯认为，历史会走自己的路。物质生产力就是走自己的路，独立于个人的意志而发展。而历史事件是自然规律的必然结果。物质生产力会像歌剧的导演那样做：必定有一个可用的替补，以防出现问题；就像歌剧的导演必定有一个替补，以防歌手生病不能演出。根据这种观点，比如，拿破仑和但丁（Dante）并不重要——如果他们没有在历史上出现并占据其自身的特殊地位，其他人就会出现在舞台上填补他们的空缺。

要理解某些单词的含义，你就必须理解德语。从 17 世纪开始，德国花了相当大的努力以反对拉丁词汇的使用，将它们从德语中剔除。许多情况下，一个外来词汇仍然会保留在德语里，尽管它也有一个含义相同的德语表达。这两个单词一开始是同义词，但随着历史的发展，它们有了不同的含义。以"Umwälzung"这个词为例，它是拉丁语"revolution"的德语直译。拉丁语中没有战斗的意思。因此，

"revolution"一词就演化出了两种意思：一种是暴力革命，另一种是像"工业革命"这样的渐进式革命。但是，马克思使用德语中的"Revolution"一词，不仅指法国革命或俄国革命这样的暴力革命，还指渐进式的工业革命。

顺便提一下，"工业革命"这个术语是由阿诺德·汤因比（Arnold Toynbee）首先提出的。马克思主义者说："促进资本主义颠覆的不是革命——看看工业革命吧！"

马克思为奴隶制、农奴制和其他奴役制度赋予了特殊含义。他说，为了让剥削者能剥削劳动者，劳动者必须获得自由。这个观念源于他对封建领主的情况的解释，封建领主必须照顾自己的劳动者，即使在他们不工作的时候。马克思将自由主义性质的变化解释为让剥削者摆脱了对劳动者生活所负的责任。

马克思认为，资本积累是一种障碍。在他看来，财富积累的唯一解释是一个人抢劫了另一个人。对马克思而言，整个工业革命都只不过是资本家对工人的剥削。他认为，随着资本主义的到来，工人的处境变得更糟了。他们的处境与奴隶和农奴的不同之处在于，资本家没有义务去照顾那些失去了剥削价值的工人，而领主必须照顾奴隶和农奴。

马克思认为，资本主义是人类历史引导人类从原始社会发展到社会主义盛世的过程中一个不可避免的必然阶段。如果资本主义是通往社会主义的道路上的不可避免的必要一步，那么根据其观点，我们就不能一直声称资本主义所做的一切在伦理上、道德上都是坏的。那么，他为什么要攻击资本家呢？

他说，一部分产品被资本家占有，到不了工人手上。他认为，这是非常糟糕的。其结果是，工人不再能够消费他们生产出来的全部产品。因此，他们生产的一部分产品没有被消费，存在"消费不足"。因此，由于存在消费不足，经济萧条经常发生。这是其关于萧条的消费不足理论。

1700 年左右，英国人口大约有 550 万人；到了 18 世纪中期，英国人口约为 650 万人，其中 50 万人处于赤贫状态。整个经济体系产生了"过剩"人口。英国的人口过剩问题比欧洲大陆出现得更早。这首先是因为英国是一个岛国，所以没有受到外国军队入侵，外敌入侵减少了欧洲的人口。英国的战争是内战，虽然糟糕，但当时已停止了。于是，剩余人口不会因战争而消耗掉，其数量便增加了。欧洲的情况则有所不同。但是，欧洲大陆从事农业的机会比英国更有利。

英国的旧式经济制度无法应对过剩的人口。多余的人口大多是非常差的人——乞丐、强盗、小偷和妓女。他们靠济贫法①和社区慈善机构等来支持。一些人被强征入陆军和海军，被送去国外服役。农业也有多余的人。当时，加工业既有的行会制度和其他垄断制度使得工业无法扩张。在那个前资本主义时代，买得起新鞋子、新衣服的人和买不起的人之间有明显的阶级差异。加工业主要为上流社会生产。买不起新衣服的人穿的是旧衣服。当时有相当大的二手服装交易——当现代工业开始为下层社会生产服装时，这种交易就几乎完全消失了。如果资本主义没有为这些"多余"的人提供维生手段，那么他们已经被饿死了。在前资本主义时代，天花导致了许多死亡；现在，它实际上已经被消灭了。医学的进步也是资本主义的产物。

所谓的工业革命大灾难其实不是灾难，它极大地改善了人民的生活条件。许多原本活不下来的人活下来了。只有剥削者才能利用技术进步，大众的生活状态比工业革命前夕差得多——这并非事实。事实上，资本主义让许多本来无计为生的人得以生存。今天，许多人的生活水平远远高于他们100年前或200年前的祖先。

18 世纪出现了许多呼吁贸易自由的杰出学者，其中最

---

① 济贫法是英国关于向穷人提供公共援助的立法，可追溯到伊丽莎白时代，于1834年修订，以便建立全国监督的统一救济制度。——原编者注

著名的是亚当·斯密。他们反对垄断，反对行会，反对国王和议会给予的特权。另外，有些聪明的人，在几乎没有任何储蓄和资本的情况下，开始组织饥饿的贫民进行生产，他们不是在工厂里生产，而是在工厂外，而且不仅仅是为上层阶级生产。这些新组织起来的生产者开始为大众生产简单的商品。这就是巨变的发生，这就是工业革命。这场工业革命生产了更多的食物和其他商品，因此人口增加了。这就是真实的情况。到第二次世界大战前夕，增加的人口已如此之多，英国已有了 6000 万人。

你不能把美国与英国相比较。美国一开始就几乎是一个现代资本主义国家。但大致上，我们可以说，今天生活在西方国家的八个人中，有七个正是因为工业革命的成果才能活着。如果没有工业革命，那么只有 1/8 的人会活下来。你能够确定你个人是在 1/8 中吗？如果你不能确定，那么不妨停下来想一想工业革命带来了什么样的后果。

马克思对工业革命的解释同样适用于对"上层建筑"的解释。马克思说，"物质生产力"，即工具和机器，产生了"生产关系"，即社会结构、财产权等，这些又产生了"上层建筑"，即哲学、艺术和宗教。马克思说，"上层建筑"的情况（他是否是诗人、画家等）取决于个人的阶级状况。马克思从这个角度来解释国家的精神生活中所发生的一切。亚瑟·叔本华（Arthur Schopenhauer）被称为股票和债券持有者的哲学家。弗里德里希·尼采（Friedrich Nietzsche）被称为大企业的哲学家。意识形态的每一次变化，以及音乐、艺术、小说、戏剧创作的每一次变化，马克思主义者都有即时的解释。每本新书都用特定时期的"上层建筑"来解释。每本书都被分配了一个形容词——"资产阶级的"或"无产阶级的"。资产阶级一律都被认为是反动派。

不要认为一个人可以一辈子实践某种意识形态而不相信它。那些无论如何都不承认自己是马克思主义者的人，却使用"成熟资本主义"的术语，这表明他们受到了马克思多么大的影响！哈蒙德（Hammond）夫妇——事实上几乎所有的历史学家，都接受了马克思主义对工业革命的解释。[1]唯一的例外是阿什顿（Ashton）。[2]马克思在他学术生涯的后半段，已经不是一个干预主义者了，他赞成自由放任。因为他预计资本主义崩溃并被社会主义取代源于资本主义的完全成熟，所以他赞成让资本主义发展。出于这种理由，在他的论

---

[1] J. L. and Barbara Hammond, authors of the trilogy *The Village Labourer* (1911), *The Town Labourer* (1917), and *The Skilled Labourer* (1919).

[2] T. S. Ashton, *The Industrial Revolution 1760—1830* (London: Oxford University Press, 1988 [1948, 1961]).

著中，他是经济自由的支持者。

马克思相信，干预主义措施没有好处，因为这推迟了社会主义的到来。因此，马克思反对工会推荐的干预措施。但不管怎么样，工会生产不出任何东西，而且生产者如果实际上没有生产更多产品的话，那么也不可能提高工资率。

马克思声称，干预措施损害了工人的利益。德国社会主义者投票反对俾斯麦（Bismarck）在 1881 年前后发起的社会改革（马克思于 1883 年去世）。而美国的共产党人反对新政。当然，他们反对执政政府其实另有原因。没有哪个反对党愿意把这么大的权力交给另一个政党。在起草纲领时，每个人都默认自己将成为计划者，或者默认计划者在思想上完全依赖于他，并为他打杂。没有人愿意成为别人计划方案中的普通成员。

这些计划的思想可以追溯到柏拉图关于国家形式的论文。柏拉图直言不讳。他计划了一个完全由哲学家统治的体系。他想取消所有个人权利和个人决策。任何人除非被告知该这样做，否则他不应该去任何地方，也不应该休息、睡觉、吃饭、喝水、洗漱。在柏拉图的计划中，他想把人的地位降低为棋子。他们所需的是一位独裁者，任命一位哲学家担任生产管理中央委员会的总理或主席。

在柏拉图之后的 2300 年里，很少有反对他观点的记载。

甚至康德也没有反对他。

现在我想讨论的是意识形态扭曲真理的意义。阶级意识不是一开始就发展起来的，但它必然要来。马克思发展了他的意识形态学说："你说的不是真的。这只是意识形态。只要在一个存在阶级的社会，一个人的思想就必然是一种阶级意识，也就是说，他的思想是建立在一种错误的意识上的。"马克思假定这种意识形态对此阶级和要发展此阶级的阶级成员是有用的。这些思想的目标是追求他们阶级的目标。

马克思和恩格斯产生并发展了无产阶级的阶级思想。因此，从这时起，资产阶级的学说就完全无用了。也许有人会说，资产阶级需要其学说的解释来解决他们的良心不安。但如果他们的存在是必要的，那么他们为什么会良心不安呢？按照马克思主义的学说，资产阶级是必要的，因为没有资产阶级，资本主义就不能发展。在资本主义"成熟"之前，任何社会主义都不可能存在。

马克思认为，资产阶级经济学，有时被称为"资产阶级生产的辩护术"，帮助了资产阶级。马克思主义者会这样解释，资产阶级为这种邪恶的资产阶级理论提供的思想，在资产阶级和受剥削的人看来，证明了资本主义生产方式的合理性，从而使这种制度得以存在。但这种解释非常不符合马克思主义的学说。首先，根据马克思主义的学说，资产阶级生产制度不需要任何辩护理由；资产阶级之所以剥削，是因为他们就是要剥削，正如细菌就要剥削宿主那样。资产阶级不需要任何理由。他们的阶级意识告诉他们，他们必须这样做；剥削是资本家的本性。

马克思的一位俄国朋友写信给他说，社会主义者的任务必须是帮助资产阶级更好地进行剥削，马克思则回信说，这没有必要。马克思随后写了一段简短的笔记，说俄国可以在不经历资本主义阶段的情况下实现社会主义。他没有把这个笔记寄出去。恩格斯在马克思的书桌上发现了这张纸，自己抄了一遍，并把抄本寄给了维拉·扎苏里奇（Vera Zasulich）。扎苏里奇在俄国很有名，因为她曾试图刺杀圣彼得堡的警察局局长，但被陪审团无罪释放了（她有个很好的辩护律师）。这个女人出版了马克思的笔记，这个笔记成为布尔什维克党的一大财富。

资本主义制度是这样的制度：在其制度下，晋升完全根据功绩而定。如果人们没有取得进步，他们心中就会感到痛苦。他们之所以不愿意承认他们没有提升，是因为他们缺乏才智。他们将自己未能提升的原因归咎于社会。许多人指责社会而转向社会主义。这种倾向在知识分子行列中尤其强烈。因为专业人士认为彼此都是平等的，能力较弱的专业人士也认为自己比非专业人士"优越"，觉得自己应得到更多的认可。嫉妒在其中起了重要的作用。人们存在对既有状态不满的一种哲学倾向，还存在对政治条件的不满。如果你不满意，那么你会问还有什么其他状态可以考虑。

第04讲
现代文明的产生：储蓄、投资和经济计算

制度主义[①]曾经嘲笑古典经济学家，因为他们是从"鲁滨孙经济学"开始的。开始时，渔夫想要捕获更多的鱼，超出日常所需数量，然后他利用闲暇时间来制造渔网。这些渔网和存储下来的鱼是"资本品"，我不称其为"资本"。

资本品是给定的自然生产要素和消费品之间的中间要素。自然（给定的资源）和人类劳动是给定的自然要素。但如果人们要生产，他们就必须得到指导。所生产出来的中间生产要素——资本品——不仅是工具，也包括所有其他中间产品、半成品和供应的消费品，这些消费品是用以支持那些

---

① 制度主义是一种思想学派，强调经济领域中社会、历史和制度因素的重要性，而不是个人行为的重要性。——原编者注

借助资本品进行生产的人。我们今天所组织和运作的生产过程开始于远古时代，也就是历史上最遥远的时代。如果孩子们用光了父母生产的渔网和鱼，那么资本积累将不得不重新开始。从较简单的情况到较精密的情况是持续不断的过程。认识到这一点很重要，因为我们必须知道，从一开始，要产生这种依靠资本品生产的体系，第一步就是储蓄，而且一直都是储蓄。

我们必须将"资本"的概念与"资本品"的概念相区分。如果不使用我们在复杂的现代资本计算体系中发展出来的概念，我们就不可能思考和处理资本品的问题。资本品是某种物质，可以用物理和化学来描述。"资本"的概念指的是这些资本品的供给以货币为单位的估值。对资本品以货币估值，标志着人类努力改善其外部条件的一个更高级的新时期的开端。问题是，如何维持或保持资本的可用量，以及如何避免在没有替换的情况下消耗可用的资本品。问题是，怎样才能不消耗更多的东西，或者如果可能的话，如何让消费少于新生产出来的产品。这是保持和维持资本的问题，当然也是增加可用资本的问题。

在某些情况下，我们可能不需要任何专门的计算就可以处理这个问题。如果某个农民一直以同样的方式生产，并且建筑方法和生活方式没有改变，他就可以估计自己的状况，可以从物理学和生物学的角度进行比较——两个谷仓多于一个谷仓，十二头牛多于两头牛，等等。但在有着变化和进步的经济系统中，这种简单的计算方式就不够了。用来替换的生产要素可能不同于已消耗掉的生产要素。柴油机可以代替蒸汽机等。在这种情况下，替换和维持资本要求有一种只能以货币来计算的方法。各种物质性的外部生产要素只能从它们为人类提供的服务的角度来比较，以货币来计算，除此之外再无他法。

亚里士多德认为，在交换过程中，被交换的东西必然具有相同的价值，这是他的基本错误之一。自亚里士多德时代以来，两三千年间，同样的错误一而再、再而三地出现，令伟大的思想家也如普通人那样误入了歧途。即使是在晚得多的杰出的法国哲学家亨利·柏格森的著作中，这个错误也仍然重复着。

交换并不等价。相反，正是差异导致交换。不能将交换和贸易的条件简化为等价，你只能将它们简化为评价的不同。买方认为他得到的东西比他放弃的价值更高，卖方认为他提供的东西比他得到的价值更低。因此，我们在确定各种资本品在我们生活中的重要性时，所用的等量的值只能以价格来表示。通过价格计算，你可以建立一套价格体系，并确定某种价格是否有增加或减少，即货币表示的价格是否上涨或下降。没有价格体系，人们就不能进行任何计算。计划经济中不可能像市场经济中那样存在价格体系，因此不能计算。

在经济计算体系中，有"资本"和"收入"两个术语，它们是在这套体系之外无法想象的术语和概念。"资本"是市场上资本品的某一给定供给所能获得的价格之和。商人以特定的方式运用经济计算，没有这套经济计算体系，他就无法运作。在他的企业开张时，他就确定了所有可支配的资本品的总价值——称为他的"资本"或者他的企业的"资本"。他定期将企业内所有可用资本品的价格数值与初始时资本品的价格进行比较。如果增长，他就称之为"利润"。如果减少，他就称之为"亏损"。没有其他体系可以确定他所做的事是增加了可用资本、改善了可用资本还是减少了可用资本。从另一个角度来看，他称为"利润"的总盈余也可以被称为"收入"，只要能够让其所有者（企业或个人）在不减少可用资本的情况下消费这笔金额（因而不是以损害未来为代价）。所以，"资本"和"收入"的概念只会在这套经济计算体系中发展出来。

如果收入的总额被消费掉，那么企业可用资本的数量便不会发生变化。如果有部分收入被储蓄起来，即没有被消费而用于再投资——也就是说，用于扩大企业中运转的资本品存量，那么我们可以说积累了额外的资本。企业赚取了一些"收入"。如果所有者消费的金额超过了收入，那么就有资本消耗，即资本减少，未来用于消费品生产的可用资本将会减少。

我不想探讨古希腊人和古罗马人对这些观念有多少了解。他们至少有某些知识，但到了中世纪，这些知识完全消失了。在中世纪，人们没有这种计算的需求。在中世纪后期，在那些比其他国家的经济进步得多的国家，比如意大利，经济计算开始一步一步地缓慢发展。因此，一些基本的会计术语保留了其意大利起源，比如"资本"一词本身。

刚开始时，会计术语不是十分清晰、明确。人们并不擅长数值计算，甚至在 15 世纪大企业的账簿中，我们也发现了严重的算术错误。渐渐地，这些概念发展得越来越多，直到复式记账法出现。我们整个思维方式现在都受到这些观念的影响，即使是那些不了解会计问题的人，以及那些不会阅读和解释公司资产负债表的人，他们的观念也受其影响。会计师和记账员只是以基础的方式处理所有物质性外部问题的普通工作人员。然而，这些问题不仅仅关系到会计师和记账员。歌德是一位伟大的诗人、科学家和进化论先驱，他将商人的复式记账法称为"人类精神中最神奇的发明之一"。歌德意识到这些观念是现代生产和行为体系的基础，而且这些概念是人们处理所有相关问题的实用性数学和逻辑的方式。

在我们的时代，公众舆论和立法丧失了对这些问题的所有理解。这得归咎于现代所得税立法。首先，在所得税立法中，立法者把薪水和工资称为"收入"或"劳动收入"。然而，在经济意义上，"收入"的主要特点是，它是超出商人成本之上的那部分盈余——可以在不减少资本，即不以未来为代价消费的盈余。你不能在损害未来生产机会的情况下消费"收入"。"资本"和"收入"的概念只能在经济计算体系中发展出来。

这些所得税法律还把"利润"当作工资来处理。如果某个企业每年都没有利润，所得税法的拟定者就非常震惊。他们没有意识到企业既有好年景也有坏年景。结果之一是，在20世纪30年代初的大萧条期间，人们常说："一个拥有大工厂的人今年不用缴任何所得税，而一个月收入仅有300美元的人却要缴税，这是多么不公平！"但从法律的角度来看，这并非不公平，因为那一年大工厂主没有"收入"。

颁布了这些所得税法的立法者对经济体系中"资本"和"收入"的真正含义一无所知。他们不明白，大部分高额利润和高额收入并没有被商人消费掉，而是再投资于资本品，这些资本品重新投入了企业以提高产量。这正是经济得以发展、物质条件得以改善的方式。幸运的是，我不需要探讨所得税法律，也不需要探讨产生这些法律的心态。就每个工人的角度而言，只对消费掉的收入征税，而不是对储蓄和再投资的收入征税，这样要合理得多。说清楚这一点就足够了。

很多时候，一个人到了晚年就很难谋生了，或者至少很难赚到他在盛年时赚到的那么多钱。简单地说，以歌手的情况为例，他们赚大钱的年头肯定是有限的。

我想探讨的是这种观点，即认为普遍而言（或在特定情况下），储蓄不利于共同体福利，因此应该采取某些措施限制储蓄或将其引导到特别的地方。事实上，我们可以说（谁也不能否认这一点），所有的物质进步、所有让我们的社会条件不同于历史早期的东西，都是因为有更多东西作为资本品储蓄或积累下来。这也是美国与印度的区别。最重要的不过是时间上的区别。我们只是更早开始把超过消费的那部分产品存了起来。

国家要发展，最重要的制度因素是建立使大规模储蓄成为可能的政府体制和立法体制。在所有那些政府认为某人所得甚多必然是他人贫困之因的国家，大规模储蓄过去不可能的，现在仍然不可能。这曾经是所有人的想法，到了今天也仍然是许多国家的人的想法。正是这种观念现在危害着西方文明——通过将不同的治理方式引入那些让西方文明得以发展的宪法之中。这也是现代资本主义兴起之前（直到被很不恰当地称为"工业革命"的时代来临之前）大多数欧洲国家所盛行的观念。

为了证明这种观念有多么强大，我在此引用康德的话。康德是最重要的哲学家之一，他住在东部加里宁格勒（Kaliningrad），当时称为柯尼斯堡（Königsberg）。他说："如果一个人所拥有的多于他所需，那么另一个人所拥有的就少于他所需。"当然，这在数学上完全正确，但数学和经济学是两回事。事实是，在所有那些人们相信这句格言的国家，在所有那些政府相信改善社会状况的最好方法就是没收成功商人财富的国家（没必要没收那些不成功商人的财富），储蓄和投资是不可能的。

如果有人问我为什么古希腊人没有铁路，那么我会回答："因为那个时代有没收财富的倾向。既然如此，人们为什么要投资呢？"希腊哲学家伊索克拉底（Isocrates）所做的一些演讲至今仍为我们所知。他说，如果某个富有的公民在雅典受审，他就没有机会赢得官司，因为法官们希望没收他的财富，希望以此来改善他们的处境。在这样的情况下，根本不可能有大规模储蓄。

直到 18 世纪，大规模储蓄才开始发展。从那时起，也发展出了一些制度，让储蓄和投资成为可能，不仅是富人的储蓄和投资，也包括穷人的小额储蓄和投资。穷人以前只能通过积攒硬币来储蓄。但硬币不计息，他从储蓄中得到的好处也不大。此外，他平时在家中存着这些小东西是危险的，很容易被偷，而且什么也赚不到。19世纪初，有了一种大规模的发展，让广大群众也能储蓄。

资本主义制度和前资本主义制度之间的一个显著区别是，在资本主义制度下，即使是那些不太富裕的人也拥有储蓄，并可以进行小额的投资。许多人没有意识到这种差异。直到今天，在处理利息问题时，政治家或政客以及公众舆论仍然认为，债权人都是富人，债务人都是穷人。因此，他们认为，宽松的货币政策，即通过政府干预人为降低利率的政策，有利于穷人，不利于富人。但事实上，穷人和不太富的人在储蓄银行有存款，有债券和保险单，还有养老金权益。根据当下一家报纸的报道，美国有650万名债券（支付的承诺）所有者。我不知道这个数字是否准确。然而，这些债券确实分布广泛，这意味着大多数人不是债务人，而是债权人。所有的债券所有者都是债权人。另一方面，那些发行了债券或欠了银行债务的公司，其普通股股东不是债权人，而是债务人。同样，有大量抵押贷款的大型房地产运营商也是债务人。因此，富人都是债权人、穷人都是债务人的说法已经不再正确了。这一方面的情况有了很大的变化。

希特勒在一次盛大的集会上喊道："废除利息奴隶制！

债务人万岁！消灭债权人！"但一家德国报纸意识到了其中的错误，写了一篇文章，其标题是"你知道你自己是债权人吗？"我认为希特勒不会欣赏这篇文章。

多年前，出现了对储蓄和资本积累的敌意。一位俄国经济学家多年前宣称，整个资本主义经济体系是自相矛盾的。生产出来的东西有很大一部分没有用于消费，而是被储蓄起来，积累为新增的资本。后人将有越来越多的资本。这有什么意义？积累这一切是为了谁？他们像守财奴一样积累，但谁能享受储蓄者赚取的利益呢？这是荒谬的，是不好的，应该采取措施改变这种情况。

凯恩斯的反储蓄计划获得了成功。他认为，过度储蓄存在危险。他相信投资机会是有限的，许多人接受了他的这种观点。没有足够的投资机会来吸收作为储蓄的那部分收入。生意变得不好做，是因为储蓄太多。因此，储蓄有可能是过多了。从另一种角度来看，同样的学说已经流行了很长的时间。人们相信一项新发明——某种节省劳动力的装置——会导致所谓的"技术性失业"。正是这种观念导致早期工会去破坏机器。现在的工会仍然有同样的想法，但他们不再像直接破坏机器那样头脑简单了，他们有了更精致的方法。

据我们所知，人类的需求实际上是无限的。如果要满足需求，我们就需要更多的资本品的积累。在美国，我们没享受到更高的生活水平的唯一原因是，我们没有足够的资本品来生产人们想要的所有东西。我不会说人们总是能充分利用经济上的改善。但无论你想要的是什么，都要有更多的投资和人力才能满足。即使在美国最富裕的地区，甚至在加利福尼亚州，我们仍然可以改善生活条件，仍然可以想出更多的方法来利用资本。只要物质生产要素是稀缺的，我们就永远有足够的投资空间。而我们无法想象消除了这种稀缺的状态。我们无法想象"安乐乡"（Land of Cockaigne）的生活，在那里，人们只要饭来张口就行了，而其他一切想要的东西也唾手可得。

生产要素的稀缺意味着资本品的稀缺。因此，整个理念——我们必须停止储蓄并开始消费——都是非常荒唐的。1931 年或 1932 年，凯恩斯勋爵和他的一些朋友发表了一份宣言，他们表示，要想立即避免灾难并改善经济状况，只有一个办法，那就是支出，更多的支出，多多益善。就经济而言，我们必须认识到，这种意义上的支出不能创造投资无法创造的就业机会。你是把钱用来购买新机器还是花在夜总会里都不重要。根据凯恩斯的理论，把钱用于消费、改善生活的人创造了就业机会，而购买机器并提高产量的人却妨碍了公众的利益。

凯恩斯在撰写其著作时，用英国的状况为他的政府支出创造充分就业的理论提供辩护，但这是不正确的。第一次世界大战后，英国的工业没有必需的资源来改进工厂的材料设备，这造成了英国的不利局面。因此，与其他某些国家特别是美国的机器相比，英国的机器效率很低。其结果是，英国的劳动边际生产率较低。但由于工会不能容忍大幅降低工资来提高英国工业的竞争力，结果就是失业。英国当时需要的是更多的投资来提高生产要素的生产率，正如英国如今仍需要这样做一样。

凯恩斯勋爵的这一观点非常古怪。他的一位美国朋友发表了一篇文章，讲述他与凯恩斯勋爵的私人友谊。他讲了一个故事，他在华盛顿的一家酒店拜访凯恩斯。在洗手时，这位朋友非常小心，只用了一条毛巾。然后，凯恩斯把所有的毛巾都揉成一团，说他这样做是为美国的客房服务员创造更多的工作机会。从这个角度来看，增加就业的最好方法是尽可能多地搞破坏。我本以为这种想法已经被弗雷德里克·巴斯夏（Frédéric Bastiat）在他的"破窗"[①]故事中彻底推翻了。

---

①   See "What Is Seen and What Is Not Seen," an excerpt from the first chapter of Bastiat's *Selected Essays on Political Economy*, translated by Seymour Cain and edited by George B. de Huszar（Irvington-on-Hudson, N. Y.: Foundation for Economic Education, 1995［1964］）, reprinted in *The Freeman: Ideas on Liberty*, June 2001.

但显然，凯恩斯没有理解巴斯夏讲的故事。

节省劳动的机器会造成技术性失业，这种谬论不仅被理论检验证明是错误的，而且被整个人类历史证明是错误的——整个人类的历史都恰恰是由引入越来越多的节省劳动的机器构成的。今天，我们用少得多的人类劳动生产了更多的各种设施，而且养活了更多的人，创造了更多的就业机会。因此，认为人们被新机器的发明剥夺了工作，这是不正确的。

资本的积累伤害了工人同样是一个谎言，而且是一个非常糟糕的谎言。在其他条件不变的情况下，可用的资本品越多，劳动的边际生产率就越高。在考虑雇用或解雇一名工人时，雇主会问自己，雇用这名工人会为他的产品增加多少价值。如果多雇用一名工人增加了产量，那么雇主的问题是，雇用他的成本是否高于他生产的产品的销售额。当考虑是否要新增资本品时，同样的问题也会出现。工人人均可获得的资本越多，工人的边际生产率就越大，因此，雇主可以支付的工资就越高。在其他条件相同的情况下，积累的资本越多，雇主就可以以相同的（或者更高的）工资率雇用更多的工人。

有两位商人，即太阳石油公司（Sunoco）的 J. 霍华德·皮尤（J. Howard Pew）和美国钢铁公司（U. S. Steel）

的欧文·奥兹（Irving Olds），曾试图向其他商人解释通货膨胀对资本积累、库存、折旧等方面的影响，但没有取得多大成功。通货膨胀提高了商人的销售价格，制造了他们盈利的假象。然后，政府对这些表面上的"利润"征税，并将其用于当期的支出，而原本这些利润将用于投资或计提折旧和设备更换。

如果个人向一家私人保险公司投保，保险公司就会将保费用于投资。当然，后来必须支付保险金时，保险公司就不得不撤资。个人有必须撤资的时候，但保险公司每年都在扩张，而由于整个国家的资本在资本积累，保险公司作为整体不必撤资。

私人保险与社会保障制度不同。政府谈论保险精算统计，但这并不意味着它是保险公司所说的意思。政府将个人支付的费用用于当期的支出，然后给"社会保障基金"（Social Security Fund）一张欠条，称之为"债券"。因此，政府"投资"于政府债券。当征收"社会保障"税时，政府说："把你的钱给我来支出，作为回报，我承诺，30 年或 40 年后，纳税人将愿意偿还我们今天所欠的债务。"因此，社会保障制度与私人保险迥然不同。社会保障制度不意味着有什么储蓄。相反，个人的储蓄被政府征收，用于"社会保障"，但其实被用于当期支出。我完全相信政府以后会支付欠债，但问题是，以什么样的货币支付？整个事情取决于未来的国会和公众是否愿意以良币来支付。如果人们不喜欢纸币，他们就不会使用。例如，在美国内战时期，加利福尼亚州一直使用硬通货，而不是使用"林肯绿币"。

俾斯麦关于社会保障的理念是，他希望每个人都能从政府得到些什么。他将此与法国进行了比较，许多法国人持有政府债券并获得利息。他认为这就是法国人如此爱国的原因：他们得到了来自政府的东西。俾斯麦希望德国的个人也依赖政府。因此，他启动了一项附加政府奖金，向每位养老金领取者多发放 50 马克。这被称为 "Reichszuschuss"（政府补充津贴）。

资本的问题是经济计算的问题。你不能通过通货膨胀来增加"资本品"，尽管你似乎可以增加"资本"。经济计算表明，其结果是资本品与资本之间存在差额。

第05讲
货币、利息与商业周期

有两个纯粹的理论问题，其产生的严重影响和严重后果怎样估计都不为过。

两个问题中的第一个与收取利息相关。让我们回到亚里士多德的名言："钱不能生出钱来。"亚里士多德发现，利息问题是一个很困难的问题。他要对利息是为使用货币而支付的错误观点负责。许多世纪以来，这是法律禁止贷款计息的理论基础。人们只看到了贷款的利息，他们不认为利息源于人的行为的一般范畴，不认为利息源于这样的事实，即所有人不可避免地、无一例外地都认为现在的商品比未来的商品更有价值。因此，这意味着未来商品相对于当前商品的贴现价值和贴现价格不能简单地以政府法令、规则或命令来消除。当罗马帝国的"资本主义"崩溃时，高度发达的罗马经济体系被入侵的蛮族部落经济取代，那是一种基于每家每户的田地而自给自足的纯农业经济，对收取利息的全面禁止亦不断加强。

在欧洲的许多地方，曾有反对收取利息的斗争。领导这场斗争的是教会。一千年来，教会的议会一再重申无条件禁止利息。但是，为了找到这一禁令的理论基础，他们不能使用福音书和《新约》，他们必须回到摩西律法。他们在其中找到了一段话，这段话提到了贷款给犹太人（而不是外邦人）的利息。后来，12世纪初，神学家在福音书中发现了一段话[①]，这段话也可以被解释为反对收取利息。然而，这段话并没有具体提到收取利息："借贷，不要指望任何回报。"我认为这个翻译是正确的。这引发了一个问题，虽然不需要我们深入探讨，却引起了神学家和法律史学家的争论。

一方面是教会禁止收取利息的法规——教会非常热衷于执行教会法；另一方面是现实，是人们的实践。贷款是必需的。在教会权力（包括宗教权力和世俗权力）之下的国家，现代银行业在缓慢地发展。神学家开始研究利息问题，以确定是否有理由证明收取利息是合理的。这些研究是经济法则

---

① 　路加福音V-35.《詹姆斯国王版》："你们要爱你们的仇敌，行善，借贷，不要指望任何回报。"——原编者注

与教会法教义之间斗争的开始。神学家们讨论了许多问题，并且至少消除了错误观念：放贷者通过收取贷款利息从借款者那里榨取了不公平的利益。然而，在美国许多教科书中，我们仍然可以找到这种错误观念。

然而，还有另一个问题：如果你增加可供借贷的货币供应，你就会给货币市场（短期贷款市场）带来利率下降的趋势。如果利息不是给予使用了某人一定量货币的回报，而实际上取决于未来商品相对于当前商品的折现（且这与货币供应量大小无关），那么货币供应量增加导致的初始利率下降，将如何逆转，又凭什么会逆转？换句话说，尽管有增加的货币供应，但会出现一个重建利率的过程来反映人们对未来商品相对当前商品折现的评估，这个过程是怎么样的？有些人否认存在这种现象。有些人简单地宣称，增加货币或货币替代品的数量，将产生利率一步步下降的渐进趋势，直到利息最终完全消失。事实上，有些人认为，这是实现丰裕的正确方式，可以为所有人创造富足，让每个人都富有。

我们必须明确区分两种银行交易。对于银行家而言，商人和经济学家是指用他人的资金放贷的人（只借出自己资金的人是放贷人）。银行家是从人们那里获得存款的人，他拿了别人的钱，然后再把这些钱借给其他人。他的商业收益源于他付给存款人的利息和他从借款人那里收取的利息的差额。这就是银行业的真正业务，银行家的真正业务。

19世纪，现代银行业方式的发展——银行券的发行和支票存款的出现，导致了两个严重的问题：信用媒介和信贷扩张。

这是一个历史演变过程，最初发生在英国，然后发生在其他国家。人们将钱存在后来被称为银行家的人那里，以求妥善保管——早些时候，这些人是伦敦的金匠。储户从这些金匠那里得到他们存款的收据，可用于支付。如今，我们将这些收据称为"银行券"。当所涉的金匠信誉良好时，其他人没有理由不接受其收据。金匠和早期银行家很快发现，他们没有必要将与发行的全部收据总金额相对应的资金都存在金库里作为储备——他们可以发行比实际现金储备更多的收据，即更多的银行券。他们发现，他们可以将部分储备贷出，通过银行操作，发放的信贷可以超过实际存款所允许的数额。因此，他们发现了我们称之为"信用媒介"的东西。

第二个有严重问题的业务是信贷扩张，这可谓我们这一时代最重要的经济问题。信贷扩张意味着银行家向人们贷出的货币多于储户的存款。银行家发行这种超额银行券，或者超额的随时可提取的支票存款，就是信贷扩张。问题是："这种操作的后果是什么？"开始时，这种类型的信贷扩张不太严重，也不太危险，因为这是城市里信誉良好的个人银行家做的，而他们的银行券可能会被人们接受，也可能被拒绝。你可以去找银行家，从他那里获得一笔完全由超额银行券、信用媒介构成的贷款，即完全由信贷扩张构成的贷款。然后，问题来了：你的客户和你的债权人是否真的愿意接受该银行家发行的银行券来付款？我们可以设想某个债权人进行了一笔这种可疑的交易，他说："接受这些银行券总比继续等待对方付款好些。"但随后，他会立即去找发行这些银行券的银行家要求兑付，从而减少未兑付的超额银行券的数量。因此，只要信贷扩张仍然局限于受商事法律约束的私人银行和私人企业之间的交易，信贷扩张的危险就不是很大。只要超额银行券可以退回发行银行进行兑付，信贷扩张就有所制约，也就不会有任何规模可观的信贷扩张。

但是很快，各国政府就侵入了这一领域。它们的侵入源于它们错误地认为，通过发行流通信贷、超额信贷、信用媒介以及比他们从公众那里得到的更多的货币，银行能够降低利率水平。

我在前面曾指出，关于利息的一个重大误解是古代遗留下来的。在古代，富人是债权人，穷人是债务人，这是正确的描述。而其结果是，高利率是坏事的观念盛行。人们不愿意接受利率是一种不受政府影响的市场现象。他们认为，利率只是经济发展和进步的障碍。许多人甚至认为，利率是因自私的放债人的贪婪而产生的，政府有责任与其斗争。现代资本主义得以发展，要归功于政府在经过了千百年的错误之后，终于放弃了它们应该干预市场价格、干预工资率等观念。如果 18 世纪时政府没有放弃对价格和工资的干预，资本主义就不会发展。这种发展为我们当代的经济改善铺平了道路。然而，它在利率方面并没有完全成功。

的确，在自由主义和资本主义的时代，以前限定最高利率的政府法令被废除了。但这些法令之所以被废除，只不过是因为政府认为自己发现了降低信贷成本的一种新方法，即通过银行的信贷扩张来降低利率。在此过程中，私人银行家完全从这个行业消失了。政府给予政府银行以特权，这些银行享有发行信用媒介的垄断权。这样做也并不容易，因为有一些阻力。在美国，建立美国发行银行的努力曾有两次被大多数人挫败。

政府的这种做法是推行一种处理此问题的非常软弱无力的"折中"办法。一贯支持信贷扩张制度的人可能会说："如果可以通过信贷扩张降低利率，为什么不干脆彻底废除它，让利率消失，给每个人贷款而不收取任何利率呢？这将是一种解决社会贫困问题的方案——可以给每个人贷款。为什么不呢？"但是，政府并不认为他们能够完全废除利率。

法国学者皮埃尔-约瑟夫·普鲁东（Pierre-Joseph Proudhon）

和弗雷德里克·巴斯夏之间曾有一次著名的书信交流。普
鲁东是巴斯夏的反对者。普鲁东认为，建立这样的信贷发
行银行，可以让利率完全消失。巴斯夏不同意，但他没有找
到非常正确的立场，他支持一种"折中"的解决方案，也
就是说，他认为应该允许利率上升到某个点，但不能"过
高"。这种"折中"立场后来成为世界普遍接受的学说。那
些仍然坚持认为通过信贷措施降低或完全消除利率就可以为
所有人创造财富的人，被称为"货币怪人"。这种称呼没有
道理，他们只不过比那些支持官方"折中"政策的人更加逻
辑一致。一些大力鼓吹大幅降低利率的倡导者在其他领域是
非常杰出的人，比如比利时商人兼化学家欧内斯特·索尔
维（Ernest Solvay），他认为通过建立"社会兼容主义"①有
可能让所有人幸福。在加拿大，还有阿尔伯塔实验（Alberta

---

① 社会兼容主义是一种由比利时企业家和化学家欧内斯特·索尔维
提出的社会经济体制理念，旨在通过一种新的货币和信贷体系来
解决社会问题，特别是贫困和失业。根据该体系，政府和中央银
行会创建一个公共信贷机构。通过这个机构，信贷将以低利率或
零利率发放给公民和企业，以促进投资、创新和消费，从而创造
就业机会并提高人们的生活水平。——译者注

Experiment）[①]，这是英国人克利福德·H. 道格拉斯（Clifford H. Douglas）的一个计划。道格拉斯称之为"社会信用"。

人们为什么会错得离谱，误认为信贷扩张没有不好的后果呢？这是因为人们为此发展出了一套特殊的理论。有人说，在经济体系中，信贷扩张有一种自然限制。他们说，商业交易所需的货币量是由"商业需求"决定的，银行的信贷扩张如果不超过这些"商业需求"，就不会造成任何损害。其观点为：原材料生产商向制造商出售原材料，并向其开具汇票；购买原材料的商人将汇票拿到银行；银行贴现汇票，向他提供信贷以支付这些原材料；三个月后，制造商用这些原材料制成成品卖掉，还清他所获得的贷款。因此，支持信用扩张的人表示，银行如果仅仅是提供信贷让商人购买这些原材料，就不会有危险。他们说，如果银行仅限于为已经进行的业务提供信贷，那么因为此目的而向银行申请信贷额就会受到"商业需求"——国内实际进行的准确真实的业

[①]　阿尔伯塔实验是指 20 世纪 30 年代加拿大的阿尔伯塔省在威廉·阿伯哈特（William Aberhart）的领导下实施的一系列社会和经济政策。该实验基于英国工程师克利福德·H. 道格拉斯社会信用的概念。社会信用是一种旨在通过改变货币和信贷制度来解决社会和经济问题，比如贫困和失业的经济理论。其核心思想是为公民提供一种来自国家生产能力的"社会红利"或"基本收入"，并调控商品和服务的价格，以确保购买力得到维持。——译者注

务量——的限制。因此，这并不意味着信贷供给的增加，因为信贷供给的增加正好与基于实际交易的信贷需求增加相一致。

然而，这一理论没有认识到的是，这些"商业需求"取决于银行提供的信贷额度。而银行发放的信贷额度又取决于银行向借款人收取的利率。利率越高，需要贷款的人就越少；利率越低，就有越多的人要求贷款。

每个商人都会计算其项目的预期支出和预期收入。如果他的计算显示，考虑到成本（当然包括利息成本），交易是不合算的，项目就不会进行。但是，如果发行银行出现在这个场景中，并创造出额外的流通信贷用于该项目，由此降低了利率，使其低于没有这种新信贷的情况下的水平，哪怕仅仅降低了 0.25% 或 0.2%，那么在较高利率下本来不会进行的一些项目现在就会启动。银行的信贷扩张创造了对它自己的需求，给人一种印象，即有更多的储蓄和资本品可用。而事实上，增加的只是信贷的数量。

如果银行不扩张信贷，如果它不为此目的发放新的流通信贷，也就是说，如果银行贷出的货币仅来自人们的储蓄，那么后果是，银行必然收取比创造了新信贷时更高的利率。而正是由于这种情况下利率更高一点，许多交易就不会进行。但是，如果银行发放新信贷、新货币，它就必须降低利率以吸引新的借款人，因为所有可用资金已经按照当前的市场利率贷出去了。

银行经常出于政治原因扩张信贷。有句古老的谚语说，如果物价上涨，商业繁荣，那么执政党在选举中就更有机会获得成功。因此，扩张信贷的决定很多时候受到政府想要实现繁荣的影响。因此，全世界的政府都倾向于支持这种信贷扩张政策。

在市场上，信贷扩张造成了一种错觉，让人们认为可用的资本和储蓄比实际的更多，以及以前由于利率较高而不切实际的项目现在因情况变化而变得可行。商人认为，较低利率表明有充足的资本品可用。这意味着信贷扩张篡改了商人的经济计算。这给商人、国家和世界留下的印象是，资本品比实际更多。通过信贷扩张，你可以在会计概念上增加"资本"，但你无法创造更多的真实资本品。由于生产总是必然受到可用资本品数量的限制，信贷扩张的结果就是让商人相信某些由于资本品的现实稀缺而无法实施的项目是可行的。因此，信贷扩张误导了商人，导致生产扭曲，并造成经济上的"不当投资"。当信贷扩张使得商人实施这样的项目时，其结果是人们所谓的"繁荣"。

我们不能忽视这一事实，整个 19 世纪和 20 世纪，一直都存在一种执念，虽然不幸的是，这并非反对信贷扩张的执念，但至少反对在信贷扩张问题上给予政府过多的权力。其主要目标是，限制政府对中央银行的影响力。

在历史进程中，政府一次又一次地利用中央银行借款。政府可以向公众借钱。例如，存了 100 美元的人可以持有这些美元或将其投资。但是，他也可以选择不做这些事情，而是购买一份新的政府债券。这种购买不会改变现有货币的数量，他为债券支付的货币从他手中转到政府手中。但是，如果政府向中央银行借款，银行就可以购买政府债券，而只要扩大信贷就可以借款给政府，这实际上创造了新的货币。政府有很多关于如何进行这种借款的好主意。

历史上，关于政府对中央银行的影响问题，议会和行政机关之间一直存在斗争。大多数欧洲立法机构明确表示，中央银行必须与政府分开，必须独立。而在美国，联邦储备委员会和美国财政部之间始终存在冲突。这是由经济法则和政府立法所造成的自然情况。有些政府发现，很容易就可以在不违反法律字面意义的情况下违反立法。例如，在第一次世界大战期间，德国政府向公众借款，而德国帝国银行承诺给予贷款。私人购买德国政府债券只需支付债券金额的 17%，而这 17% 的债券金额就可以获得 6% 或 7% 的收益。因此，债券价格的 83% 是由银行提供的。这意味着，当政府向公众借款时，实际上是间接地从德国帝国银行借款。结果是，在德国，在第一次世界大战之前，1 美元兑换 4.2 马克；到 1923 年年底，1 美元兑换 42 亿马克。

人们一直都抵制赋予中央银行权力，但在过去的几十年里，这种抵制在世界各国已经基本失败了。美国政府利用中央银行的权力，向其借款，获取了其所需开支的相当大一部分资金，后果是通货膨胀，以及物价和工资水平上涨的趋势。

毫无疑问，信贷扩张会导致利率下降。那么，为什么这并不意味着利率总是能够保持低水平，甚至让利息完全消失呢？如果利率不是货币现象，而是一般的市场现象，即反映未来商品相对于当前商品以贴现价值交易的情况，那么我们必须问自己："信贷扩张导致利率初始下降后，是什么样的过程最终使利率回归到反映市场状况和经济总体状况的水平？"也就是说，如果利率属于人的行为的一般范畴，而增加货币供应和银行信贷可以导致利率暂时下降，那么利率是如何重新回归到能反映未来商品相对于现货的贴现率的呢？

在回答这个问题时，我们也是在回答在某些拥有商业银行和信贷扩张系统的国家中，困扰人们数十年甚至上百年的问题。这就是贸易周期问题——经济萧条时期的周期性回归。从 18 世纪末开始，在英国以及后来逐步进入现代资本主义和现代银行业方式的国家，我们可以观察到一次又一次几乎规律性发生的事件，即经济萧条、经济危机的出现。我们不是指明显由某个事件引起的经济危机，该事件可以解释那场危机的出现。比如，19 世纪 60 年代初期的美国南北战争爆发，美国就不可能再向欧洲运送棉花了，而当时美国南部各州是欧洲唯一的棉花供应商。于是，一场非常严重的经济危机就发生了，从欧洲的棉纺织产业开始，其他产业也遭受了损失。不过，每个人都清楚危机的原因是美国内战以及向欧洲运输棉花的中断。但我们要讨论的不是这种因特定的可识别的情况所导致的危机。我们要讨论的是所有商业领域的真正危机（尽管有时某些领域比其他领域更严重），这是一种人们看不到任何特定原因的危机。

19 世纪初，人们开始将这些周期性危机视为经济研究中最重要的问题之一。19 世纪 30 年代和 40 年代，英国的经济学家们这样回答："我们要研究的不是经济萧条。这种萧条始终是前期繁荣的结果。我们要问的问题不是'危机的原因是什么'。我们必须问的是'前期繁荣的原因是什么'。我们必须问自己，虽然所有资本主义国家都发生了经济条件无可争议且确定的发展，但为什么发展不是稳步上升，而是呈现波浪状的运动。在这种运动中，反复出现繁荣时期，而繁荣时期总是紧随着萧条时期。"以这种方式，危机问题就转化为贸易周期问题。针对贸易周期问题，人们提供了许多解释，但或多或少有些错误。

我只想提及其中一种解释。这是著名经济学家威廉·斯坦利·杰文斯的观点。他的说法很有名气。他将经济危机归因于太阳黑子。他说太阳黑子导致农业收成不好，而这意味着经济不景气。若当真如此的话，为什么企业不能像适应其他自然现象一样适应这种自然现象呢？

如果存在信贷扩张，那么利率必然会降低。银行如果要为新增的信贷找到借款人，就必须降低利率或降低潜在借款人的信贷资格。因为在以前的利率下，所有那些想要贷款的人都已经得到了贷款，银行必须以较低的利率提供贷款，或者将那些前景不佳的企业以及信用较差的借款人纳入以原来的利率授予贷款的对象之中。

当个人消费少于他们的生产时，多余的产品就会作为储蓄。因此，当贷款的资金来自储户时，这代表了可用于进一步生产的实际商品。但是，当基于信贷扩张发放贷款时，商人会被误导，没有实际商品支持这些贷款，只有新创造的信贷。这导致经济计算的错误。信贷扩张产生了系统性错误，给予每个商人这样的印象：昨天因为资本品不足而无法执行的项目，现在可以执行了（因为信贷扩张）。结果是，商业活动更加频繁，这意味着生产要素的价格上涨。但资本品数量其实并没有增加。因此，商业活动的频繁意味着一次人为的繁荣。生产要素的生产者看到他们卖出的价格比昨天高而高兴。但这种情况不可能永远持续下去，因为没有生产更多的物质生产要素。这些生产要素的价格随着新信贷的借款人的竞争和抬价而越来越高。然后，最终有两种可能性。

商业要求越来越多信贷，要么银行通过创造越来越多的信贷来满足这种需求（1923 年德国就是如此，导致货币完全崩溃），要么有一天，出于某种原因，他们意识到必须停止信贷扩张，银行停止创造新的信贷借出。那么，已经扩张了的企业就无法获得新的信贷来支付必需的生产要素，也就不能完成他们已承诺的投资项目。由于无法付账，企业会以低价抛售库存。然后，恐慌和崩溃随之而来，萧条便开始了。

在信贷扩张的情况下，整个国家乃至全球的经济体系就像某个仅拥有有限建筑材料供给的人想要建造一座家园。但由于技术计算能力不足，他犯了一些错误。他认为可以用他有限的建筑材料建造出一座大房子。因此，他从修建过大的地基开始。但只有到了后面，他才发现自己犯了一个错误，无法按原计划建好房子。那么，他必须放弃整个项目，或者以尚能利用的材料建造一座小一些的房子，任由部分地基闲置。这就是某个国家或全球在经历了信贷扩张引发的危机结束时所处的境地。由于宽松信贷，商人在经济计算中犯了错误，发现那些过分雄心勃勃的计划因生产要素不足而无法完成。

　　无论是在英国还是其他地区，实际上，在每一个经历过信贷扩张的国家，在危机之前的每一个繁荣时期，你都会发现有人说："这不是一次随后会带来危机的繁荣，只有不了解情况的人认为会有危机。这是最终的繁荣——永恒的繁荣。我们再也不会遇到那样的危机了。"越是相信这种永恒繁荣口号的人，当他们发现"永恒"的繁荣并不持久时，他们就会变得越绝望。

　　1929 年之后，与之前的萧条相比，这次的情况更为恶化的一个原因是：当时美国的工会真的非常强大，不愿意接受危机将带来的那些影响，即不允许货币工资率大幅度下降，而这正是美国及其他国家的之前危机的后果。在部分行业，货币工资稍有下降，但总的来说，工会成功地维持了繁荣时期人为提高的工资水平。因此，失业人数也保持在相当高的水平，并且失业持续了很长时间。另一方面，那些没有失去工作的工人则享受着工资不与商品价格同等程度下降的好待遇。某些劳动群体的生活条件甚至还有所提高。[1]

---

① See Ludwig von Mises, "The Causes of the Econimic Crisis" (1931) in Percy L. Greaves, Jr., ed., *On the Manipulation of Money and Credit*: *Essays of Ludwig von Mises* (Dobbs Ferry, N. Y.: Free Market Books, 1978), pp. 173—203, esp. pp. 186–192.

这与 20 世纪 20 年代后期英格兰的情况相同，这对产生凯恩斯爵士的理论和近年来进入实践的信贷扩张观念有重要影响。英国政府在 20 世纪 20 年代犯了一个非常严重的错误。英国确实必须稳定货币，但不只是稳定货币。1925 年，英国让英镑回到了战前的黄金价值。这意味着，此后的英镑比起 1920 年的英镑更重，购买力更高。像英国这样要进口原材料、食品以及出口制成品的国家，不应该让英镑变得更贵。正如希特勒所说的："他们要么出口，要么挨饿。"而在这样的国家，工会不能容忍工资水平下降，这就意味着，以英镑计价的制造英国产品的成本增加了，相对于没有以类似方式回归金本位制的国家而言。随着成本上升，你必须以更高的要价来维持业务。因此，你要出售的产品的数量减少，从而必须削减生产。于是，失业率上升，并出现长期的大规模失业。

因为政府不可能与工会就降低工资的问题进行协商，所以政府于 1931 年贬值了英镑，贬值的幅度远远超过了 1925 年升值的幅度，他们声称，这是为了鼓励出口贸易。其他国家也做了同样的事。捷克斯洛伐克贬值了两次。美国于 1933 年跟进。以法国为标准的国家（法国、瑞士）在 1936 年跟进。我之所以提到此事，是因为我们需要认识到，为什么 1929 年的危机（它不过是一场信贷扩张的危机）与之前的危机相比，持续时间更长，后果也更严重。当然，有人会说，资本主义的危机会一次比一次严重；他们说，俄国没有贸易周期。俄国当然没有，它一直处于萧条状态。

我们必须认识到，19世纪和20世纪的历史上，信贷扩张是受限的这一事实具有巨大的"心理"重要性，非常大的重要性。尽管如此，商人、经济学家、政治家和民众普遍都认为，银行的信贷扩张是必要的，利率是繁荣的障碍，而"宽松"的货币政策是好政策。每个人，包括商人和经济学家，都认为信贷扩张是必要的。如果有人试图说信贷扩张可能会带来一些弊端，他们就会非常生气。19世纪末，如果支持反对信贷扩张的英国货币学派，就会被认为几乎是不道德的。

当我开始研究货币和信用理论时，我发现在所有的相关文献中，只有一位在世的学者真正看到了信用扩张的问题，他就是瑞典经济学家克努特·维克塞尔。[①]我们不能没有信贷扩张的观点即使在今天仍然盛行。如果不对其进行真正必需的严肃斗争，我们就不可能击败所有支持信贷扩张的意识形态力量。当然，大多数人根本不会去思考信贷扩张问题。但政府对此有非常明确的观念——他们说："我们离不开信

---

① Knut Wicksell, *Interest and Prices*（New York：Macmillan，［1898］1936）.

贷扩张。"

从根本上说，信贷扩张是公民权利的问题。代议制政府建立在这样的原则之上：公民需要向政府缴纳的税收，只是那些依照宪法合法颁布的税收。"无代表不纳税。"然而，政府认为，他们没法要求公民缴纳足够的税款以覆盖全部的政府支出。如果政府不能用法定的税收来支付其开支，政府就会从商业银行借款，于是扩张信贷。因此，代议制政府实际上可能成为信贷扩张和通货膨胀的策动者。

如果信贷扩张和其他形式的政府通货膨胀制度在 17 世纪就发明了出来，那么斯图亚特王朝与英国议会之间的斗争历史将会非常不同。如果查理一世（Charles Ⅰ）可以径直下令英格兰银行（在他的时代尚不存在）给他授信，那么他获取所需资金就不会有任何问题。他将有能力组建国王的军队并击败议会。这只是其中的一个方面。

第二个方面是，我不相信美国能够在心理上承受 1929 年那样的危机重演。而避免那种危机的唯一办法是防止（人为的）经济繁荣。我们已经在这场（人为的）经济繁荣中走得很远了，但我们仍然可以及时停下。不过，这里存在着巨大的危险。资本品数量有限且稀缺，因此会限制可执行的项目，并使许多项目在当时看来不可行，而信贷扩张通过账面上报告的资本增加的幻觉（以美元计价）可以掩盖这一实情。信贷扩张制造了可用资本的幻觉，但实际上并没有那么多可用资本。

19世纪的根本问题在于，人们没有认识到这些问题。结果资本主义备受怀疑，因为人们相信，周期性的经济萧条是一种资本主义现象。许多人预计经济萧条会逐渐恶化。如果我们想要改变这一趋势，我们就必须认识到，健全的信贷政策承认资本品具有稀缺性的事实，资本不是只靠信贷扩张就能增加的。我们的商人和政治家必须认识到这一点。

第 06 讲
利润和亏损，产权和资本主义

在讨论有关资本主义的一切问题时，最基本的是永远不要忘记"资本品"和"资本"的区别。"资本品"是实物。"资本"的概念纯粹是一种理论的概念，应用于一种确定的计算方法的框架之内。这种资本概念的演变最终产生了会计的资本概念、审计师的资本概念，以及那些非资本品的概念。当然，会计制度是从商人开始的。

商人渴望知道他们的交易结果是好是坏，于是发明了会计方法——复式记账法等。他们所应用的资本概念只涉及且只包括那些被他们投入商业发展的资金，不包括不动产和企业负责人及其家庭等私有财产。你仍然可以在法律论文中读到关于所有者的私人资本是否应该包括在公司资产负债表中的争论。根据会计实践中的方法，今天所使用的资本概念包括不动产和企业所拥有的一切权利。

农学家也开始注意到这些问题，只是在很久以后。最初，他们发明的会计方法只适用于农场的经营活动，而不包括农场主的全部财产。我之所以提到这些事实，是因为如果你查看一家企业的资产负债表，你就会发现其中包括了这家企业拥有的建筑、不动产等。今天使用的资本概念不仅包括资本品，还包括企业拥有的所有东西。

从这个观点出发，我们还必须提出这样的问题：对于资本的实际问题而言，是否还有其他更重要的区别。谈到资本，我们就会发现，我们头脑中包含了所有的物质生产要素，只要它们可以用于生产目的。

如果我们讨论有关资本使用的决策，我们就必须考虑到这样一个事实，即可用资本的大部分体现在不可转换或不能完全转换的商品上。资本货物是自然财货与最终消费品之间的中间因素。在不断变化的世界里，生产过程和其他事情都始终在变，问题是：我们是否可以将这些中间产品——原本是为特定目的设计的——用于其他目的？乃至在计划和意图发生变化后，我们是否还有可能将过去积累或生产的资本用于有着不同的计划和意图的其他目的？这就是资本品可转换性的问题。

100 多年来，一场以一群自称"技术官僚"的改革者为代表的运动在全世界（特别是今天的加利福尼亚州）流行。技术官僚们批评我们仍然让过时的生产过程与最现代的生产方法并行。而他们不是唯一批评此事的人。他们指出，如果消除了所有他们所谓的"经济落后"，如果所有工厂都设立在最好的地方，如果所有工厂都配备了最现代的设备，那该有多好！这样就不会有任何落后，也不会使用任何过时的机器和生产方法。例如，一个德国的社会主义者指出德国农业多么落后。他将废弃或减少所有现有农场和机器，代之以最现代的农业成果，然后就能让生产出来的所有东西都更便宜。

这些计划的弱点在于，过去积累的资本是以资本品的形式存在的，这些资本品代表了积累这些资本时的技术智慧。尽管那些工厂已过时，但这并不一定意味着必须将旧机器当作废铁卖掉且代之以新机器。这取决于新机器有多大的优越性。除非老工厂的产值已无法产生超过当前的支出，否则这将是一种浪费，不仅从个体工厂主的角度来看是浪费，从需要处理同样事务的社会主义制度的角度来看也是如此。这类似一个人既想购买新打字机或新电视机（他有打字机或电视机，但现在更好的东西发明出来了），又想购买他根本没有的其他东西，他必须做出选择。正如不是每个人都会在新款出现时扔掉他的旧打字机或旧汽车一样，商人也必须做出类似的商业决策。家庭中不需要精确计算，但在商业上，我们要基于更谨慎的计算来做出这些决策。

资本设备构成了我们这个时代的财富，使某个国家比起那些较贫穷的国家更为富有，它体现为我们祖先过去创造的资本品，或体现为我们自己在不同的技术条件下为了不同的目的创造的资本品。如果我们未来还想继续使用这些旧资本设备（尽管它们提供的服务可能不如新设备），我们这样做是因为我们认为它们提供的服务价值超过了丢弃旧机器并用新机器替换它们所能获得的收益。

人类开辟世界，定居四方，是在早先的时代，在不同于今日的其他假设和条件下，用其他的技术知识完成的。如果我们是从另一个星球来到地球，完全了解当今世界的地理条件，那么我们将运用这种不同的知识来开发世界，这些知识与那些产生我们当今资本设备的知识截然不同。过去，在很大程度上，我们的财富是由根据与今天不同的条件进行调整的资本品构成的。过去的决策以当时的条件为基础。我们祖先所做的决定，有助于影响我们保持事物的现状；放弃过去的投资并不值得。在每个单独的事例中，我们都必须做出决定，是继续旧的方式（尽管我们现在有了更好的知识），还是放弃旧的方式，代之以利用其他我们现在认为更重要的新增资本品。

作为对技术官僚的回应，我们说，我们还没有富裕到足以废弃过去建造的一切的程度。也许把工业中心建在他处比当时所建的地方更好。但这种转移，这种改变，是一个非常缓慢的过程。这取决于新地点的优势有多大。这是对著名的"幼稚产业理论"（infant-industry argument）的反驳，该理论认为，必须保护新产业，使其不受旧产业的影响。在将产业从物理上不太有利的地点转移到更有利的地点的情况下，决策也必须取决于新地点的优势程度。如果有足够大的优势，那么这些产业即使没有任何外部援助也会迁移。如果优势不足，那么帮助企业迁移是一种浪费。（例如，尽管棉花种植在美国南方，但纺织工业在新英格兰得到了发展。最近，纺织厂又在没有任何外部援助的情况下迁往美国南方。）如果放弃资本品带来的好处足够大，改变就会发生。

技术落后不等于经济落后。如果从我们的角度或消费者大众的角度来看，消除这种技术落后所需的资本在其他地方有更紧迫的用途，那么仅仅因为有了更好的机器，就将资本用于更换新设备，将会是一个非常严重的经济错误。

资本品是稀缺的。经济问题就是消费者试图将资本品用于满足他们尚未满足的最紧迫需求的问题。经济问题并不是将资本品用于生产某种相比另一种产品不太重要的东西（正是由于资本品被用来生产不太重要的产品，这种重要的产品就无法开始生产了）。这就是所谓的无利可图。商人说："项目虽然可以进行，但无利可图。因此，我们不想开始。"而计划经济者说："商人是贪婪的，他们只想生产有利可图的东西，无利可图的东西就不生产了。"然而，让企业无利可图的原因是，考虑到生产要素的价格和利率，预期收益会低于支出。

如果铜价比过去高，这意味着什么呢？意味着消费者愿意为用来生产其他产品的铜支付更高的价格，他们不愿为铜的现有用途支付更高的价格。他们抬高了价格，使得生产其他产品变得有利可图。另一方面，如果铜的供应增加，或者某些过去使用铜的行业现在改用其他东西替代铜进行生产，那么铜会变得更易获得，铜价会下跌，现在使用铜生产某些以前不盈利的产品就有利可图了。归根结底，是消费者在购买中决定了应该生产什么和不应该生产什么。

在铝刚刚问世时，由于价格非常高昂，许多东西无法用铝制造。拿破仑三世（Napoleon Ⅲ）马上想到要为他的骑兵提供铝制装甲，但当时铝的价格那么贵，以至用银子制作装甲反而便宜些。当我还是个孩子时，铝用于制造儿童玩具，但那时要正儿八经地把铝用于工业生产基本上是不可能的。随着铝的生产逐渐改进，许多物品可以用铝来制造。多年前，使用铝就像今天将某些高级金属用于一些商业目的那样是无利可图的。

"为使用而生产，而非为利润而生产"，这种口号毫无意义。商人是为了利润而生产的。但他之所以能盈利，是因为消费者想使用他生产的东西，比起其他东西，消费者更迫切地需要他生产的东西。

如果没有利润和损失，就不会有任何指导生产的依据。正是利润或损失告诉商人们，消费者最迫切需要的是什么，以及需要什么样的质量和数量。在没有利润和损失的体系中，商人将无法了解消费者的需求，也无法按照消费者的意愿来安排生产过程。

除此之外，利润和损失还发挥了转移生产资料的所有权的作用，将生产资料转移到那些知道如何最好地为消费者的需求服务的人手中（当然是指过去，直到昨天的过去）。这并不能保证明天生产资料仍然会得到最佳利用。但如果没有得到最佳利用的话，所有者将蒙受损失。而如果他们不改变生产方式，他们将丧失财产，被逐离生产要素所有者的显赫位置。但过去的状况是既定事实，无法改变。对人做出的每个判断都涉及过去。评判选举中的候选人只能根据他过去的表现，这也适用于选择医生、商店以及生产商等。涉及的总是过去的信誉。

过去的利润将生产资料所有权从公众所认为的使用效率较低的人手中转移到预计效率较高的人手中。因此，基于劳动分工体系的生产资料所有权的含义与封建制度中的含义非常不同。在封建制度中，私人财产是通过征服或任意占有土地获得的。占有者是征服者，最高征服者是军队的首领、国王、元首。其他人获得私有财产是作为最高领主的赏赐。当时有一套完整的等级制度——国王、公爵、骑士等，而最底层是无产者。公爵和骑士可能因为被剥夺其封赏而失去财产——被上级（国王）撤回赏赐；或者，可能因为被成功的征服者击败而失去财产。这样的制度一直盛行，直到在许多国家中不同程度地被资本主义取代。

如果你研究土地私有权的历史，那么你当然可以追溯到土地要么是来自征服，要么是某人占有的无主财产。从这一角度来看，私有制的早期批评者认为，财产没有合法起源，它是通过武力、通过征服而得到的，没有任何合法基础。因此，他们说，他们要从当前的私人所有者手中夺走土地，分给所有人。对土地所有权起源的这种描述是否正确是一个问题。另一个问题是现在财产已经被私人拥有了，该怎么办。

计划经济者接受了关于财产起源的这种批评，却没有意识到，当时和现在存在巨大的差异。如果你说过去土地所有者并不依赖于市场，那没错，那时没有市场，贸易量很小。

封建领主土地上的巨大收入只有一种真正的花销支出——保留一大群武装人员为他作战。封建领主的庄园是一个极其庞大的家庭，许多人生活在其中（我会说那是寄宿者），由大庄园的财产供养。例如，柏林的勃兰登堡就是这样，在16世纪有位顾问住在国王的庄园里。这与市场经济中的情况非常不同。

在市场经济中，私人所有权可以说是一种社会功能，因为只有以最便宜、最好的方式为消费者服务，私有财产才能得以保留和扩大。那些不知道如何以最便宜、最好的方式为消费者服务的人将遭受损失。如果他们不能及时改变生产方式，那么他们将被赶出财产所有者、企业家、资本家的行列，并被转移到不再具有企业家和资本家功能的位置上去。因此，在资本主义制度下，私有制的含义与封建制度中的含义全然不同。

私有制的批评者心理上仍然生活在中世纪（就像利息和债权人的批评者那样）。他们没有意识到，市场每天都在决定谁应该拥有什么以及拥有多少。市场将所有权赋予那些最擅长利用生产资料为消费者需求提供最佳满足的人。因此，将封建制度和绝对王权下的早期条件引以为证，来批评私有财产制度是不正确的。

正如美国总统富兰克林·罗斯福（Franklin Roosevelt）

所说的，资本主义从未真正得到尝试。[①]旧时代的东西总有残留。但是，如果现在告诉我们"看看 17 世纪许多贵族家庭的财富是从哪里来的"，这完全没有用。某些现代富人可能是贵族家庭的后代，但这与今天的状况有什么关系呢？普鲁士地主在 19 世纪和 20 世纪初仍然享有特权。他们之所以能保留自己的财产，只是因为帝国政府的全部机构都乐于维护他们、保护他们，并阻止消费者将更能为其服务的人放到他们的位置上。

我们必须认识到，任何政府措施，如果降低了成功企业可产生的利润，或者对其利润征税，就是削弱消费者对生产者影响的措施。例如，19 世纪的大量工业财富是由商业上成功的创新者积累的。亨利·福特（Henry Ford）白手起家，创造了巨额利润，这些利润又再投资于他的企业；以这种方式，他在相对较短的时间内，创造了美国最大的财富之一。结果是，全新的事情发生了：为大众量产汽车。20 世纪初有一些成功的汽车品牌。法国的雷诺售价约为 1 万美元（黄

---

① "这一方案的基本主题是，并非追求利润的自由企业制度在这代人中已经失败了，而是该制度从未得到尝试。"——富兰克林·罗斯福，引自弗里德里希·哈耶克《通往奴役之路》（Chicago：University of Chicago Press，1944）第 1 章，第 10 页。——原编者注

金价值），这是为少数极其富有之人准备的豪华汽车。福特及其他一些人的行动让每个人都能拥有汽车，这样创造了大量财富。大百货公司和大工厂也是以这种方式发展起来的。但现在不会有这样的事了。如果某人创办了一家小企业并获得了巨额利润，那么利润的大部分会被税收吞噬。不过，这里仍然有些漏洞。如果你有一个好会计师，那么你可以避免被征收 90% 的利润，也许只被征收 70%。但是，本来可以用于再投资的大部分利润被政府拿走了，用于当前的开支。

在百货公司的例子中，过去老商店必须与新竞争者争夺潜在的新消费者。然而，现在已不再如此。小商家永远不会发展成为大商店，因为其利润被政府拿走了。诚然，老商店和新商店都在同样的法律下运营，大型老百货商店也必须支付高额所得税。但是，老商店已经积累了大业务所需的资本，而新商店则被阻止去积累扩张为大企业所需的资本。因此，其结果是，竞争精神很容易从大商店的运营管理中消失。老商店没有了竞争的危险，在处理事务时，有时会变得"懒惰"。

有人说资本主义正在消亡，因为竞争精神不像过去那样存在，而且大企业变得官僚化。但资本主义没有消亡，人们在谋杀它。因患病而最终导致死亡与因袭击和暗杀而死亡之间存在区别。将商业竞争精神减弱以及企业有时变得官僚化作为反对资本主义的论据，是荒谬的。正是因为人们反抗资本主义制度，不愿容忍那些对资本主义的存在至关重要的制度，才导致了这种现象。因此，我必须谈谈企业经营管理中的利润和亏损与官僚管理之间的区别。

损益管理是一家企业的标志，它受制于市场至高无上的地位，即消费者至高无上的地位。在这样的企业中，决定性因素是"有利可图还是无利可图"这一标准不仅适用于整个企业，也适用于企业的每个部分。这是一种复式记账会计法，歌德盛赞它使组织的负责人能够在不陷入过多细节工作的情况下控制企业的方方面面。

在这样的会计制度下，我们可以确定任何特定部门或分支机构是否盈利。例如，纽约的一家企业在旧金山设有分公司。纽约公司的负责人需要采用的唯一标准是：该分公司是否盈利？他掌握着旧金山分公司的一份特定的资产负债表。他在账簿上为该分公司分配必要的资本，比较该分公司的成本和价格，并以此为基础，判断维持旧金山分公司对整个企业是否有益，是否有利可图。他可以把所有细节交给旧金山分公司的负责人，因为这个人始终知道他负有责任。分公司经理未必能分到利润。他非常清楚，分公司如果无法盈利就会被撤销，而他将失去工作；他的未来取决于该分公司。因此，纽约的负责人不必对旧金山分公司经理多说什么，除了

"盈利"，纽约的负责人不会干预，因为如果他干预且分公司出现亏损，分公司经理就能够说，这是因为"您命令我这样做"。

消费者至高无上。消费者并非总是聪明的，但消费者享有主权。他们可能愚蠢，可能改变主意，但我们必须接受他们享有主权的事实。商人受制于消费者至高无上的地位。当然，对整个商业机构来说也是如此，决定性的声音是消费者的声音。生产者或制造商要解决的问题不是批评消费者："这些人的品位很差——我建议他们买其他东西。"这是哲学家和艺术家的任务。一位伟大的画家，一位伟大的领袖，以及一位想在历史上发挥作用的人，不应屈服于消费者糟糕的品位。然而，商人受制于损益管理，并在每个细节上受消费者意愿的指挥。消费者至高无上。他们购买产品，这让生产者有了正当性。如果没有被政府干预削弱，这就是损益管理，即为消费者生产。

那么，什么是官僚管理？人们常常把庞大与官僚制度混为一谈。甚至像马克斯·韦伯这样杰出的人也认为，官僚机构的本质特征是人们坐在办公桌前，有大量的文书工作要做。但这不是官僚制度的本质特征。官僚制度的特点是，它所处理一些必要的事务无法在市场上销售，因此没有市场价格。例如，保护个人免受匪徒和其他罪犯侵害就是这种事。

这是警察部门的工作，非常重要，必不可少。但警察部门的服务不能在市场上出售。因此，你不能像判断一家鞋厂的运营那样来判断这些警察行动的结果。鞋厂可以说："公众认可我们的运营，因为我们盈利。"警察部门只能说公众通过市议会、国会、议会等行为表示认可。因此，警察系统所必须运用的管理制度就是官僚制度。

国家或公民选举议会机构，而这些议会机构决定政府各项职能（包括警察部门）的开支大小。你不能用美元来评估警察部门的工作成果。因此，你不能像私营企业那样对警察部门进行簿记和审计。在私营企业中，支出以美元衡量，与收入相比较。在警察部门，你不能把支出和收入相比较。警察部门只有支出。警察部门的"收益"是，比如，你甚至可以在午夜之后安全地步行穿越城镇。这样的"收益"不能用金钱来衡量。

议会为警察部门制定预算，决定要支出的金额。议会还必须告诉警察部门应该执行哪些职务。毫无疑问，增加拨款可以改善 FBI（美国联邦调查局）的工作，但民众不想出更多的钱。司法部部长告诉 FBI 应该做什么和不应该做什么。司法部部长不能把这些决定留给"分公司经理"。因此，官僚机构的管理者会就许多商人认为不必要的事情发出指示——多久清洁办公室一次，应该有多少台电话，某栋建筑要有多少人值守，等等。这些详尽的指示是必要的，因为官僚机构必须以这些规则来确定应该做什么和不应该做什么。否则，办事人员在花钱时不会考虑总预算。如果预算有限，那么你必须告诉员工他们能做什么和不能做什么。这适用于政府行政机构的所有部门。

这就是官僚制度，它在这些领域中不可或缺。你不能让员工个人决定。你不能告诉某人："这是一家大医院。你想做什么就做什么。"议会、州或联邦设定了一个限制，因此，有必要限制每个部门的支出。这种官僚主义的管理方法不适用于利润管理。不过，当然，如果削弱了私营企业的利润动机，官僚思想和官僚管理就会悄悄渗入。

在目前政府征收超额利润税、公司税和公司股东个人所得税的情况下，许多企业在计算一项新支出时会说："当然，这意味着要多花 100 美元。但是，考虑到企业必须为公司收入支付 82% 的税收，实际支出要少得多。如果企业不将这 100 美元用于业务而留作利润收入，那么我仍然必须支付 82 美元的税收。因此，支出 100 美元只花费了公司 18 美元。"人们以这种方式计算，不再将总支出与由于总支出而可能在市场上获得的优势相比较，他们只比较影响自己收入的那部分支出。换句话说，对于在业务上花费 100 美元而言，公司可以承受挥霍、浪费或奢侈，公司将不再把消费者的需求作为首要考虑因素。

这种税收制度如果继续下去，那么最终可能导致政府完全控制企业。比如，政府拿走公司 100% 的收入，那么公司所有业务的支出都可以抵扣并由政府承担。这样一来，公司就不用担心消费者主权，也不用担心消费者是否愿意为其产品支付能覆盖成本的价钱。公司也不用操心降低支出。但是，政府也不会允许企业随心所欲地经营，政府将不得不控制企业运营的所有方面。因此，如果你听说企业变得官僚化和浪费，那么这并不是大企业、资本主义或者无阻碍市场制度的后果。这是政府税收和政府干预的后果。

第07讲
外国投资与资本主义

300年前，世界各地的经济状况比现在更为一致。当然，当时有一些野蛮部落，但除此之外，世界上大部分地区的科技发展和文明程度基本处于相同的水平。之后，某些国家发生了根本性的变化。资本主义在西方发展起来，有了资本的积累和投资，工具完善了，西方文明发展了。今天，世界上"先进"国家中的西方文明，与"落后"国家的情况有巨大差异。

这种区别在19世纪早中期甚至更加明显。如果某人在1700年访问英国和罗马尼亚，那么他不会看到生产方式有任何显著的差异。而到了1850年，这些差异变得非常大。差异大到人们会说（而且有些人也会相信），这种差异永远都不会消失，将永远存在。

　　产生这种差异的原因在于，西方有更多的资本投资。但这种资本投资，即这些资本品，不过是中间产品。这些国家对"落后"国家的领先只是时间问题。西方国家在改善经济状况的道路上起步较早。"落后"国家尚未开始，但还有时间。这将是缓慢的过程。不过，这些落后的国家会发现创业比以前容易得多，因为它们没必要去尝试那些不成功的生产方法。它们不需要重新发明，可以直接从西方国家手中拿来就用。随着时间的推移，这将减少国家之间经济水平的差异，但某些差异仍会存在。

　　西方文明的技术发明没什么秘密可言。"落后"国家里最聪明的年轻人都到西方的学校去学习，尽其所能学习生产方法。然后，他们把西方技术带回自己的国家。但技术并不是唯一的因素。"落后"国家缺乏的是西方产生资本主义的心态，以及这种心态所带来的制度。

　　对一些"落后"国家来说，重要的是彻底改变它们的心态和经济观。它们必须认识到，富人越多，对穷人越有利。要消灭大众的贫困，富人必须存在。但它们脑子里没有这种观念。它们认识不到资本主义发展的本质并非技术知识和资本品，而是使积累大量资本和资本品成为可能的心态。

　　"落后"国家的人民只看到了他们在技术上的落后。如果这些国家有强大的政府，有力地统治着自己的国家，那么它们首先想要的以及最羡慕嫉妒的，就是西方生产的更好的武器。"落后"国家的君主最感兴趣的是获得更好的枪炮，对其他事情则兴致不高。但是，那些不认为战争是人类思想最重要表现形式的爱国者，对技术很感兴趣。因此，他们把自己的儿子送到西方的科技大学，并邀请西方的教授和实业家到他们的国家。但他们并没有领会到东西方之间真正的差异，即观念上的差异。

如果让那些"落后"国家的人民自行其是，那么他们很可能永远也不会改善自己国家的经济条件，他们很可能不会接受那些变为"现代"国家所必需的意识形态。即使他们这样做了，这也将是非常缓慢的过程。他们必须从最基础的开始。首先，需要积累资本来建造设备，比如矿山设备，以便生产矿石，并从矿石中提炼出金属，然后修建铁路。这将是一个非常漫长、非常缓慢的过程。

但现实中真正发生的是 18 世纪没人考虑到的一个现象。外国投资发展起来了。从世界历史的角度来看，外国投资是最重要的现象之一。外国投资意味着西方资本家提供了"落后"国家部分经济体系现代化所需的资本。这是一种全新的事物，是以前没人知道的事物。1817 年，李嘉图在撰写《政治经济学及赋税原理》(*On the Principles of Political Economy and Taxation*）时，只是简单地假设不存在海外资本投资。

19 世纪发展起来的资本投资，与 15 世纪以后在旧殖民制度下发展起来的资本投资大不相同。当时，投资是为了寻找欧洲无法获得的农业原料、自然资源和产品。关于殖民列强的贸易欲望，有种愚蠢的解释是，他们感兴趣的是为其产品开拓外国市场。实际上，殖民列强剥削殖民地是为了获取物资。如果他们不需要为想要的资源支付什么，如果他们可以免费获得外国产品，他们就非常高兴。这些早期的殖民者更多的是海盗和强盗，而非商人。他们认为，海外销售只是一种应急措施，适用于如果不花钱就得不到想要的东西的情况。他们其实对投资没什么兴趣——他们想要的只是原材料。

当然，他们无法阻止一些本国公民在殖民地定居下来并开始农业生产。作为 15—18 世纪殖民冒险的副产品，一些重要的殖民地在海外发展起来。当然，最重要的殖民地是美国，其次是拉丁美洲国家。但是，大大小小的欧洲商人，对一些底层阶级移民到美国定居的事情不感兴趣。在很长一段时间，他们可能认为加勒比海的岛屿更重要，因为那里可以生产他们想要的东西——糖。美洲的定居点不是旧殖民政策的组成部分，这些地方不顾政府的想法（至少不是因为政府的想法）发展起来了。

18 世纪，北美殖民地已经有了一些投资，但这还不是一种具有重大历史意义的现象。真正的外国投资始于 19 世纪。这类外国投资不同于早期的殖民投资，因为它是在外国政府拥有和统治的领土上投资。

这类外国投资以两种不同的方式发展。一种是在几大殖民列强的殖民地进行投资，即在从属于欧洲国家的那些国家进行投资，例如英国在印度的投资。但更重要的是投资于政治独立的国家，其中有些国家高度发达，比如美国。举例来说，美国的铁路很大程度上是在欧洲资本的帮助下修建的。在美国、加拿大和澳大利亚的投资与在其他国家的投资不同，因为这三个国家并不"落后"——这里指的是它们并不缺乏经商的心态。这些投资有着极为不同的历史，因为投资确实用于最佳用途，并且后来也完全得到了回报。19 世纪六七十年代，欧洲人最重要的投资机会之一是在美国投资。

资本投资于某个国家，当然意味着所谓的"贸易逆差"。美国在 19 世纪引进了资本。因此，19 世纪，总的来说，美国的进口超过了出口。但是，从 19 世纪最后十年开始，美国开始偿还欧洲人的投资。然后，美国的出口超过了进口。因此，贸易平衡变为"顺差"。差额就是美国公民购买以前卖给欧洲人的美国股票和债券所支付的价钱。这种情况一直持续到第一次世界大战之后。在那以后，美国成了世界上最大的贷款者和投资者。

来自欧洲以及后来北美的资本，使欧洲和北美的国家能够扩大其经济体系。这些外国投资的一个结果是，某些生产部门在一些原本完全不可能发展这些产业的国家发展起来了，或在其发展本来会晚得多（而且肯定不是以它们现在得以发展的方式）的地方发展起来了。其后果无疑对投资国和东道国都是有利的。

很快，一种敌视外国投资者和外国债权人的态度，在许多从外国投资中获益的国家中形成了，甚至在某种程度上美国也发生了这种事。在南北战争期间，南方邦联从欧洲只得到了一小笔贷款，其中一个原因是，在欧洲银行家的记录中，有一个对杰斐逊·戴维斯（Jefferson Davis）不利的污点。在成为南方邦联总统之前，戴维斯在密西西比州全力拒绝偿还一笔州政府贷款，当时的欧洲银行家对此记忆犹新。不过，这种事情在其他国家比在美国发生得更频繁。

一方面，某些国家对于如何对待外国投资者和外国债权人有一种特定的观念。另一方面，欧洲各国政府等着当这种冲突变得尖锐时就好去干预，以保护他们所谓的本国公民的"权利"。事实上，这些欧洲国家的政府对本国公民的"权利"不太感兴趣。他们想要的是殖民征服的借口。在维也纳会议（1814—1815）之后，在大体上处于和平状态的欧洲，担任军官是一种非常不愉快的情况。各国政府，特别是它们的陆海军，急于在海外建功立业。它们想要获得胜利，一些政府也相信公众舆论期待这样的胜利。如果发动战争，那么它们可能会战败，它们的威望会受损。这导致它们中有些人寻求殖民剥削。例如，在拿破仑三世的政府统治时期，法国投资者在墨西哥受到了极其恶劣的对待，于是法国在19世纪60年代开启了在墨西哥的大冒险。一开始，法国军队取得了一些胜利，但没有像法国人希望的那样结束。

从外国投资中受益的国家误解了外国投资的意义和好处。当时有一场反对外国投资者的群众运动。世界各地广泛接受了国家主权原则，主张如果本国公民在另一个国家的权利受到侵犯，那么外国无权干涉。这就是所谓的主权原则。我们对为外国投资者设置路障的法律借口不感兴趣。但整个运动的结果是，某国的外国投资和外国贷款的命运完全取决于每个主权国家。

让我们来看看企业家个人的动机。他为什么不在国内投资？因为他认为投资海外比投资国内更有利可图。为什么？因为国内市场上的消费者更迫切需要的是那些只能依靠外国资源生产，而不是那些可以通过国内产业扩张来生产的产品。例如，直到不久以前，欧洲还几乎不产石油。除了罗马尼亚和奥匈帝国的一部分地区（后来成为波兰的一部分）有非常少量的劣质石油外，欧洲基本上不能生产任何石油。因此，当消费者开始要求更多的石油产品时，去外国投资生产石油（而不是扩张欧洲的产业）就变得有利可图。其他许多东西也是如此。例如，欧洲的大部分烹饪用油和肥皂是由欧洲种植不了的植物制成的。欧洲很大部分消费品是由欧洲根本无法生产的原材料生产的，或者虽然可以在欧洲生产，但成本要高得多。

19世纪初，当面临保护主义反对自由贸易的问题时，英国自由贸易者的口号很简单：英国人早餐桌上的所有产品都直接或间接地从国外进口。某些产品即使在国内生产，也借助了国外的化肥或饲料。为了开发英国人的早餐产品，欧洲投资者走向海外。在此过程中，他们对英国的制品产生了需求。他们还必须建立运输系统、港口等。因此，资本输出损害了欧洲消费者和后来的美国消费者的说法根本不成立，资本输出是用于投资生产欧美消费者想要的产品的。欧洲国家的国内资源严重不足，不可能以国内资源为人民提供温饱。现在英国的人口虽已是工业革命开始时的七倍[①]，但生活水平之高与当时已是天壤之别。这之所以成为可能，是因为资本已进行了投资，大规模生产（比如铁路、矿山等）早已在英

---

① 据《世界年鉴》（*World Almanac*）的数据，1952年英国的人口是41147938，1750年与之相比只有大约600万人口。——原编者注

国和国外开始。

第二次世界大战前夕，英国人生活的经济结构的特点是由这一事实确定的：英国的进口比出口多约 4 亿英镑。这一差额的 50% 是由英国人海外所有的企业的股息和利润，以及英国拥有的外国债券的利息支付的。这决定了英国的生活水平。第二次世界大战期间，英国有部分海外投资被出售，主要是卖给了美国，以支付战争费用和英国在租借法案[①]开始之前所需的超过出口部分的进口。战争结束之后，租借法案结束，英国政府宣称，如果没有美国贷款的帮助（实际上是美国的赠予），它就无法养活其人民。但这还不够。阿根廷政府征收了英国拥有的铁路的股份，并以英国货币支付征收费用。然后，英国政府向获得了这一赔款的人征税，用这些钱从阿根廷购买小麦、肉类和其他食品。这是资本消耗的典型案例。以前以铁路形式积累的储蓄被出售，用来获取食物（当前消费）。这很有特点，显示了这些外国投资是如何被消耗掉的。

---

① 1941 年 3 月 11 日的《美国租借法案》允许美国总统"向任何美国总统认为其国防对美国国防至关重要的政府出售、转让所有权、交换、租赁、出借或以其他方式处置任何国防物品"，包括武器、弹药、飞机和海上船舶、机械、原材料和某些农业商品。美国可以此支持盟国的战争活动，同时保持中立国的地位。——原编者注

但大部分欧洲的外国投资，包括英国的海外投资，直接被没收了。对美国来说，这些没收和拒付并不是非常重要，因为美国相对来说很富有，而这些投资在经济中的作用不是那么大。在我看来，美国仍然在积累新增的资本。但对英国、德国、瑞士、法国和其他国家来说，这意味着它们的财富大幅减少。它们在国外投资，不是因为它们想要放弃财富，而是因为它们想从投资中获得收益。

有许多不同的没收方式。

（1）共产的方式：政府会简单地宣布不再允许任何私有财产存在。政府拿走外国投资而不为此付钱。有时，政府说自己会付钱，但实际上会找某种借口不赔偿。

（2）没收性税收：当然，一些贸易协定中有禁止歧视外国人的条款，包括税收歧视。但法律文本可以表现得不针对外国人。

（3）外汇管制：这是最常见的方法。外国公司在某国的交易中获得利润，但外汇管制的法令禁止公司将这些利润转移到另一个国家。我们以匈牙利为例，某些外国人或多或少持有匈牙利的债券和普通股。匈牙利政府说："当然，你是完全自由的。你有权收取利息及股息。但我们有法律，不仅是针对外国人的，对匈牙利人也是如此。法律规定禁止将资金转移到国外。到匈牙利来，住在这里，你就能拿到钱了。"

通常，实行外汇管制的国家甚至不会让一个人在短期内花光他赚到的所有钱，而是按月支付。实际上，这意味着没收。他们真正想要的是，如果生产者真的来到这个国家，那么他不仅会花掉他在这个国家赚到的钱，还会花掉他自己带来的钱。这实际上意味着外国投资的结束。过去，如果人们愿意在国外投资，那么他们会期待改善自己的状况。但现在情况已经不同了。

中世纪，富有的国王和统治者在他们的帝国里四处旅行。他们说，他们是法官，必须随时关注这个国家。但他们旅行的真正经济原因是君主，比如说德国皇帝，在本国很多地方拥有大庄园。他们带着随从去消费那些庄园里生产的东西。当时，把人搬到商品面前比把商品搬到君主的宫殿里要容易得多。这与外汇管制所给予的权利一样——在原产地消费商品。

墨西哥油田的没收是通过拒付，也就是不偿付债券来完成的。

外国投资的故事可以用几句话来概括。投资流向海外，但只留下了荣耀或者这种荣耀的名声。其结果是，如今人们几乎不愿意投资海外。

令人惊讶的是，在第一次世界大战和第二次世界大战之间的间隔期，仍然有投资流向那些公开或间接对外国投资者拒付的国家。当德国马克崩溃时，美国投资者损失了大量资金，因为德国债券是马克债券，而非黄金债券。然而，在这个时期，仍有许多德国市政府成功地从美国投资者那里获得贷款。有时，这些美国投资者就像"森林里的小宝贝"（babes in the woods）①，他们不知道自己在做什么。

瑞典政府发行了金美元债券。瑞典用金美元支付这些债券，并承诺以美国金美元（定义为美国麦金利金美元）偿还贷款。然后，1933 年美国放弃了金本位制。瑞典贷款条款中的这一规定，正是为了应对这种不太可能发生的美国通货变化。但随后瑞典政府宣布："我们将以新的美国美元，即罗斯福美元而非债券中规定的麦金利美元来还贷。"在这种情况下，获得外国投资就变得非常困难了。

在某些拉丁美洲国家，政府债券没有市场。这些国家从美国获得了私人贷款。但它们不再有此类贷款。取代这种私人投资体系的首先是租借法案，现在是外国援助。这意味着，美国纳税人是在对这些国家赠予而非贷款。

为了给予贷款而设立一些机构，尤其是世界银行，但这

---

① "森林里的小宝贝"指的是特定情境下无知、天真或缺乏经验的人，他们容易受到更有知识或更无良的人的欺骗或利用。这个俗语来源于一则古老的英国民间故事，故事中两个年幼的孩子被遗弃在森林里，最终因无法照顾自己而死。——译者注

是在有担保的情况下。长期来看，这样的体系会陷入自我失败。如果美国以一定的利率发行债券，比如3%，美国就要为该债券负责。如果某个外国政府在美国的担保下发行这样一种债券，那么美国也要为该债券负责。如果美国不偿付债券，那么这个外国政府肯定也不会偿付。现在，如果该外国贷款的利率更高，比如4%，美国政府就要与自己的债券竞争。如果该外国债券比美国债券更有优势——不仅利率更高，而且还有美国政府的担保，美国政府就无法以3%的利率出售自己的债券。因此，这样的体系长远来看是无法维持的。整个事情的结果是，不再有任何私人投资。

公共资金的海外投资与私人投资有很大不同。当阿根廷铁路由英国的私人拥有时，阿根廷政府的主权并未受到侵犯。但是，如果铁路或港口等由某个外国政府拥有，这就意味着完全不同的事情。这意味着政治问题变得比经济问题更加重要。

"四点计划"（Point Four）[①]是一种非常糟糕的尝试，试图消除缺乏外国投资造成的灾难性后果。其背后的理念是教育这些落后国家掌握"专门知识"。然而，在美国，有许多

---

① "四点计划"是美国前总统杜鲁门于1949年1月20日宣布的一项美国政府对外援助计划，目的是"改善和发展欠发达地区"。——译者注

拥有"专门知识"的有才华的工程师，他们可以被派往国外，运用他们在美国习得的知识和经验。因此，"四点计划"是没有必要的。此外，美国和西方大学有成百上千的外国公民在学习这些东西。现在有印刷好的现成教材。对于那些读不懂英语的人，这些图书也有译本。世界上有很多聪明的中国人。如果中国的一家工厂落后，这并不是因为它无法掌握"专门知识"，而是因为它没有所需的资本。

1948 年，世界教会理事会在阿姆斯特丹举行会议。该理事会发表声明称，西方国家独享生产机器的优势，而亚洲和非洲的生产方式落后，这不公平，也不公正。如果在创世纪的第八天，上帝创造了数量有限的机器和医院来平均分配，而西方将超过其份额的部分据为己有，那么我们可以说这种情况不公平。但资本主义国家实际上把价值甚高的设备和机器作为礼物送给了这些"落后"国家，而"落后"国家直接将其征收了。这些国家不理解资本主义意味着什么。它们认为机器和医院就是资本主义。但资本主义是一种心态，这种心态让西方资本得以发展的制度出现，然后才能建造机器、医院等一切。可以说，西方是通过它在国内产生的资本发展了其生产方式。资本主义不是实物，而是一种心态。

曾有人引用贾瓦哈拉尔·尼赫鲁（Jawaharlal Nehru）的说法："我们要全力鼓励私营企业。我们至少在十年内不会征收私营企业——也许不止十年。"如果你告诉人们将来某个时候会征收其投资，你就不能指望他们来投资。因此，如今印度的状况比英国人在那里的时候要糟糕得多。那时，印度人还可以指望英国人会留下来，可以指望他们不会没收企业。现在的情况又与英国人来印度之前相似了。如果某个印度人有些积蓄，那么他会投资于贵金属，或者更好的选择是珠宝。首先，这些东西不容易被没收，而且可以设法藏起来。如果有必要，他甚至可以吞下一颗钻石，以求安全地保管一段时间。但他藏不住一条铁路或一座矿山。这就是"落后"国家的灾难。人们将积蓄投资于这些东西，而不是投资于资本品。

由于欧洲人给这些国家带来了现代药物和治疗传染病的现代方法，情况就变得更糟糕了。尽管在印度，婴儿死亡的情况仍然普遍，但婴儿死亡率已经大幅下降。因此，这些国家的人口不断增加，资本投资却不断减少。人均资本不升反降。因此，我们面临的情况是，世界上大部分人的生活条件在不断降低。虽然这样说很可怕，但这是事实。

我想再次强调，资本主义、现代机器生产等并不是某种物质。工具和机器是由某种特定的精神状态、意识形态取得的物质成果。资本主义或现代条件、现代生活水平并不仅仅是技术的产物。它们是关于社会组织、人类在劳动分工和生产资料私有制下进行合作的某些观念的结果。

我不想讨论幸福和其他相关问题。我不会说，非洲人是幸福的，虽然他们没有机器、没有衣物，而且摄取食物的方式也大为不同。但他们肯定不喜欢困扰他们的各种疾病，而这些疾病只能通过现代的方法来对抗。阿尔伯特·施魏策（Albert Schweitzer）博士去了非洲中部，致力于改善当地条件，这是一件了不起的事。但与资本主义所带来的现代生产手段相比，施魏策博士的影响力非常有限。正是这些现代生产手段为在非洲中部维持医院运转提供了所有必需的物品。如果你想帮助非洲的千百万人，那么你需要的是市场经济的观念，而这些无法通过目前这些国家所采用的手段来发展。

正是 19 世纪引入了外国投资，才促使战争和征服成为多余。那时人们面临的情况以及如今再次面临的情况是，一些国家拥有丰富的自然资源，而其他国家则没有。从自然资源的角度来看，欧洲的资源禀赋非常差，亚洲的资源则丰富得多。如果一方面拥有丰富自然资源的国家比较落后，缺乏资本，无法将这些资源投入生产，而另一方面又不允许外国人在那里投资资本，并共同利用这些资源（这既有利于投资者的利益，也有利于当地人的利益），那么，谁能指望文明国家的人永远容忍这种状况呢？某个国家的居民，仅仅因为他们的祖先在 500 年或 600 年前征服了这个国家，就有权阻止改善全世界的状况吗？

我们正在回到那种不征服就没法获得相关产品的局面，这样的局面曾使殖民制度必不可少。19 世纪曾发展出了一种方法，让殖民制度不再必要。但现在，我们再次面临这样的局面，即这些国家阻止通过贸易获取原材料。我们无法预知，但有一天可能会发现一种新的技术方法，依赖于落后的国家才有的原材料。人们会说："我们如果能获得这些原材料，就可以提高我们的生活水平，并提高其他所有国家的生活水平。"正是外国投资——在没有政治干预的情况下充分利用所有自然资源的可能性，让战争不再必要。这并不会伤害到相关国家。外国投资真正帮助了国家发展，而没有以任何方式损害国家。

外国投资的消失是一个非常严重的问题。目前，最显而易见的只是其负面后果，比如印度等国家糟糕的生活水平。但这并非全部，整个世界政策和国际政策都将受到影响。如果这样的现实冲突真的出现，那么即使联合国的童子军（Boy Scouts）也不会比其前身国际联盟的法规更好。感谢你们耐心聆听我的演讲。

第三部分

经济政策——回顾与展望 [①]

---

① 本文是米塞斯于 1958 年在阿根廷布宜诺斯艾利斯大学的讲座。——编者注

第 01 讲
资本主义

人们使用的形容词常具有误导性。例如，当谈到现代的产业领袖和大企业领导者时，他们称之为"巧克力大王""棉花大王"或"汽车大王"。人们使用这样的术语，暗示人们实际上认为现代的产业领袖们与从前那些封建国王、公爵或领主没什么不同。但其实这两种人之间有天壤之别，因为"巧克力大王"根本没有统治权，他只是提供服务。他没有独立于市场和他的顾客来统治被征服的领土。"巧克力大王""钢铁大王""汽车大王"或其他任何现代的产业领袖，都必须依赖于他所经营的产业和他所服务的客户。这个"国王"的王位全赖"臣民"和顾客的恩泽。一旦他不能以比竞争对手更物美价廉的方式向顾客提供服务，他就会立即失去他的王国。

200 年前，在资本主义出现之前，一个人的社会地位从一出生便已固定，直至终生。他从祖先那里继承身份，永不改变。如果他生来贫穷，那么他将永远贫穷，而如果他生而富有——生来是领主或公爵，那么他将终生保有爵位以及伴随爵位而来的财产。

至于制造业，那时原始的加工业几乎专门为富人的利益而存在。大多数人（90% 或更多的欧洲人）在土地上劳作，与城市主导的加工业尚无任何联系。数百年间，这种封建社会的僵硬体制在欧洲最发达的地区占据了绝对优势。

然而，由于农村人口增长，土地消化不了剩余人口。这些没有继承到土地或房产的过剩人口无事可干，也不可能在加工业中找到工作。城市统治者不许他们进入。这些"弃儿"的数量持续增长，而没人知道该拿他们怎么办。他们是地地道道的"无产者"，是失地者，政府只能将他们安置在济贫院或救济所。在欧洲的部分地区，特别是荷兰和英格兰，到了 18 世纪，这种人的数量变得如此庞大，以致成了维持占优势地位的社会身份制度的真正威胁。

今天，在谈论某些情况类似的地区，比如印度或其他国家时，我们不该忘记，18 世纪的英格兰的条件更差。当时，英国有六七百万的人口，但在这六七百万人中，超过一百万人，很可能是两百万人，只是可怜的失地者，现有的社会制度不能让他们生存。如何安置这些失地者，成了18世纪英格兰最大的问题之一。

另一大问题是缺乏原料。英国人不得不非常严肃地问自己一个问题：若没有足够的森林提供生产和供暖所需的木材，未来该怎么办？这对统治阶级是绝望的境况。政治家们不知道该怎么办，执政官绅也束手无策。

现代资本主义正是产生于这样严峻的社会环境之下。失地者和穷人中的一些人，试着将其他人组织起来，建立起生产商品的小作坊。这是一个创举。这些开拓者不生产只用于上流社会的昂贵奢侈品，他们生产满足大众需求的廉价产品。这是资本主义的起源，也是今日资本主义的运作方式。这是大规模生产的开端，大规模生产是资本主义工业的基本原则。相比之下，那些为城里的富人服务的传统加工业，几乎专门为上流社会的需求而存在，而新兴的资本主义工业则开始生产普通人民买得起的产品，正是以大规模生产来满足大众的需求。

这是资本主义的基本原则，现今它存在于具有高度发达的大规模生产体系的所有国家中。大企业虽是所谓的"左派"狂热攻击的目标，却几乎专门为满足大众需求而生产。而今天大工厂的工人，正是这些大工厂的产品的主要消费

者。这是资本主义生产原则和早先封建制度原则之间的本质
区别。

如果人们认为或宣称，大企业产品的生产者与消费者属
于不同阶层，他们就大错特错了。在美国的百货商场，你会
听到这种口号："顾客永远正确。"而这里所指的顾客，正是
在工厂里生产这些商品以供百货公司销售的人。那些认为大
企业的力量穷凶极恶的人同样犯了错，因为大企业完全依赖
于顾客的惠顾；如果失去了客户，哪怕最大的企业也会失去
力量和影响。

五六十年前，人们认为几乎所有的资本主义国家的铁路
公司都过于强大，带有垄断性，不可能与之竞争。人们断
言，在交通领域，资本主义已达到了自我毁灭的阶段，因为
它消灭了竞争。人们忽略了这样的事实，即铁路公司的力量
取决于它能提供比其他任何运输方式都更好的服务。当然，
既然旧有的轨线足以满足需求，那么修建另一条与已有铁路
平行的铁路，来和某个大铁路公司竞争就很可笑。但很快出
现了其他竞争对手。自由竞争并不意味着，你能通过模仿或
完全复制别人做过的事而轻易获得成功。新闻自由并不意味
着你有权抄袭别人而获得成功，那是别人因其成就理所应得
的成功。新闻自由意味着你有写不同东西的权利。铁路的自
由竞争则意味着，比如，你可以自由地发明某种东西，做某

些事，以挑战铁路的地位，将其置于朝不保夕的竞争态势之中。

在美国，大巴车、轿车、卡车和飞机都与铁路竞争，导致铁路运输至少在客运方面遭受了近乎致命的打击。

资本主义的发展在于坚持每个人都有权为顾客提供更物美价廉的服务。而这种方法、这种原则，在相当短的时间内，已经改变了整个世界。它让世界人口能够以前所未有的速度增长。

在 18 世纪的英国，土地资源只能满足 600 万人标准极低的生活。然而，如今英国有超过 5000 万人的生活水准甚至比 18 世纪的富人高得多。如果英国人的大量精力不曾浪费在（从许多方面看都是可以避免的）政治与军事的"冒险行动"上的话，那么如今人们在英格兰的生活水平很可能还会更高。

这是资本主义制度的事实。因此，如果一个英国人——或者世界上任何国家的人——现在对他的朋友说，他反对资本主义，那么他的朋友会有一个精彩的反驳："你知道，当前地球上的人口比前资本主义时代多了十倍，你也知道，今天所有人所享受的生活水准都高过前资本主义时代的祖先。但是你怎么知道，你是无须资本主义也能活下来的那 1/10 中的人呢？你活在现在这一事实本身，就是资本主义已获成功的证据，不管你认为自己的生活是否值得。"

资本主义遭到了疯狂的攻击和批评。我们有必要理解这种反感的根源。事实上，仇恨资本主义的根源不在于大众，不在于工人自身当中，而在于英国和欧洲大陆拥有土地的上流社会——士绅阶层和世袭贵族。他们之所以指责资本主义，是因为有件事让他们不愉快：19 世纪初，工业向工人支付更高的工资，迫使地主也得向农业工人支付同样的高工资。贵族借批评工人大众的生活水准来攻击工业。

当然，从我们的角度来看，工人当年的生活水平极端恶劣；早期资本主义条件之差，绝对令人震惊，但这并非新兴的资本主义工业损害了工人。工人受雇之前就已过着非人的生活。

那个著名的古老故事重复了千百次，工厂雇用妇女和儿童，而这些妇女和儿童到工厂上班之前有着惬意的生活，这是史上最大的谎言之一。到工厂上班的母亲已没米下锅。她们并不是离开了自己的家园和厨房到工厂去。她们之所以去工厂，是因为她们没有厨房，即使有厨房，也揭不开锅。而这些孩子不是来自舒适的托儿所。他们饥肠辘辘，濒临死亡。所谓早期资本主义无法形容的恐怖的一切言论，仅由一个统计数据便可驳倒：恰好是英国资本主义兴起的这些年头，也就是被称为英国工业革命的这一时期，即从 1760

年至 1830 年，英国的人口翻了一番，这意味千千万万的孩子——在从前会夭折的孩子——死里逃生，并长大成人。

毫无疑问，以前的生活条件糟糕透顶，正是资本主义商业改善了这种状况。无论是以直接的方式，还是以出口产品再进口食品及原料的间接方式，的确正是这些早期的工厂提供了工人生活的必需品。一次又一次，早期研究资本主义的历史学家们歪曲了历史。

关于本杰明·富兰克林（Benjamin Franklin）的一则逸事很可能是杜撰的。故事讲道，富兰克林参观一家英格兰的棉纺厂，工厂老板自豪地告诉他："你看，这是为匈牙利生产的棉织品。"富兰克林环顾四周，看到衣衫褴褛的工人，问道："你为什么不为自己的工人生产呢？"

但是，工厂老板谈到的那些出口产品，确实意味着他是为自己的工人生产的，因为英国必须进口所有的原材料。无论是英国还是欧洲大陆，都没有棉花。由于粮食短缺，英国必须从波兰、俄罗斯、匈牙利进口食品。这些出口是在为进口英国人民赖以为生的食品付款。当年历史上的许多例子体现了绅士和贵族对工人的态度。我只想举两个例子。一是著名的英国"济贫"制度。通过这个制度，英国政府向所有没有获得最低工资（由政府决定该标准）的工人支付其工资与最低工资之间的差额。这解决了土地贵族支付高工资的困难。贵族们可以维持农业传统的低工资，而政府将进行补充，从而防止工人离开农村的工作，寻求在城市的工厂就业。

80年后，当资本主义从英国扩张到欧洲大陆之后，地主贵族再次反抗新的生产制度。在德国，普鲁士容克[①]因为资本主义的高薪产业而失去了许多工人，他们就此发明了一个特殊的术语——"从农村飞走"（Landflucht），即农村人口减少。他们在德国议会里讨论该采取什么措施来反击这种罪恶，从地主角度而言的罪恶。

德国著名的首相俾斯麦在一次演讲中说："我在柏林遇见一个曾在我的土地上工作的人，我问他：'你为什么离开土地？你为什么离开家乡？为什么你现在住在柏林？'"据俾斯麦说，这个人回答："你的村子里没有像我们在柏林那样漂亮的啤酒园，可以坐在啤酒园里喝啤酒，听音乐。"当然，俾斯麦是从他的角度来讲这个故事的。这不完全是他的工人的观点。他们之所以进工厂，是因为工厂支付更高的工资，将他们的生活水平提高到了前所未有的标准。

如今，在资本主义国家，所谓的上层与下层大都不愁吃穿，居有定所。但在18世纪或更早，中产阶级和下层人民

---

① 容克指地主。——译者注

的区别是，中产阶级的人穿鞋子，而下层人民打赤脚。在今天的美国，富人和穷人之间的差异往往只意味着凯迪拉克和雪佛兰之间的差异。雪佛兰可能是二手的，但对其所有者而言，功能基本相同：他也可以开车从一地到另一地。在美国，超过 50% 的人拥有自己的房子和公寓。

对资本主义的攻击——特别是关于更高的工资率——始于错误的假设，即工资最终不是由工厂里干活的那些人支付的。现在，对于经济学家和经济学理论的学生而言，区分生产者和消费者并分别标记，倒也罢了。但事实上，每个消费者必须以某种方式赚取他花费的钱，而绝大多数消费者正是那些生产他们所消费的商品的企业的员工，这些企业生产他们所消费的商品。资本主义制度下的工资率不是由脱离于打工者之外的人来决定的；发薪者和打工者都是他们自己。不是好莱坞电影公司支付某个电影明星的工资，而是花钱看电影的人来支付。不是拳击比赛的主办方支付获胜选手的高额奖金，而是花钱看比赛的人来支付。通过区别雇主和雇员，我们可以得到一种经济学理论上的区别，但它不是现实生活中的区别。在此，雇主和雇员最终是同一个人。

许多国家的人认为，需要养活好几个孩子的人与只需养活自己的人得到相同的工资太不公平。但问题并不在于雇主是否应该因工人的家庭规模而承担更大的责任。

我们在这样的情形下必须问的问题是：作为个人，你是否愿意为某种东西，比如一块面包（假如你得知生产这块面包的工人有六个孩子），付更多的钱？诚实的人当然都会说不，并表示："原则上我会，但事实上只要价钱便宜，我宁愿买一个孩子都没有的人做的面包。"事实是，如果买方没有付给雇主足够多的钱，让他能给工人发工资，雇主将无法继续经营。

将资本主义制度称为"资本主义"，并非对其有好感的人，其命名者认为它是史上邪恶透顶的制度，是人间曾经降临过的最大恶魔。然而，我们没有理由抛弃这个术语，因为该术语清楚地描述了资本主义所带来的巨大社会进步的根源。这些进步都是资本积累的结果，其基础建立在这样的事实上，即作为一条规律，人们不会消费掉他们生产出来的所有东西，他们会储蓄并用其中一部分投资。关于这一问题，存在大量误解。在这一系列的讲座中，我将有机会处理人们关于资本积累、资本用途和由之产生的广泛收益的最根本性的误解。在我关于外国投资和当前至关重要的政治问题（通货膨胀）的讲座中，我还会专门探讨资本主义。当然，你知道，通货膨胀不仅仅存在于这个国家[①]。它是全世界的问题。

---

① 指阿根廷。——译者注

关于资本主义，常常未被意识到的一个事实是：对所有急于生产或赚钱的人而言，储蓄意味着收益。当某人已经累积了一定数量的金钱，比如1000美元时，他不去消费，而是将这些美元存入储蓄银行或投入保险公司，资金从而进入一名企业家或一名商人的手中，让他得以着手从事某个项目。而在没有这笔必要资本的昨天，这个项目不可能开动。

现在有了这笔额外的资本，商人会做什么呢？他必做的第一件事，即这笔额外资本的首要用途，就是雇用工人和购买原材料——相应地，产生了对工人和原材料的进一步需求，以及提高工资和原材料价格的趋势。早在储蓄者或企业家从中获得任何利润之前，失业的工人、原材料生产者、农民、打工者都已在分享额外储蓄的收益。

什么时候企业家能从这一项目中获利，取决于市场的未来状态，以及他对市场未来状态的正确预测能力。但是，工人以及原材料的生产者会立即获得收益。三四十年前，关于所谓的亨利·福特的"工资政策"，人们谈过很多。福特先生的一个伟大成就是，他支付的工资比其他实业家或工厂更高。他的工资政策被形容为一个"发明"，然而，这并不足以说明这个新"发明"的政策源于福特先生的慷慨。某一新兴产业或现有产业中的新建工厂，必须从其他工作岗位、国内其他地区，甚至其他国家吸引工人。唯一的方法是，为工

人提供更高的工资。资本主义早期情况如此，今天也仍是
如此。

当英国的制造商首先开始生产棉制品时，他们付给工人
超过以前所赚的工资。当然，大部分新工人之前没有任何收
入，他们愿意接受任何条件。但短短一段时间之后，积累的
资本越来越多，新建的企业越来越多，工资率上升，结果如
我前述，英国人口前所未有地增长。

一些人充满鄙视地描述资本主义，以为它是一个精心设
计的制度，让富者愈富、贫者愈贫，这种说法从头错到尾。
马克思关于未来社会主义的理论基于这样的假设：工人越来
越穷、大众越来越困苦，到最后，一个国家的全部财富都将
集中在少数人的手里，或集中在某个人手里。因此，广大贫
困的工人最终会暴乱，剥夺富人的财富。根据这一学说，在
资本主义体系下，工人的生活条件没有任何机会，没有任何
可能性得以改善。

1864 年，在英国，马克思在对国际工人协会演讲时说，
相信工会可以提高工人的待遇，这"绝对错误"。他将工会
要求提高工资率和缩短工时的政策称为保守——当然，"保
守主义"是马克思所能使用的最具谴责性的术语。他建议工
会为自己设定一个革命性的新目标："完全废除工资制度"，
以社会主义——生产手段的政府所有制代替私人所有制。

　　如果我们回顾世界历史，特别是自 1865 年以来的英国历史，我们就会意识到，事情并非如此。没有哪个西方资本主义国家的民众生活条件未曾得到前所未有的提高。不管如何预言，过去八九十年都在进步。认为工人的条件绝不可能得到改善，是因为遵循一个谬论，也就是著名的"工资铁律"。这个定律认为，在资本主义制度下，工人的工资不会超过他能为企业卖命而维持其生活水平所需的数额。

　　他们以这种方式形成他们的理论：如果工人的工资率上升，超过其生存必需的水平，他们就会养更多的孩子；当这些孩子长大后成了劳动力，工人数量的增加将导致工资率降低，使工人工资再一次跌到只能维持生存的水平——这种维持生存的最低水平仅能使工人免于灭绝。但这种理念所使用的工人的概念，完全类似于生物学家研究动物（比如老鼠）时所使用的概念，对研究动物而言，这当然是正确的。

　　如果你增加动物或微生物的可得食物的数量，那么它们存活的数目将会增多。如果你限制它们的食物，那么你也会限制它们的数量。但人是不同的。人类（即使是工人）有食物和种族繁衍之外的欲望。提高实际工资的结果不仅仅是人口增加，其结果首先是提高了平均生活水平。这就是为什么如今我们在西欧和美国的生活水平高于非洲国家。

　　然而，我们必须认识到，更高的生活水平取决于资本的供给。这解释了美国和印度生活条件的差异。印度引进了对付传染病的现代方法，至少在某种程度上，其效果是史无前例的人口增长。但是，因为人口增长并没有伴随着资本投资数额的相应增长，结果是贫穷人口增加。一个国家变得更加繁荣，与人均投资资本的增加相关。

我希望在我的其他讲座中，我将有机会更详尽地阐述并澄清这些问题，因为有些术语，比如"人均投资资本"，需要更加详细的说明。

但是，你们必须记住，经济政策中没有奇迹。你们已在很多报纸和演讲中看到所谓的德国经济奇迹——德国在第二次世界大战战败和破坏之后的恢复。但这不是奇迹。这是市场经济原则和资本主义方式的应用，即使它们没有完全应用于所有领域。每个国家都能经历同样的经济恢复"奇迹"，尽管我必须坚持经济恢复不是来自什么奇迹。它来自健全的经济政策，是这种政策的结果。

第 02 讲
计划经济

我来到布宜诺斯艾利斯是应经济自由传播中心的邀请。那么，什么是经济自由？经济自由的制度是什么意思？答案很简单：就是市场经济，就是劳动社会分工中的个人通过市场实现合作的制度。这里的市场不是指某个地点，而是一种过程，是个人通过买卖、通过生产和消费，为整个社会做出贡献的方式。

在谈论这种经济组织的制度——市场经济时，我们使用了"经济自由"这一术语。很多时候，人们误解了经济自由的含义，认为经济自由与其他各种自由不相干，认为其他自由更加重要，而且即使没有经济自由，那些自由也能够保存。经济自由的含义是：个人能够选择他融入社会整体的方式。个人能够选择职业，选择做他想做的事。

当然，这与今天许多人赋予"自由"一词的含义绝不相同。他们的意思是，通过经济自由，人类可以摆脱自然条件的束缚。但在自然状态下，没有什么能被称为自由，只有自然法则的规律，人类如果想有所收获，就必须服从这种规律。

在将"自由"这一术语运用于人类时，我们考虑的只是社会中的自由。然而，今天许多人认为社会中的各种自由互不相干。现今自称"自由主义者"的人所要求的政策与19世纪的自由主义者在其计划中所倡导的政策恰恰相反。现在所谓的"自由主义者"非常普遍地认为，即使没有所谓的经济自由，也能维护言论自由、思想自由、出版自由、宗教自由和未经审判不受监禁的自由等所有这些自由。他们没有意识到，如果没有市场制度，那么其他所有的这些自由都是幻影，即使它们被制定成法律，被写进宪法。

在市场经济中，个人有选择他愿意从事的任何职业的自由，有选择以他自己的方式融入社会的自由。但在计划经济下，情况并非如此，他的职业由政府指令而定。政府可以命令那些它不喜欢的人，以及那些它不愿意在某一地区生活的人，迁徙到别的地方。而政府总是可以名正言顺地解释这种过程，宣称政府计划需要这位杰出的公民离开他的地方，出现在 5000 英里 ①以外。

　　的确，从纯理论的角度来看，一个人在市场经济中获得的自由并不是完美的自由。但根本没有完美的自由这种事。自由只意味着处于社会框架内的东西。18 世纪的"自然法"作者——尤其是卢梭——认为，在遥远的过去，人类曾经享有所谓"天然"的自由。但是，在遥远的过去，个人并不自由，他们受到比其更强壮的人的支配。卢梭的名言——"人生而自由，却无处不在枷锁之中"，可能听起来有些道理，但其实人并非生而自由。人生下来时，是非常弱小的婴儿。没有父母的保护，没有社会给予其父母的保护，他将无法存活。

　　社会中的自由意味着一个人依赖于旁人，旁人也同样依赖于他。市场经济下的社会，以及经济自由下的社会，处于这样的状态，即每个人都为他的同胞服务，并得到他们的服务作为回报。人们认为在市场经济中，老板们可独立于他人的善意和支持，认为业界领袖、商人、企业家是这种经济制度中真正的老板。但这是一种错觉。这种经济制度中真正的老板是消费者。如果消费者不再惠顾某一商业部门，那么这些商人要么被迫放弃其在经济制度中的显赫地位，要么得依

---

① 　5000 英里为 8046.72 千米。——译者注

照消费者的愿望和命令来调整其行为。

帕斯菲尔德夫人（Lady Passfield）的闺名为比阿特丽斯·波特（Beatrice Potter），后来也因她的丈夫西德尼·韦伯（Sidney Webb）而出名。这位夫人是富商之女，年轻时曾担任她父亲的秘书。她在回忆录中写道："在我父亲的企业里，每个人都必须服从我父亲即老板发出的指令。只有他发号施令，但没有任何人对他发号施令。"这是一种非常短视的看法。向她父亲下令的是消费者，是买主。不幸的是，她看不到这些命令；她看不到市场经济中发生的事，因为她感兴趣的只是从她父亲办公室或工厂发出的命令。

对于所有的经济问题，我们都必须牢记伟大的法国经济学家巴斯夏的话，他有一篇名为《看得见的与看不见的》（That Which Is Seen, and That Which Is Not Seen）的精彩文章。要理解经济制度的运作，我们不仅要处理那些看得见的东西，还必须关注那些不能被直接感知的东西。例如，老板对办公室职员下令，在场的每个人都听得见。听不见的则是顾客对老板的命令。

事实上，在资本主义制度下，最终的老板是消费者。主权者不是国家，而是人民。证明人民是主权者的证据就是他们有权愚蠢。这就是主权者的特权。他有犯错的权利，没人能阻止他犯错。当然，他也得为错误付出代价。我们说消费者至高无上，或者消费者是主权者，并不是说消费者不会犯错，不是说消费者始终知道什么对他是最好的。消费者经常会有不当的购买或不当的消费。

但是，如果认为资本主义制度下的政府能够控制人们的消费从而避免他们损害自己，这是错误的观念。这种父权制政府的观念，即政府是每个人的监护人的观念，正是热衷计划经济的人的观念。在美国，多年前，政府尝试了所谓的"高尚实验"。这一高尚实验是一部认定买卖酒精饮料为非法的法律。当然，的确有许多人滥饮白兰地和威士忌，由此可能伤害他们自己。美国有些当权者甚至反对抽烟。当然，有许多人抽烟过度，许多人不顾及不抽烟对他们更好的事实而坚持抽烟。这就提出了一个远超经济学所讨论范围的问题：这揭示了自由真正的含义。

防止人们因饮酒或抽烟过度而损害自己是好事。但是，一旦你认可了这一点，其他人就会说：身体就是一切吗？人的精神难道不是更重要得多吗？精神难道不是真正的人类禀赋、真正的人类特质吗？如果你给予政府权力来决定事关人类身体的消费，决定人们是否应该抽烟喝酒，那么若有人说，"比身体更重要的是精神和灵魂，读坏书、听坏音乐以及看坏电影，对人们自身的危害大得多。因此，政府有责任阻止人们犯下这些错误"，你就没什么好回应的了。

而且，如你所知，许多世纪以来，政府和当权者相信这的确是他们的职责。这不仅发生在遥远的过去，就在不久以前，德国政府还认为，辨别绘画的优劣是政府的职责。当然，其优劣是年轻时曾落榜维也纳艺术学院入学考试的某人所认为的优劣，是明信片画家希特勒所认为的优劣，而就绘画和艺术发表与最高元首不同的观点即非法。

自由实际上意味着犯错误的自由。我们必须认识到这一点。我们可能对他人花钱或生活的方式极为反感，我们可能认为他们的所作所为极其愚蠢和糟糕，但在一个自由社会里，就他人应该如何改变生活方式，人们有很多方式来宣扬其观点。他们可以写书、写文章、发表演讲。但一定不能仅仅因为这些人自己不希望他人有行事的自由而去阻止他人的某些事。

这就是奴役和自由的区别。奴隶必须按照上级的命令去做，但是自由公民（这就是自由的含义）能够选择自己的生活方式。当然，这种资本主义制度会被某些人滥用，而且正在被某些人滥用。当然，他们有可能会做一些不该做的事。但是，如果多数人赞同这些事，那么不赞同的人总有办法试着去改变其同胞的想法。他可以试着劝导他们、说服他们，但他不可试图使用暴力、政府的警力来强迫他们。

在市场经济中，每个人都出于自己的利益而服务于他人。18 世纪，当自由主义作家们谈到"所有群体和所有个人得到正确理解的利益的协调"时，他们想到的便是如此。而计划经济者反对的正是这种利益协调的学说。他们谈论的是不同群体之间"不可调和的利益冲突"。

"不可调和的利益冲突"是什么意思？在前资本主义时代，社会被划分为世袭的身份群体，这在印度被称为"种姓"。在一个身份社会中，比如，一个人不是生而成为法国人，而是生而成为法国贵族、法国中产阶级或法国农民。中世纪，他更可能只是成为一个农奴。而直到美国独立战争之后，法国的农奴制才完全消失。在欧洲其他地方，农奴制消失的时间甚至更晚。

但是，最恶劣的农奴制存在于英国的海外殖民地，甚至在英国废除了奴隶制后还继续存在。个人继承父母的社会地位，并终生保持不变，再将其传给后代。每个群体都有特权和劣势。地位最高的群体只有特权，地位最低的群体只有劣势。并且，除了与其他阶级进行政治斗争之外，人们别无他途摆脱因其社会地位而被强加的法律上的劣势。在此状况下，你可以说存在"奴隶主和奴隶之间不可调和的利益冲突"，因为奴隶希望摆脱奴隶身份，摆脱成为奴隶的命运，然而，这对奴隶主而言意味着损失。因此，毫无疑问，在不同阶级的成员之间必然存在这种不可调和的利益冲突。

人们一定不要忘记，在那些年代，身份社会主导了在欧洲及后来欧洲人于美洲建立的殖民地，人们并不认为自己与本国其他阶级有任何特殊的联系，他们认为与其他国家处于同一阶级的成员有更多的共同之处。一位法国贵族不会把下层法国人当作同胞，下层法国人是他不喜欢的"低等人"。他认为其他国家的贵族，比如意大利、英国和德国的贵族，才是同类。

这种状况最明显的表现便是，全欧洲的贵族都使用同一种语言，也就是法语，而在法国之外，除了贵族，其他群体都不懂法语。中产阶级或资产阶级有自己的语言，下层（农民）则用方言，其他阶层往往听不懂方言。着装也是如此。如果你在 1750 年周游列国，你就会发现上等阶级（贵族）的着装在全欧洲通常都是一样的，下等阶级则与之不同。当你在街上遇见某人时，你可以立即从他的衣着看出他所属的阶级和社会地位。

难以想象与那种状况相比，今天有了多么大的不同！我从美国来到阿根廷，在阿根廷的街头看见某人，我无法得知这个人的社会地位。我只能假定他是一位阿根廷公民，并且没被法律限制自由。这是资本主义的成果之一。当然，资本主义社会也存在差异，存在财富上的差异。一些人错误地认为，这种财富上的差异等同于身份社会中人与人之间的古老差异。

在中世纪时期（在许多国家延续到更晚近的时期），某个家族可能是贵族并拥有大量财富，一个公爵家族可以持续好几百年，无论其素质、才能、品行或道德如何。但是，在现代资本主义条件下，存在"社会流动性"（social mobility），这是社会学家学术性的称谓。按照意大利社会学家和经济学家维尔弗雷多·帕累托（Vilfredo Pareto）的说法，这种社会流动性的运作原理是"精英循环"（the circulation of the elites）。这意味着，总有人处于社会阶层的顶端，总有人具有政治地位，但这些人（精英）在不断变化。

在资本主义社会中，这完全正确，在前资本主义的身份社会中却并非如此。那些曾经是欧洲大贵族的家族，现在还是同样的家族，或者说，是那些 800 年或 1000 年前，甚至更早以前欧洲最尊贵的家族的后裔。曾长期统治阿根廷的波旁的卡佩皇族早在 10 世纪就成为皇室。该皇室的国王们统治着现在称为"巴黎大区"（Ile-de-France）的领土，王权代代相传。但是，资本主义社会存在持续的流动性：穷人会变富，富人的后代则会丧失财富而变得贫穷。

今天，我在布宜诺斯艾利斯的一条中心街道的书店里看到了一名商人的传记。在 19 世纪的欧洲，这名商人的生意做得很大，他是那么杰出、那么重要、那么独特，因此即使在远离欧洲的阿根廷，书店也售有他的传记。我刚好认识他的孙子，与其祖父同名，而且他仍然有权冠以他祖父的贵族头衔。他铁匠出身的祖父在80年前被授予了贵族头衔。现在，他的孙子是纽约的一位贫穷的摄影师。

而当这位摄影师的祖父作为欧洲最大的工业巨子之一时，曾是穷人的那些人，如今却成了产业领袖。每个人都有改变自身地位的自由。这就是身份制度与经济自由的资本主义制度之间的区别。在资本主义制度下，如果某人没有达到他想要达到的地位，他就只能怪自己。

迄今为止，20世纪最著名的工业家是亨利·福特。他从朋友那里借了几百美元起家，没过多久，他就发展出了世界上最重要的大企业之一。而我们每天都可发现数百例类似的故事。

每天，《纽约时报》都会刊出长长的讣告名单。如果你阅读逝者生平，那么你可能会在无意中发现某个杰出商人的名字。他起初是纽约街头的报童或者办公室职员，而当他逝世时，他或许已成了他从最底层起步的那家银行的总裁。当然，不是所有的人都能获得这种地位，不是所有的人都渴望获得这种地位。有人对其他的事情感兴趣，对这些人来说，现在也有其他的路可走，而封建社会和身份社会的时代却没有这种途径。

然而，在计划经济制度下，择业这种基本自由是不允许的。计划经济条件下存在唯一的经济权威，它有权决定与生产相关的一切事宜。

我们时代的特点之一，就是同一件事物有许多不同的名称。人们如果说"计划"，那么当然指的是中央计划，指的是政府做出的计划，这种计划禁止政府之外的任何人的计划。

一位英国女士，也是上议院的一员，曾写了一本书，名为《计划或无计划》（*Plan or No Plan*），这本书在全世界风行一时。这本书的书名是什么意思呢？当她说"计划"时，她指的仅仅是那种控制一国之中所有人一切活动的计划。因此，这位女士意指的中央计划排除了所有个人的计划。所以，这个"计划或无计划"的书名就是一种误导、一种欺骗。不是在中央计划或无计划中二选一，而是在中央政府权威的总体计划或个人制订并执行自己的计划的自由中二选一。个人每天都在计划他的生活，并随时按自己的意愿改变计划。

自由的人每天按需计划。比如，他说："昨天我计划一辈子都在科尔多巴工作。"如今，在得知布宜诺斯艾利斯的条件更好后，他就改变了计划，说："我想去布宜诺斯艾利斯，而不是待在科尔多巴。"这就是自由的含义。他可能搞错了，到头来去布宜诺斯艾利斯可能是一个错误。对他来说，科尔多巴的条件可能更好，但这是他自己做出的计划。

在政府计划之下，他如同军队里的士兵。军队里的士兵无权选择所属军营和服役地点。他必须服从命令。而计划经济正是将军事管理运用于整个生产系统。

因此，在计划经济下，一切都仰仗于最高当局的那些人的智慧、才能和天赋。最高统治者——或他的委员会——不知道的事就不会纳入考虑。但是，人类在其漫长历史中积累的知识不会被每个人掌握。千百年来，人类积累了天量的科技知识，要知道所有这些知识实非人力所能及，哪怕他是最聪明的人。

而人与人各有不同，他们是不一样的。始终都是如此。有些人在某一领域更有天赋，而在别的领域则不行。有些人有发现新路径、改变知识趋势的才能。在资本主义社会里，技术和经济的进步正是通过这些人取得的。如果某人有了一个想法，那么他可以尝试找到少数几个人，这几个人足够聪明，并且能认识到其想法的价值。某些资本家会将这个想法付诸实践，他们敢于寄望于未来，能意识到这样的想法可能产生的效果。其他人一开始可能会说"这些傻瓜"，但当他们发现他们曾认为很愚蠢的这家企业兴旺发达了，并且人们高高兴兴地去买这家企业的产品时，他们就不会这样说了。

另一方面，在全盘计划的制度下，要想追求和发展某种想法，就必须先要说服最高当局接受该想法的价值。这可能是一件非常困难的事，因为只有首脑机关的那些人或者最高统治者本人，才有决定权。如果这些人因为懒惰或年迈，抑或脑子不太灵光、没有学识、不能理解新想法的重要性，这种新项目就无法实施。

我们可以看看军事史上的例子。拿破仑当然是军事天才，然而，他面临一个严重的问题。他无力解决这一问题，最终兵败如山倒，被流放到荒凉的圣赫勒拿岛上。拿破仑的问题是：怎样征服英国？为此，他需要一支跨越英吉利海峡作战的海军。当时有人告诉他，他们有办法成功渡海，在帆船时代，这些人想出了蒸汽船的新主意。但是，拿破仑不能理解他们的提议。

然后是著名的德军总参谋部的例子。第一次世界大战以前，人们普遍认为其军事智慧无人能及。法国将军福煦（Foch）的参谋部也同样享有盛名。但不管是德国人还是后来在福煦将军指挥下打败了德国人的法国人，都没有意识到航空技术对实现军事目的的重要性。德军总参谋部说："航空只是用来娱乐的，飞行是闲人的享受。从军事角度来看，只有飞艇是重要的。"法国总参谋部也持同样的观点。

后来，在两次世界大战间期，美国有位将军坚信在下一次战争中航空至关重要。但美国其他所有的专家都反对他。他无法说服他们。如果你必须说服一群人，而这群人与该问题的解决没有直接的利害关系，那么你永远成功不了。非经济问题同样也是如此。

曾有画家、诗人、作曲家抱怨公众认识不到他们创作的价值，令他们陷于贫困。确实，公众鉴别力可能低下，但是当这些艺术家们说"政府应该支持伟大的艺术家、画家和作家"时，他们就大错特错了。政府会委托谁来判断某个新人是不是一名伟大的画家？政府不得不依赖批评家们和艺术史教授们的判断，而他们总是沉湎于过去，罕有发现新天才的能力。这就是"计划"的制度和每个人都能为自己计划和行动的制度之间的巨大差异。

当然，伟大的画家和作家常常不得不忍受超常的艰苦。他们或许在艺术上取得了成功，却赚不到钱。凡·高（van Gogh）无疑是一个伟大的画家。他遭受了难以忍受的苦难，最终，他在 37 岁那年自杀了。他一生只卖出了一幅画，而买家是他的堂兄。除了卖出这唯一的一幅画外，他一直靠他哥哥的钱维生，他哥哥既不是艺术家也不是画家，但能理解一个画家的需求。而现在，要是没有一二十万美元的话，你根本买不到凡·高的画。

在全盘计划的制度下，凡·高的命运或许不同。某位政府官员会询问一些有名的画家（当然在凡·高眼里这些人根本算不上艺术家），这个疯疯癫癫的年轻人是不是一个真正值得支持的画家？而毫无疑问，这些人会回答："不，他不是一个画家，不是一个艺术家，他只是在浪费颜料。"然后，他们会把凡·高送入牛奶厂或精神病院。因此，新兴一代的画家、诗人、音乐家、记者和演员对计划经济的热情，全都是基于一种错觉。我之所以要指出这一点，是因为这些群体是计划经济思想最狂热的支持者。

当谈到选择计划经济还是市场经济的制度时，问题有所不同。计划经济的作家们从不怀疑现代工业和所有现代企业的运作是基于计算的。当然绝不仅仅是工程师要在计算的基础上制订计划，商人也必须如此。商人的计算完全基于这样的事实：在市场经济中，商品的货币价格不仅为消费者提供信息，也为商人提供关于生产要素极为重要的信息，市场的主要功能不仅仅是决定生产过程中最后阶段的成本，以及将货物转移给消费者的成本，而同样要决定之前的生产步骤的成本。整个市场制度与不同商人之间的经过理智计算的劳动分工相联系，这些商人为生产要素（原材料、机器设备）竞争，也为生产的人力要素、为劳动支付的工资竞争。如果没有市场提供的价格，商人的这种计算就无法完成。

全盘计划者希望废除市场，但废除了市场，所有工程师和技术专家的计算都再无用武之地了。技术专家们可以给你提出一大堆项目，这些项目从自然科学角度来看同样可行，但是从经济角度来看，哪个项目最有利需要商人基于市场的计算才能弄清楚。

我在此阐述的问题是，资本主义经济计算的基本事项与计划经济的全盘计划完全相反。经济计算以及由此而来的所有技术性计划，都只有在存在货币价格时才有可能，不仅要有消费品的价格，而且要有生产要素的价格。这意味着必须得有原材料的市场、所有半成品的市场、所有工具和机械的市场，以及各种人力劳动和人力服务的市场。

当这一事实被发现时，全盘计划者不知该如何应对。在长达 150 年间，他们都在说："市场和市场价格是这个世界的万恶之源。我们要废除市场，当然，还有与之相伴的市场经济，并代之以一种没有价格和市场的制度。"他们想要废除商品和劳动的"商品属性"。

面对这一新问题，推崇计划经济的作家们无法作答，最后说："我们不会完全废除市场。我们会假装还存在市场，就像孩子们玩上学的游戏那样，我们也可以玩市场的游戏。"但是众所周知，当孩子们玩上学的游戏时，他们什么都学不到。这只是一次练习、一场游戏，而你是在"玩"很多东西。

　　这是一个非常困难和复杂的问题，详尽地阐述需要更多的时间。我的书中有详细的解释。在六次演讲中，我无法深入分析方方面面。因此，如果你对计划经济下计算和计划不可能的基本问题感兴趣的话，我建议阅读拙作《人的行为》，这本书有出色的西班牙语译本。

　　你还可阅读其他人的书，比如挪威经济学家特吕格弗·霍夫（Trygve Hoff）关于经济计算的著作。如果你不想只听一面之词，那么我推荐你阅读关于这一主题深受好评的社会主义者的著作，作者是杰出的波兰经济学家奥斯卡·兰格（Oskar Lange），他曾经是美国大学的教授，后来当了波兰的大使，最后又返回波兰。

　　你很可能会问我："那苏联呢？苏联是怎么解决这个问题的？"这就改变了问题。苏联处于一个有各种生产要素的价格、各种原材料的价格、各种东西价格的世界之中。因此，苏联能够为其计划而利用世界市场的外部价格。然而，由于苏联和美国的条件有所不同，结果往往是，某些事情从苏联人的经济立场看是可行的、明智的，而美国人则认为在经济上完全不可行。

　　所谓的"苏联实验"，证明不了任何问题。它不能告诉我们与计算问题相关的任何事。但我们可以说这是一次实验吗？我确实不相信在人的行为和经济学的领域存在科学实验这种事。你无法在人的行为的领域进行实验室实验，因为科学实验要求你在不同的条件下做同样的事，或者要求你保持同样的条件，可能只改变一个因素。例如，你给某个患了癌症的动物注射某种药物，结果可能是癌症消失了。你可以在患了同一种癌症的同种动物身上测试。如果你用新药治愈了一些动物而未能治愈其他动物，那么你可以比较结果。你不能在人的行为的领域这样做，人的行为不存在实验室实验。

所谓的"苏联实验"只是表明，苏联的生活水平比起美国的生活水平低到不知哪里去了。

当然，如果你对一个计划经济者这样说，他会说："苏联的情况好极了！"你告诉他："或许是好极了，但平均生活水平要低得多。"而他会回答："是的，但请记住，俄国人在沙皇的统治下有多么悲惨，并且我们还曾经历多么残酷的战争。"

我不想讨论这种解释是否正确，但是如果你否认了条件是相同的，你也就否认了这是一次实验。那么，你必须说（这可能正确得多）："在苏联，计划经济未能给普通人的状况带来能与同时期内美国相比的改善。"

在美国，几乎每周你都会听到一些新东西、新进步。这些是商业创造的进步，因为成千上万的生意人夜以继日地寻找新产品，这些新产品能更好地满足消费者的需求，或者这些产品的生产成本较低，抑或这些产品比起现存产品而言更加物美价廉。他们并不是出于利他主义来做这些事的，而是为了赚钱。其结果是比起 50 年或 100 年前的状况，美国生活水平的提高几乎是不可思议的。但是，在苏联就没有类似的提高。

第 03 讲
干预主义

一句非常有名的俗语常被人引用："管得最少的政府是最好的政府。"我认为，这样描述一个好政府的职能并不准确。政府应该遵从建立它的目的，做一切需要它做的事。政府应该保护本国居民免受歹徒暴力和欺诈的侵犯，并且应该保卫国家、抵御外敌。这些都是市场经济下政府的职能。

当然，在全盘计划下，政府无所不管，无远弗届。但是，在市场经济中，政府的主要任务是保证市场经济平稳运行，不受国内外欺诈和暴力的侵犯。

不同意政府职能这一定义的人会说："此人痛恨政府。"没有比这更脱离事实的说法了。如果我说汽油是一种非常有用的液体，它有多种用途，但无论如何我都不会喝汽油，因为我认为这不是正确的使用方法，那么我并非与汽油为敌，也绝不痛恨汽油。我只是说，汽油对某些特定的目的非常有用，但不适合其他用途。如果我说，政府的职责是抓捕杀人犯或其他犯罪分子，但运行铁路或者为无用的事情开支并非政府的职责，那么我宣称政府适合做某些事情而不适合做其他的事，这不能说明我讨厌政府。

据说，在今天的情形下，我们再也没有自由经济体系，只有被称作"混合经济"的东西。而人们指出，作为混合经济的证据是，众多企业由政府经营或拥有。人们说，经济是混合的，因为在许多国家，某些特定机构，比如电话、电报及铁路，都是由政府所有并经营的。

某些机构和企业确实由政府经营。但是，仅仅这一事实本身并没有改变我们经济体制的特征。这甚至不意味着市场经济中有一个"小计划经济"。政府在经营这些企业时必须坚持市场至上，也就是必须坚持消费者至上。比如，政府在经营邮政或铁路时，必须雇人在这些企业干活。同样，政府也必须购买企业运营所需的原材料和其他东西。而另一方面，政府也会向公众"出售"服务或商品。确实，即使它以自由经济制度的方式来营运这些机构，结果也必然是赤字。但是，政府能够出资弥补这种赤字——至少政府成员和执政党都这样认为。

若是个人当然不行。个人很难运营出现赤字的企业。如果他不能很快消除赤字，并且实现盈利（或者至少表明不会发生进一步的赤字），他就会面临破产，企业必将倒闭。

但对政府来说，情况就不同了。政府可以在赤字下运行，因为它有权向人们征税。如果纳税人准备支付更高的税收，以便政府能够运营一家亏损企业（也就是说，以比私人机构效率更低的方式运营），如果人们愿意接受这种损失，那么这家企业当然会继续运营下去。

近年来，大多数国家的政府增加了国有化机构和企业的数量，以致赤字的增长远远超出了可征收的税款。之后发生了什么不是今天的主题。这就是通货膨胀，我明天再说。我之所以提到这一点，仅仅是因为绝不能把混合经济混同于干预主义，我今晚要谈的正是干预主义。

什么是干预主义？干预主义意味着政府并不将其行为限于维持秩序，或正如人们100年前所说的，限于"提供安全"（the production of security）。干预主义意味着政府想做更多的事。它要干预市场现象。

如果有人反对，说政府不应干预商业活动，那么人们经常会回答："但政府总有必要干预。如果街上有警察，这就是政府干预。它干预强盗抢劫商店，或者阻止盗窃车辆。"但是，当讨论干预主义，以及定义什么是干预主义时，我们说的是政府对市场的干预。（政府和警方应当保护公民，包括商人，当然还有他们的员工，免受国内外歹徒的攻击，这其实是对任何一个政府正常且必要的期望。这种保护不是干预，因为这是政府唯一的合法职能，确切地说，就是提供安全保障。）

当我们谈论到干预主义时，我们心中所想的是政府渴望做更多的事，而不只是防止暴力和欺诈。干预主义意味着，政府不仅不保护市场经济的顺利运行，而且能干预各种市场现象，干预价格、工资率、利率和利润。

政府干预是为了迫使商人以不同的方式经营，不同于他们只服从于消费者时会选择的方式。因此，政府干预的所有措施都直接限制了消费者至上。在自由经济中，消费者掌握至高无上的权力，而政府想要篡夺这种权力，或至少篡夺部分这种权力。

举个干预主义的例子，这在许多国家很受欢迎，许多政府试了一次又一次，特别是在通货膨胀时期。这个例子就是价格管制。

当政府印了太多钞票，而人们开始抱怨由此导致的物价上涨时，各国政府常常会诉诸价格管制。历史上有很多价格管制失败的著名例子，我谈其中两个例子，在这两个例子中，政府的确非常积极地强制实施或试图强制实施价格管制。

第一个著名的例子就是罗马皇帝戴克里先（Diocletian），他作为最后一位迫害基督徒的罗马皇帝而闻名于世。3 世纪下半叶，这位罗马皇帝只剩了一个财政手段，就是使通货贬值。在那种原始时期，印刷术还没发明出来，可以说通货膨胀也是原始的。要进行的是铸币贬值，尤其是银币。政府将越来越多的铜混进银币里，甚至连银币的颜色都改变了，重量也相应地大大降低。铸币贬值和货币量相应增加，结果是价格上涨，紧接着便是价格管制。罗马的皇帝都会严厉地强制执法，他们并不认为对涨价者施以死刑是什么了不得的惩罚。他们虽然强制进行价格管制，却未能控制社会，其结果是罗马帝国的灭亡以及劳动力分工体系的瓦解。

然而，1500 年之后，同样的通货贬值在法国大革命期间发生了。但是，这次的手法不同。造币技术有了长足进步。法国不再需要借助于铸币贬值。他们有了印钞机。印钞机效率很高。结果是又一次前所未有的物价暴涨。在法国大革命中，政府也不再使用罗马皇帝戴克里先那样的死刑方式来强制执行最高限价。政府处死市民的手段也有了进步。大家都记得著名的 J. I. 吉约坦（J. I. Guillotin）医生，他主张使用断头台。即使有了断头台，法国也未能维持最高限价。当罗伯斯庇尔（Robespierre）被押到断头台时，人们大喊："去你的最高限价。"

我之所以提起这些，是因为人们常常说："只要更残酷、更积极，就能高效地管制价格。"现在可以看到，戴克里先当然非常残酷，法国大革命也是如此。然而，这两个时代的价格管控措施都完全失败了。

我们来分析一下失败的原因。政府听到人们抱怨牛奶的价格上涨了。牛奶当然非常重要，对于下一代，对于儿童尤其重要。因此，政府宣布了牛奶的最高限价——比可能的市场价格更低。现在政府说："当然，我们已经做了一切该做的事，以便让贫穷的父母按其所需购买牛奶来喂养小孩。"

但会发生什么呢？一方面，较低的牛奶价格增加了人们对牛奶的需求。在政府所定的较低价格下，以前在高价时买不起牛奶的人，现在买得起了。另一方面，某些生产商，即那些成本最高的牛奶生产商，也就是边际生产者，遭受亏损，因为政府定的价格低于其成本。这是市场经济中重要的一点。而私人企业家、私人生产商无法长期承担亏损。既然他们不能承受牛奶的损失，他们就会限制供给市场的牛奶产量。他们可能会把一些奶牛卖给屠宰场，或者卖一些用牛奶制成的其他产品，比如酸奶、黄油或奶酪。

因此，政府对牛奶价格的干预导致了牛奶的供给减少，同时牛奶的需求却增加了。一些准备在政府定的低价下购买牛奶的人买不到牛奶了。另一种结果是，人们急着去商店买牛奶，却不得不在门外排队等待。在政府制定了所谓重要商品的最高限价的城市里，在商店外大排长龙的景象司空见惯。哪里有牛奶限价，哪里就会出现这种情况。经济学家对此总是有言在先，当然，只是为数不多的靠谱的经济学家。

但是，价格管制结果如何？政府失望了。它希望让喝牛奶的人满意。但事实上，它让人不满意。在政府干预之前，虽然牛奶价格高，但人们买得到。而现在，牛奶仅有少量供给。因此，牛奶的总消费量下降了。儿童喝到的牛奶更少，而不是更多。接下来，政府能采取的措施就是配给制。但是，配给制仅仅意味着个别的人拥有得到牛奶的特权，而其他人根本得不到牛奶。当然，谁能得到牛奶，总是由政府随心所欲而定。比如，政府可能宣布一条命令：四岁以下的儿童可得到牛奶，而四岁以上的儿童，或者四岁到六岁的儿童，只能得到四岁以下儿童所得牛奶的一半。

无论政府怎么做，事实就是牛奶的供给减少了。因此，人们比以前更加不满。现在政府责问牛奶生产商（因为政府自己没有足够的想象力找出答案）："为什么你们不生产跟以前一样多的牛奶？"政府得到的回答是："我们现在做不到，因为生产成本比政府所确定的牛奶最高价格还要高。"于是，政府研究了各项生产成本，其中之一是饲料。

政府说："噢，现在我们会对饲料施以与牛奶相同的价格控制。我们将确定饲料的最高限价，这样你们就可以以较低的价格、较少的支出饲养奶牛。一切都会好起来的，你们将能够生产和销售更多的牛奶。"

但是，现在情况又如何呢？同样的故事在饲料上重演，而如你所能理解的，是出于同样的原因。饲料的产量下降，政府再次面临困境。因此，政府安排了新的听证会，以找出饲料生产的问题。从饲料生产者那里得到的解释和从牛奶生产商那里得到的非常相似。因此，政府必须更进一步，因为它不想放弃价格管制的原则。政府为生产饲料所必需的原料确定了最高限价。同样的故事再度上演。

同时，政府不仅要管制牛奶，还要管制鸡蛋、肉类及其他必需品。每次政府都得到同样的结果，到处都是一样的情形。一旦政府对消费品实行最高限价，它就不得不延伸到生产资料，进一步限制生产者所需的商品的价格，以满足对限价的消费品的生产需要。所以，政府起初只控制几样商品的价格，再一步一步追溯到生产过程之中，限定各种生产资料的最高价格，当然也包括劳动力价格，因为没有工资控制，政府的"成本控制"将毫无意义。

此外，政府对市场的干预无法限于那些被视为重要的必需品，比如牛奶、黄油、鸡蛋和肉类，还必须包括奢侈品，因为如果政府不限制奢侈品的价格，那么资本和劳动将放弃生产重要的必需品，而转向生产那些政府认为不必要的奢侈品。因此，对某一个或几个消费品孤立的价格干预带来的影响，必然使其不如以前的状况。我们认识到这一点很重要。

在政府干预之前，牛奶和鸡蛋昂贵；在政府干预之后，它们开始从市场上消失。政府认为所干预的东西非常重要，希望增加供给数量。结果恰恰相反：从政府的角度来看，孤立干预所导致的状况甚至比之前政府想要改变的状态更不可取。随着政府越走越远，最终，所有的价格、工资率、利率，简而言之，整个经济体系中的一切都由政府决定。显然，这就是全面的计划经济。

在此，我向你们所做的简要理论的解释，正是那些试图强制实施最高限价的国家所发生的事，那些政府极为固执，一步步走向末路。这也发生在第一次世界大战期间的德国和英国。

我们来分析一下这两个国家的情况。这两个国家都经历了通货膨胀，价格上涨，并且都实施了价格管制。开始只有牛奶和鸡蛋少数产品的价格实施管制，后来不得不越走越远。战争持续越长，通货膨胀越严重。开战三年后，德国人像以往那样有条不紊地制订了一项宏大的计划。他们称之为"兴登堡计划"（Hindenburg Plan），那时德国政府所认为的所有好东西都会以"兴登堡"命名。

"兴登堡计划"意味着整个德国的经济体系都应由政府控制，包括价格、工资、利润等所有的东西。官僚机构立即开始执行。但这些官僚机构尚未完成，灾难就已来临。德意志帝国崩溃了，整个官僚机构都消失了。这场革命带来的血腥结果告以终结。

英国以同样的方式开始，但是过了一段时间，在1917年春天，美国卷入了战争，并供给英国足够的资源，因此打断了英国通往奴役的道路。

在希特勒上台之前，德国总理布吕宁（Brüning）再次以惯用的理由在德国引入价格管制。希特勒强制实施这种价格管制，甚至在开战之前。在纳粹德国，没有私有企业，也没有私人创业。纳粹德国所实行的计划经济与苏联所实行的计划经济的区别，只限于仍保留了自由经济体系的术语和标签。尚存一些所谓的"私有企业"，但其所有者不再是企业家，而被称为"企业经理"（Betriebsführer）。

整个德国都由等级制层层组织。最高元首当然是希特勒，然后是从上到下的领导者。而一家企业的负责人是"经理"。企业的工人被命名为"Gefolgschaft"，这个词语在中世纪代表着封建领主的随从。所有这些人都不得不服从某个机构发出的命令，该机构的名字超长，即"Reichsführerwirtsch aftsministerium"（经济部）。其首脑是那个身上缀满了珠宝和奖章的著名胖子，名为戈林（Goering）。

这个名字超长的部长机构向每个企业发号施令：生产什么，生产多少，从哪里获取原材料，原材料的价格是多少，产品以什么价格出售，以及产品出售给谁。工人们接到命令在某个指定的工厂工作，工资由政府法令规定。整个经济体系的每一个细节都由政府监管。

经理没有权利享有利润，他的所得相当于工资，如果想拿更多的钱，他就得说："我病得很重，需要立即手术，手术费要500马克。"然后，他不得不询问地区领导人，他是否有权在工资之外领到更多的钱。价格不再是价格，工资也不再是工资，这些都成了相关制度下的定额数目。

我来告诉你这种体系是如何崩溃的。多年的战争之后，某天外国军队抵达德国，试图维持这种政府主导的经济体系，但是这种体系必然要求希特勒式的暴行，舍此必会失效。

而当德国上演这一切时，英国在第二次世界大战期间恰恰也是这样做的。从仅仅管制某些商品的价格开始，英国政府开始一步步越来越多地控制经济（与希特勒甚至在战前的和平时期所采取的方式相同），到战争结束时，英国几乎达成了纯粹的计划经济。

英国的计划经济并非 1945 年上台的工党政府带来的，而是在战争期间，经由温斯顿·丘吉尔为首相的政府转变的。工党政府仅仅保留了丘吉尔政府已引入的计划经济，尽管遭到了人们的极大反对。

英国的国有化并不意味着什么。英格兰银行国有化只是换了一个名义，因为英格兰银行早已完全由政府控制。铁路和钢铁工业的国有化也是如此。所谓的"战时社会主义"（War Socialism）——意味着干预主义的体系一步步前进——实际上早已国有化了这一体系。

德国和英国之间的制度差异并不重要，因为经营者都是由政府任命的，而且在这两个国家，他们都必须服从政府各个方面的命令。如我在前面所述，纳粹德国的制度保留了资本主义自由市场经济的标签和术语，但其代表的意义已全然不同：只剩下了政府命令。

英国的体制也是如此。英国保守党在重新掌权后，撤销了一些管制。现在英国一方面试图保持管制，另一方面又试图废除管制（但不要忘了，英格兰的情形完全不同于苏联）。那些食品和原材料依赖进口因此必须出口工业品的国家也是如此。对严重依赖出口贸易的国家来说，完全由政府控制的体系无法运转。

因此，就剩下的经济自由（一些国家仍有实质的自由，比如挪威、英国、瑞典）而言，自由之所以存在，是保持出口贸易的需要。之前我以牛奶为例，不是因为我对牛奶情有独钟，而是因为在最近的几十年中，几乎所有政府或大部分政府对牛奶、鸡蛋或黄油实施了价格管制。

我想简单介绍一下另一个例子：租金管制。如果政府管制租金，后果之一就是那些在家庭条件变化时本应从大公寓搬到小公寓的人将不再这样做。例如，孩子在 20 多岁时离开了家、结婚了或者去了其他城市工作，只剩下父母在家。这样的父母常会换一套更便宜的小公寓。如果实施了租金管制，这种必要性就消失了。

20 世纪 20 年代早期，奥地利首都维也纳牢固地确立了租金管制。在租金管制的情况下，一套普通公寓的房东能拿到的租金不超过市属有轨电车票价的两倍。你可以想象，人们没有任何动力搬家。而且，另一方面，再没有新建的房子。类似的租金管制在第二次世界大战后的美国也很盛行，许多城市延续至今。

美国许多城市面临严重的财政困难，其主要原因是租金管制，以及由此产生的住房短缺。因此，政府耗费数十亿美元修建新屋。但为什么会有这种住房短缺呢？住房短缺与牛奶价格管制下牛奶短缺是同样的原因。这意味着，当政府干预市场时，它将日益转向计划经济。

　　而这也回应了某些人，他们说："我们不想政府控制一切。我们知道这很糟糕。但政府为什么不能只对市场干预一点点呢？为什么政府不能除掉一些我们不喜欢的东西呢？"

　　这些人谈论"中间道路"。他们没看到的是，孤立的干预，也就是只干预经济体系的一小部分，所导致的情形，会比政府自己以及那些要求干预的人所想要消除的情形更糟糕：那些要求租金管制的人发现公寓和住宅短缺时会愤怒不已，而住房短缺恰恰是由政府干预造成的，因为所确定的租金低于人们在自由市场上所付的价格。

　　第三条道路的观念介于计划经济和市场经济之间，正如其支持者所说，该制度既不同于计划经济也不同于市场经济，它保留了二者的优点而摒弃其缺点。相信有这种虚妄体制的人会满怀诗意地赞美干预政策的功绩。只能说他们错了。他们所赞美的政府干预所导致的糟糕状况，他们自己也不会喜欢。

　　以后我想说的另一个问题是保护主义。政府试图将国内市场与世界市场隔离，引入关税使进口商品在国内售价高于世界市场的价格，这使得国内生产商能够形成卡特尔（cartel）。然后，政府又打击卡特尔，声称："在这种情况下，反卡特尔的立法是必要的。"

　　这恰恰是大多数欧洲政府所面临的情形。在美国，尚有其他原因解释反垄断法以及政府反对垄断幽魂的战役。

政府通过自己的干预一手创造了出现国内卡特尔的条件，又指责企业，声称："因为有卡特尔，所以政府必须干预商业。"这太荒唐！要避免卡特尔，最简单不过的是终止政府对市场的干预。有干预，才可能有卡特尔。

将政府干预作为"解决"经济问题的方案的每个国家，最终都至少会导致不满，而且常常混乱不堪。如果政府不及时住手，那么国家必将出现全盘的计划经济。

然而，政府干预商业一直盛行。一旦有人不喜欢世界上发生的什么事，他就会说："政府该管管这件事。我们要政府做什么？政府就该这么做。"这是典型的旧时代残余思想，是现代自由出现之前、现代立宪政府出现之前、代议制政府或现代共和主义出现之前的旧时代流传下来的思想。

千百年来，每个人都持有并接受这样的信念：一位国王，受膏的国王（anoited king）①，是上帝的使者；他英明神武，远胜臣民，因而他享有超凡权力。迟至19世纪初，人们仍然期望神圣的触摸（国王用手触摸）可以治愈某种疾病。医生通常是更好的选择，但无论如何，他们都会让病人

---

① 在西方传统中，"受膏"（anoited）指用油膏涂抹，以象征宗教上的神圣性或合法性。在君主制中，国王的加冕仪式常包括受膏的环节，象征着神圣授权或神意认可。——译者注

试试国王治病。

家长制政府具有优越性，以及世袭国王拥有超自然超人类能力的这种信念逐渐消失了，至少我们是这样认为的。但它又卷土重来，有一位世界知名的德国教授维尔纳·桑巴特（Werner Sombart），我很了解他，他是许多大学的名誉博士，也是美国经济学会的名誉会员。这位教授写了一本书，英文译本由普林斯顿大学出版社出版。这本书也有法文译本，很可能也有西班牙文译本——至少我希望有，这样你们就可以确认我的话了。在我们当代而非黑暗的中世纪出版的这本书中，经济学教授桑巴特竟然这样说："元首，我们的元首（他所指的当然是希特勒），其旨意直接来自宇宙之主的上帝。"

我先前提到希特勒的等级制度，在这种等级制中，我将希特勒称为最高元首。但据桑巴特教授所言，还有个更高的元首便是上帝，上帝是宇宙之主。他写道，上帝直接对希特勒下旨。当然，桑巴特教授非常谨慎地说："我们不知道上帝如何与我们的元首交流，但这一事实无可否认。"

现在，如果你听到这样一本书能够以德语出版，也就是以一度被赞誉为"哲学家和诗人的国度"所用的语言出版，如果你还看到它被翻译成了英语或法语，那么你就不会惊讶于这样一个现象：即使某个小官员也认为自己比公民更聪明、更优秀，而且想干预一切，虽然他只是一个可怜的芝麻小官，而不像著名的桑巴特教授那样享有各种荣誉。

有什么办法来纠正这些情形呢？我想说，有一种办法。这种救济来自公民的力量，公民必须阻止妄称自己比普通公民更英明的独裁统治的建立。这是自由和奴役最根本的区别。

我认为，阿根廷的独裁者胡安·庇隆（Juan Perón）在1955年被迫下台是其应得的好下场。

第 04 讲
通货膨胀

如果鱼子酱和土豆一样供应充足，那么鱼子酱的价格（鱼子酱与货币的交换比率，或者鱼子酱与其他商品的交换比率）将会明显不同。那样的话，人们得到鱼子酱的代价将远小于今日所需。与此类似，如果货币量增加，那么单位货币的购买力将减少，一单位的货币所能得到的产品数量也会减少。

16 世纪，美洲的金山银矿被发现并被开采，大量贵金属被运到欧洲。货币量大增，致使欧洲物价普遍趋于上涨。今天也是同样的，若政府增加纸币数量，结果就是单位货币的购买力开始下降，由此物价上涨。这被称为"通货膨胀"。

不幸的是，在美国和其他国家，有些人更倾向于认为通货膨胀的原因是物价上涨，而非货币量的增加。

然而，还从未有过任何严肃的讨论来反对这种经济学解释，即反对就价格和货币量之间的关系（货币与商品、生活必需品和服务之间的交换率）做出的这种经济学解释。在今天的技术条件下，没有比生产印着一定货币金额的纸张更容易的事了。美国的所有纸币都是一样大小，印刷一张1000美元的纸币不会比印刷一张1美元的纸币成本更多。这是耗费完全相同数量的纸张和墨水的印刷过程。

18世纪，当首次尝试发行银行券，并授予其法定货币的性质时，也就是说，银行券被授予了如金银那样在交易中支付的权利，政府和国家相信，银行家有某种秘诀，能无中生有地生产财富。当18世纪的政府陷入了财政危机之时，它们认为，若要摆脱困境，所需的不过是一位精明的银行家来主导财政管理。

在法国大革命之前的几年，法国皇室陷入财政困难，法国国王找到了一位精明的银行家，并授以高位。这个人在各个方面都与法国此前的统治者截然相反。首先，他不是法国人，而是外国人——来自日内瓦的瑞士人雅克·内克尔（Jacques Necker）。其次，他非贵族一员，仅为一介平民。而在18世纪的法国可能更要命的是，他不是天主教徒，而是新教徒。

于是，内克尔先生，即著名的斯塔尔女士（Madame de Stael）的父亲，成了法国财政部部长，每个人都盼望他来解决法国的财政问题。但即使内克尔先生深得信赖，皇室的金库仍空空如也——内克尔最大的错误是试图资助独立战争中的美洲殖民地人民与英国作战，而又不增加税收。这当然是解决法国财政困难的错误之道。

要想解决财政问题，政府没有灵丹妙药；政府需要钱，就只能向公民征税（或者，在特殊情况下向有钱人借款）。但是，许多政府，甚至可以说大多数政府，认为还有另一种方式来得到所需金钱，那就是直接把钱印出来。

如果政府想做善事（比如想建一家医院），那么政府得到项目所需资金的办法就是向公民征税，并以税收来修建医院。这样，就不会发生特别的"价格革命"（price revolution），因为如果政府通过征税来修建医院，则公民缴税以后就会被迫减少开支。纳税者个人要么减少消费，要么减少投资或储蓄。

而政府代替公民个人，以买家的身份出现在市场上：虽然公民减少了支出，但政府增加了支出。当然，政府购买的商品不会总与公民原本打算购买的完全一样；但平均而言，政府修建医院并不会导致商品价格上涨。

以医院为例，正是因为人们有时候会说"区别在于政府花钱的目的是好是坏"。我假设政府印钱总是为了用于可能的最好目的——我们都赞同的目的。这是因为，并非花钱的方式，而是政府获取货币的方式，造成了我们称为"通货膨胀"的那些后果，而当今世界上绝大多数人认为通货膨胀不是什么好事。例如，不采用通货膨胀的话，政府就可以利用税收来雇用新员工，或为已在政府任职的人加薪。于是，这些得到了加薪的人就能买更多的东西。如果政府向公民征税，用税收来为政府雇员加薪，纳税人能用于支出的钱就少了，但政府雇员的钱增加了。价格整体上就不会上涨。

但如果政府不是用税款，而是用新印的货币来做这件事，那就意味着，有的人的钱会变多，而其他人的钱则保持不变。于是，得到了新印的货币的人会与从前的买家相竞争。由于商品比起以前并没有增加，但市场上的货币增加了，并且有人有能力购买更多的东西，这样就会对同样数量的商品产生额外的需求。因此，价格就会上涨。这不可避免，不管新印的货币要用来做什么。

而更为重要的是，价格上涨的趋势会一步一步地发展，这种趋势不是所谓的"价格水平"的整体性上升。永远不要使用"价格水平"这种比喻性表述。

当人们谈到"价格水平"时，他们脑子里想到的是某种液体的平面，这种液体随着其数量的增减而升降，然而，就如容器中的液体一样，总是均匀上升。但就价格而言，并不存在这样的"平面"。价格并不是在同一时间以同等程度变化的。总有些价格变化得更为迅速，涨跌都比其他价格更快。这是有原因的。

比如，在前例中，政府雇员得到了货币供应中新增的货币。人们今天购买的商品种类不会恰恰与昨天购买的完全一样。政府已经印出来并投放市场的新增货币不会用于购买所有的商品和服务，而是用于购买特定的商品。这些商品的价格就会上涨，与此同时，其他商品仍然维持着新增货币投入市场之前的价格。因此，当通货膨胀开始时，国民中的不同群体会以不同的方式受到通货膨胀的影响。最早得到新增货币的群体会得到暂时的收益。

政府如果实行通货膨胀是为了打仗，那么一定要买军火。因此，军工业及其从业人员就会最先得到新增货币。这些群体现在处于非常有利的地位，有更高的利润和更高的薪水。为什么？因为他们最早得到新增的货币，现在有了更多的货币可供支配，他们就去购物，从其他一些制造和销售其所需商品的人那里购物。

这些制造和销售军工从业者所需商品的人构成了第二梯队。第二梯队也认为通货膨胀对他们的生意大有好处。怎么不是呢？销售更多不是非常好的事吗？比如，军工厂附近的餐馆老板会说："这真是太棒了！军工厂的工人有了更多的钱，来这里吃饭的人比以前多得多，他们都来光顾我的餐馆。我太高兴了！"他找不到任何理由不这样想。

情况是这样的：先得到新增货币的人有了更高的收入，他们仍能以从前的价格（也就是通货膨胀之前的状态下的价格）购买许多商品和服务。因此，他们处于非常有利的地位。由此，通货膨胀一步一步持续发展，从国民中的一个群体扩展到另一个群体。所有在通货膨胀早期得到新增货币的群体都将受益，因为他们仍然能以反映先前货币与商品交换比率的价格买到一些东西。

但国民中也存在其他群体，他们很久以后才能得到新增货币。这些人就处于不利地位。在得到新增货币之前，他们被迫为某些商品支付超过以前的高价，而他们的收入却保持不变，或者没有与价格同比例增长。

考虑某个国家的例子，比如第二次世界大战期间的美国。一方面，当时的通货膨胀有利于军工厂的工人，有利于军工业、枪炮制造业；而另一方面，通货膨胀不利于国民中的其他群体。受通货膨胀损害最大的是教师和牧师。

如你所知，牧师是非常谦虚的人，侍奉上帝，不能多谈钱的事。教师也类似，是具有奉献精神的人，应该多关心教育年轻人，而不是多考虑薪水。其结果是，牧师和教师位列通货膨胀最大受害者之中，因为许多教堂和学校都是到最后才意识到必须给他们加薪的。当教堂长老们和学校机构最后才发现，无论如何也必须为这些奉献身心的人加薪时，他们早期所受损失却无法弥补。

在很长的一段时间内，他们只能减少购买，削减价高质优的食品消费，限制购买衣服——因为价格已经上调，而他们的收入还没有上涨。（这种情况在今天已大有改观，至少对教师而言如此。）

因此，国民中不同的群体受到通货膨胀的影响各不相同。对其中一些群体而言，通货膨胀不是坏事。他们甚至要求通货膨胀继续下去，因为他们是首先得利的人。在下一讲中，我们会看到，通货膨胀后果的这种非均匀性是如何显著地影响了政治，而这种政治又如何导致了通货膨胀。

在通货膨胀带来的这些变化之下，有些群体受益，还有些群体直接"牟取暴利"。我用"牟取暴利"这个词不是要谴责这些人，因为如果有人要被谴责的话，那么被谴责的应该是造成通货膨胀的政府。而总会有人喜欢通货膨胀，因为他们比其他人更早意识到发生了什么。他们的暴利是通货膨胀过程必然不均匀所致。

政府可能认为，通货膨胀作为筹集资金的方式比征税好，征税总是不受人欢迎，而且困难。很多富强之国的立法者常常花好几个月讨论新增税收的各种形式，因为议会决定要增加支出，所以必须增加税收。在讨论了以税收来获得资金的各种方式之后，他们最后决定，以通货膨胀的方式来做可能更好。

但是，当然他们不会用到"通货膨胀"这个词。掌权的政客在推行通货膨胀时不会宣布："我要实施通货膨胀了！"实现通货膨胀的技术手段如此复杂，让普通公民意识不到通货膨胀已经开始了。

史上最大的通货膨胀之一发生在第一次世界大战后的德国。战争期间，德国的通货膨胀还不是那么严重，而战后的通货膨胀导致了灾难。政府并没有说："我们在实施通货膨胀。"政府只是以非常间接的方式从中央银行借钱。政府不需要询问中央银行怎么才能找到钱借出来，而中央银行就是印钱而已。

现在，由于支票货币的存在，通货膨胀的技术变得很复杂。这包含了另一项技术，但结果一样。政府大笔一挥，创造出法币，由此增加了货币量和信用量。政府只要签发指令，就产生了法币。

一开始，政府不在乎有些人会遭受损失，不在乎物价会上涨。立法者说："这个制度好得很！"但是，这个好得很的制度有一个根本性的缺点：它不可持续。如果通货膨胀能够永远继续，那么告诉政府不应该通货膨胀就没意义了。但是，关于通货膨胀，我们可以确定的事实是，它迟早得结束。这是一个不可持续的政策。

从长期来看，通货膨胀以通货的崩溃而告以终结，它演变成了一场大灾难，就如德国 1923 年的情况。1914 年 8 月 1 日，1 美元价值 4 马克 20 芬尼。在九年零三个月后，即 1923 年 11 月，1 美元等于 4.2 万亿马克。换言之，马克成了废纸，再也没有任何价值。

多年前，著名学者约翰·梅纳德·凯恩斯写道："从长远来看，我们都死了。"我很遗憾地说，确实如此。但问题是，短期又有多长呢？18 世纪，一位著名的女士——蓬帕杜夫人因"哪怕我们死后洪水滔天"的宣言而闻名于世。蓬帕杜夫人很幸运，因为她去世得早。她的继任者杜巴丽夫人，活过了短期，但在长期被砍了头。对很多人来说，"长期"很快变成了"短期"，而通货膨胀持续得越长，"短期"就来得越快。

短期能持续多久？中央银行的通货膨胀能持续多久？很可能只要人们相信政府迟早但不会太久就会停止印钞，从而停止单位货币贬值的话，通货膨胀就仍可继续。

当人们不再相信这一点并且意识到政府将一直继续时，他们就开始认识到明天的价格会比今天更高。于是，他们不管什么价都抢购，导致价格涨上天，以致货币系统崩溃。

我引用德国的例子，当时全世界都在关注。有许多书描述那时发生的事。（虽然我不是德国人，我是奥地利人，但我是身在其中来观察这一切的：在奥地利，情况与德国没有太大区别，与其他许多欧洲国家也没有太大区别。）在好几年里，德国人都相信他们的通货膨胀是暂时的，并且很快就会结束。他们相信这一点几乎长达九年，直到 1923 年夏天。终于，他们开始怀疑。随着通货膨胀的持续，人们认为明智的做法是有什么就买什么，而不是把钱装在口袋里。而且，他们发现不应该借钱给别人，相反，借别人的钱是一个好主意。于是，通货膨胀陷入恶性循环。

确切地说，这样的情况持续到 1923 年 11 月 20 日。人们过去曾相信通货膨胀的货币是真实的货币，但是后来他们发现情况已经变了。在德国通货膨胀的末期，即 1923 年的秋天，德国工厂每天早上向工人预付当天工资。工人则带着妻子来上班，马上把工资（数以百万计的工资）全部交给妻子。于是，妻子立即去商店买点什么，任何东西都行。妻子意识到（那时大多数人意识到了），过一个晚上，到第二天，马克的购买力就减少一半。货币就像热炉子里的巧克力一样在人们的口袋里融化。德国通货膨胀的最后阶段没有持续太久。几天之后，整个噩梦都结束了：马克一文不值，德国必须建立新的货币体系。

凯恩斯爵士，也就是那个说长期来看我们都死了的那个人，是 20 世纪支持通货膨胀的一长串学者中的一个。他们都写文章反对金本位制。凯恩斯攻击金本位制，称之为"野蛮的遗迹"（barbarous relic）。而现在的大多数人认为，谈论重返金本位制荒谬可笑。比如，在美国，如果你说"美国早晚都得恢复金本位制"，那么人们会认为你大概是在做梦。

然而，金本位制有一个巨大的优点：金本位制下的货币量独立于政府和政党的政策。这就是它的优势。这是对抗挥霍无度的政府的一种保护形式。在金本位制下，如果要求某个政府为某些新东西增加开支，财政部部长就可以这样说："我到哪里去找钱？先告诉我怎样为新增的开支找到钱？"

在通货膨胀系统下，对政客而言，没有什么比命令政府的印钞机构为其项目提供所需数量的货币更容易的事了。在金本位制下，稳健的政府更有优势，其领导可以告诉民众和政客："我们做不到，除非增税。"

但在通货膨胀的情况下，人们会养成习惯，认为政府是一家拥有无穷手段的机构：政府无所不能。比如，国家如果需要新建公路系统，就期待政府来建。但政府到哪里去找钱？

人们会说，现在的美国（甚至过去麦金利治下的美国）

共和党或多或少支持稳健的货币，支持金本位制，而民主党支持通货膨胀，当然那时不是纸币的通货膨胀，而是白银的通货膨胀。

然而，正是一名民主党的美国总统克利夫兰（Cleveland），在 19 世纪 80 年代末否决了国会的一项决定。国会决定拨一小笔款（大约 1 万美元）来救济一个遭了灾的社区。克利夫兰总统为他的否决行为辩护："虽然公民的职责是为政府提供（财政）支持，但政府的职责不是为公民提供（财政）支持。"这句话应该写在每个政治家办公室的墙上，给那些来要钱的人看。

不好意思，我必须简化这些问题。货币制度中有许多复杂的问题，如果像我在这里描述的那么简单的话，我也就不用写那么多长篇大论了。但基础的问题正是这些：如果增加货币量，你就会导致单位货币购买力降低。那些个人利益受到不利影响的人不喜欢这样。不能从通货膨胀中得益的人就会抱怨。

如果通货膨胀是坏事，并且人们意识到了这一点，那为什么它几乎成了所有国家的一种生活方式，甚至某些富裕的国家亦深受其害？现在美国无疑是世界上最富裕的国家，有最高的生活水平。但是，当你在美国旅行时，你会发现，不断有人谈论通货膨胀，谈论必须阻止它。但他们只说不做。

告诉你一些事实：第一次世界大战之后，英国的英镑回到了战前的黄金平价。也就是说，英镑被高估了。这提高了每个工人工资的购买力。在一个无阻碍的市场上，名义货币工资本应该下降来弥补这一点，而工人的实际工资不会遭受损失。在这里，我们没有时间来讨论其原因。英国的工会在单位货币购买力上升的同时，不愿意接受工资率下调。因此，实际工资由于这一货币措施而显著上涨。对英国来说，这是一场严重的灾难，因为英国是以工业为主导的国家，必须进口原材料、半成品和食品才能生存，并且必须出口制成品以支付进口成本。英镑的国际价值上涨，外国市场的英国货物价格随之上涨，于是英国的销售和出口下降。实际上，英国自己定的价格把自己逐出了世界市场。

工会是不可战胜的。你知道，现在一个工会有多大的权力。工会有权，实际上是有特权，采用暴力。于是可以说，工会的命令和政府法令一样管用。政府法令是有强制执行力的命令，为此，政府的强制执行机制——警察——随时待命。你必须遵从政府法令，不然警察就会找你麻烦。

不幸的是，现在，几乎世界各国都产生了有权实施暴力的第二势力：工会。工会决定工资，并以罢工来实施其工资决定，如政府颁布了一项最低工资的法令一样。眼下我不打算多讨论工会的问题，以后再说。我只是想表明，正是工会政策将工资提高到了无阻碍市场应有水平之上。其结果是，相当一部分潜在的劳动力得不到雇用，除非雇主或工厂愿意赔本。而既然做生意，就不能长期承受亏损，他们只好关门，这些人也就失业了。将工资率定在高于无阻碍市场应有水平之上，总会导致很大一部分潜在劳动力失业。

在英国，由工会强加的高工资率的结果就是年复一年的长期失业。数百万工人失业，产量下降，甚至专家们都困惑不解。在此情况下，英国政府采取了一项行动。它认为，这是必不可少的紧急措施：贬值了通货。

其结果是，虽然工会过去一直坚守的货币工资没变，但工资的购买力改变了。真实工资，也就是以商品来衡量的工资，减少了。现在工人能买的东西没有以前多了，即使名义工资率还是一样。人们认为，以这种方式就能让真实的工资率恢复到自由市场应有的水平，于是失业的现象就会消失。

这种贬值措施被许多国家采用，比如法国、荷兰以及比利时等。有个国家甚至在一年半的时间内贬值了两次，这个国家是捷克斯洛伐克。可以说，这是以一种秘密方式来挫败工会权力的措施，然而，并没有取得真正的成功。

过了几年，人们，也就是工人，甚至工会，开始意识到发生了什么。他们认识到货币贬值减少了他们的真实工资。工会有力量来反对。在许多国家，工会在工资合同中加入了一个条款，规定货币工资必须随物价上涨而自动提高。这被称为"物价指数"。工会有了物价指数的意识。因此，这种于 1931 年开始于英国，后来被几乎所有重要的政府采用的"解决失业问题"的方法现在已经不再起作用了。

不幸的是，凯恩斯爵士于 1936 年出版了《就业、利息和货币通论》一书，将这种方式（在 1929—1933 年大萧条期间采用的紧急措施）抬高为一项原则，使其成为制定政策的基本制度。他在书中的理由实际上就是："失业是一件坏事。如果你想要失业消失，你就必须实施通货膨胀。"

他很清楚地认识到，就市场而言，工资率是过高的。也就是说，这么高的工资率使得雇主若要增加人手就会无利可图。因此，从工作人口的整体来看，这太高了。因为只有一部分渴望挣钱的人能按照工会强加的高于市场的工资率找到工作。

凯恩斯其实是说："年复一年的大量失业当然非常令人不满。"但他并没有提出，工资率能够也应该按照市场的情况调整。他的意思反而是认为："如果让通货贬值，而工人们不够聪明，并意识不到的话，那么只要名义工资率不变，他们就不会坚持反对真实工资率的下降。"换句话说，凯恩斯爵士认为，如果某人今天得到的先令与通货贬值前一样多，他就不会意识到他的收入事实上减少了。

用老话说，凯恩斯提议欺骗工人。他不但没有公开地宣称工资率必须按照市场状况调整（否则，就不可避免有一部分劳动力会长期失业），而且意思是说："只有进行通货膨胀，才能实现完全就业。必须欺骗工人。"然而，最有趣的是，当他出版《就业、利息和货币通论》时，工人已不可能再被欺骗了，因为人们已经意识到了物价指数。但完全就业的目标还在。

"完全就业"是什么意思？这只有在无阻碍的劳动力市场上，也就是不受工会或政府操纵的市场上，才能实现。在这个市场上，每种劳动的工资率都趋于达到某一点，在这一点上，每个想找工作的人都能得到一份工作，而每个雇主都能雇到所需数量的工人。如果对劳动的需求增加，工资率就趋于上涨；而如果只需要更少的工人，工资率就趋于下降。

唯一能带来"完全就业"情况的方式就是保持无阻碍的劳动力市场。这一点对每种劳动和每种商品都是适用的。

一位商人想要以 5 美元的单价出售某种商品，他会怎么做？如果他在这个价位上卖不掉，那么美国的商业技术术语称之为"货不动"（the inventory does）。但货必须得动。他不能一直留着，因为他必须买些新东西，流行趋势在变。于是，他降价销售。他如果不能以 5 美元卖掉，就只能卖 4 美元。如果 4 美元卖不掉，他就只好卖 3 美元。他要想做生意，就别无选择。他可能会遭到亏损，但这些损失是因为他在预测该产品的市场时出了错。

每天都有成千上万的年轻人从乡下来到城里，想要挣钱。每个工业国都是如此。对他们来说，情况也与商人销售商品一样。在美国，这些年轻人在初进城时，认为自己每周能挣 100 美元。这可能不现实。如果一个人找不到每周挣 100 美元的工作，他就得试着接受每周挣 90 美元或 80 美元甚至更少的钱的工作。但是，如果他说——如工会那样——"每周挣 100 美元或者什么都没有"，那么他或许只能一直失业。（许多人不介意没工作，因为政府支付失业补贴——来自向雇主征收的特别税，失业补贴有时候几乎与受雇能挣的工资一样高。）

因为某个群体相信只有实施通货膨胀才能实现充分就业，所以美国接受了通货膨胀。而人们讨论的问题是：我们是要稳健的通货带来的失业，还是要通货膨胀带来的完全就业？其实，这是一个非常有害的分析。

要处理这个问题，我们必须问的是：怎样才能改善工人和所有其他群体的状况？答案是：通过保持无阻碍的劳动力市场，并由此达到完全就业。我们的困难是：让市场来决定工资率还是让工资率屈服于工会的压力与强制？这不是"要通货膨胀还是要失业"的两难选择。

在英国，在欧洲的工业国，甚至在美国，都有人主张这个问题的错误分析。而有些人说："看，甚至连美国都在进行通货膨胀，我们为什么不该这样做？"

对这些人的回答首先是："富人的特权之一，就是他犯起傻来能比穷人撑的时间更长。"这就是美国的情况。美国的财政政策非常糟糕，而且日渐恶化。但或许美国犯起傻来能比某些穷国撑的时间长点。

最重要的是记住，通货膨胀不是不可抗力，通货膨胀不是自然灾害或暴发瘟疫的疾病。通货膨胀是一项政策——一项深思熟虑的政策，制定政策的人之所以诉诸通货膨胀，是因为他们认为这样比失业好点。但事实是，不用太久，通货膨胀就解决不了失业了。

通货膨胀是一项政策，既然是政策，就能被改变。因此，我们没有理由屈服于通货膨胀。如果认为通货膨胀是邪恶之事，我们就必须阻止通货膨胀。我们必须平衡政府预算。当然，公共舆论必须支持这一点，知识分子必须帮助人们理解。假如有了公共舆论的支持，民选代表当然就有可能废止通货膨胀的政策。

我们必须记住，就长期而言，我们都可能死掉，而且一定会死掉。但是，我们应该安排好我们凡尘俗世中的事务，因为短期内我们要生活，并且要以尽可能好的方式生活。达到这一目的的必要措施之一，就是废止通货膨胀的政策。

第 05 讲
外国投资

　　一些人称自由经济计划为消极的计划。他们说："你们自由主义者到底想要什么？你们反对计划经济、政府干预、通货膨胀、工会暴力、保护性关税……你们对所有的事都说不！"

　　我认为，这是一种片面且肤浅的陈词滥调。我们当然可以以积极的方式去设想自由主义计划。如果一个人说"我抵制审查制度"，那么他并不消极；他支持作者拒绝政府插手而自行决定出版什么的权利。这不是消极主义，这正是自由。当然，在谈到经济制度时，我使用"自由主义者"这一术语，它指的是古老传统意义上的"自由主义者"^①。

今天，各国生活标准存在相当大的差距，大多数人对此心怀不满。两百年前，大英帝国的情形比今天的印度差得远。但是，1750年的英国可不称自己"不发达"或者"落后"，因为并没有经济状况更好的国家与它相比较。如今，所有没有达到美国平均生活水准的人都认为自身的经济状况出了问题。许多国家称自己为"发展中国家"，也因此向所谓的发达国家或者"过度发达国家"要求援助。

让我来解释一下问题所在！造成所谓发展中国家生活水平低下的原因是，同类劳动的平均收入比一些西欧国家、加拿大、日本，尤其是美国的平均收入要低。如果我们试图寻找原因，我们就必须意识到，这并不是因为工人或者其他劳动者的素质更差。北美的一些工人群体普遍存在一种观念，认为他们比别人更强，也就是说，他们因自身价值才挣到了比他国工人更高的工资。

如果美国工人能去别国看看（比如意大利，许多美国工人来自那里），他们就能发现，并非他个人素质出众，而是这个国家的状况，使他有可能挣到更高的工资。如果一个人从西西里岛移民到美国，他就很快会挣到美国普通水平的工

---

① 原文使用的"liberal"不是当代美国常见的"自由派"，即"左派"意义上的自由主义者。——译者注

资。但是，如果他返回西西里岛，他就会发现美国之行并没有赋予他什么个人能力来让他在西西里岛获得比与其相似的同胞更高的收入。

我们也不能假设只有美国之外的企业家才能低人一等来解释这种经济状况。虽然事实上，在美国、加拿大、西欧和亚洲的某些地区之外，工厂中所使用的设备和科技方法，大体而言比美国差些，但是这不能归咎于这些"不发达"国家的企业家不重视。他们很清楚美国和加拿大有好得多的设备。他们知道一切应当知道的技术问题，即使他们真不知道，他们也有机会从传播这类知识的教科书或者技术杂志上学到这些必备知识。

重申一次，这种（生活水平）差异的存在并不是因为个人的素质低下或者企业家不重视。差距是资本的供给，即可使用的资本商品的数量。换句话说，在那些所谓的"发达"国家，人均所拥有的资本投资额比发展中国家要多。

一个商人支付给一个工人的工资，不可能多于工人为产品所增加的价值，不可能多于消费者打算为这个工人创造的附加值所支付的价格。如果支付更多，他从消费者那里的所得就不能覆盖支出，就会产生亏损。正如我反复强调且众所周知的，如果一个商人产生亏损，他就会改变运营模式，要不就会破产。

经济学家描述这种状况为"工资由劳动的边际生产率决定"。这是我刚才所说的另一种表达方式。实际上，工资范围由一个人的工作为产品所增加的价值额决定。如果一个人使用更好或者更有效率的工具，那么他在一个小时内生产的产品要比同样时间内用较差的工具工作的人多得多。显然，在配备了最先进工具和机器的美国鞋厂里工作的 100 个工人，比不得不使用过时的工具和老套生产工艺的印度工厂中的 100 个工人，在同样时间内，可生产出多得多的产品。

这些发展中国家的老板很清楚更好的工具会让企业更有利可图。他们很乐意建造更多、更好的工厂。唯一的阻碍是资本短缺。较不发达的国家和发达的国家之间的差距是一个时间函数：英国比任何国家都更早开始储蓄，更早积累资本并进行投资。正因为启动更早，当其他所有欧洲国家的生活水平仍较差时，英国就拥有了较高的生活水准。逐渐地，其他国家都开始研究英国的情况，而它们不难发现英国致富的原因，因此纷纷起而效之。

其他国家起步晚，而且英国并没有停止资本投资，因此其他国家与英国相比仍有巨大差距。但是，有件事导致英国丧失了原有的领先地位。

19 世纪发生了一件历史上至关重要的大事，不仅仅涉及某个单独国家的历史。这就是 19 世纪外国投资的发展。

1817 年，伟大的英国经济学家李嘉图仍然认为资本天经地义地只能在一国之内进行投资，资本家不应该试图投资国外。但是几十年后，资本投资开始在世界经济事务中扮演重要角色。

如果没有资本投资，那么比大英帝国落后的那些国家，必须以英国 18 世纪初中期所使用的方法和技术起步，缓慢地、一步一步地试图模仿英国之前的所作所为——那样就会始终远远落后于英国经济所拥有的技术水平。

那么，这些国家将花费许多年来才达到英国在 100 年前或更早就已达到的技术发展水平。但是，外国投资这一伟大的事件帮助了所有这些国家。

外国投资意味着英国资本家将英国的资本投资到世界其他地方。他们首先投资的是一些欧洲国家，这些国家在英国人眼里既缺钱又落后。众所周知，欧洲大部分国家和美国的铁路是在英国资本的帮助下建成的。在阿根廷也同样如此。

以前欧洲所有城市的煤气公司都是英国的。1870 年中期，一位英国作家兼诗人批评了他的同胞。他说："英国人已经失去了他们古老的活力，再没有新的思想了。英国再也不是世界上重要的或者处于领导地位的国家了。"但是，伟大的社会学家赫伯特·斯宾塞（Herbert Spencer）回答说："看看欧洲大陆。所有欧洲国家的首都亮着灯，因为有英国煤气公司提供煤气。"当然，煤气灯对我们而言似乎处于很"遥远的"年代。斯宾塞更进一步回应这位英国批评家，他补充道："你说德国人远远领先于大英帝国。但是，看看德国。如果英国煤气公司没有侵入德国并照亮这些街道，那么即使是德意志帝国的首都柏林——德意志精神的首都，也将处于一片黑暗之中。"

同样，英国资本发展了美国的铁路和其他许多工业部门，当然，既然一国引进资本，其贸易平衡就被那些伪经济学家们称为"不良"。这意味着进口远大于出口。贸易平衡被认为有利于英国（而不利于美国）的原因竟然是，英国的工厂为美国送去了各种各样的设备，而这些设备无须花钱购买，只需折算成美国公司的股份。在很大程度上，美国的这段历史一直持续到 19 世纪 90 年代。

美国一开始得到英国资本的扶持，后来在它自身有利于资本主义的政策帮助下，以前所未有的方式发展了自身的经济体系，美国人开始回购那些以前卖给外国人的股票。这样美国的出口就超过了进口。差额就是美国人从外国人那里收购美国公司普通股票的价款——有人称之为"遣返"（repatriation）。

这段时期一直持续到第一次世界大战。接下来发生的事又是另一回事了。那是关于两次世界大战之间和之后的美国对参战国的补助金：放贷、美国在欧洲的投资、租借、国际援助、马歇尔计划、运往海外的粮食和其他援助。我之所以强调这一点，是因为人们有时候觉得有外国资本在自己的国家里运作是一件很丢人、很羞愧的事。但你必须认识到，除了英国，在所有的国家中，外国投资都在现代化工业的发展中起着巨大作用。

如果我说外国投资是 19 世纪发生的最有历史意义的事情，那么你应该想到，若没有外国投资，所有的这些东西现在就根本不可能存在。亚洲所有的铁路、海港、工厂和矿场，还有苏伊士运河和许多西半球的东西，如果没有外国投资，根本就不可能被建造出来。

只有人们能够认为外国投资不会被强制征收时，它才会存在。如果他事先知道有人会没收他的投资，就没有人会进行任何投资。在外国投资兴起的 19 世纪和 20 世纪初，没有没收国际资产的问题。最初，一些国家对外国资本显示出某种敌意，不过大多意识到了它们从这些外国投资中获得了巨大的利益。

在有的情况下，外国投资并不直接由外国资本家投资，而是间接地借贷给外国政府，然后政府用这些钱投资，比如俄罗斯。出于纯粹的政治因素，在第一次世界大战前的 20 年里，法国投资了俄罗斯 200 亿金法郎，主要借贷给俄罗斯政府。俄罗斯政府所有伟大的事业——例如连接乌拉尔山两侧的俄罗斯国土、穿过冰天雪地的西伯利亚到达太平洋的铁路，几乎都是由外国政府借贷给俄罗斯的资金修建的。你知道，法国政府绝对想不到，有朝一日俄罗斯会有一个新的政府上台，并且直截了当宣布它不会为前任沙皇政府所欠下的债务买单。

肇始于第一次世界大战，一段时期内，世界范围内发动了针对外国投资的公开战争。既然没有阻止政府没收投资的救济制度，那么实际上，当今世界就没有对外国投资的法律保护。资本家们并没有预见这一点，如果那些资本输出国的资本家们意识到了这一点，那么所有的外国投资四五十年前就会终结。但是，资本家们不相信有哪个国家会如此不道德，不承认自己的债务，没收、查抄外国资本。正因为这些举动，世界经济史翻开了新的篇章。

随着 19 世纪外国投资促进世界各个方面（如现代运输工具、制造业、矿业和农业）发展的伟大时代的终结，进入了一个政府和政党都认为外国投资者是剥削者，应该被驱逐出国的新时代。

俄罗斯并不是持反资本主义态度的唯一国家。请记住，比如，墨西哥没收美国的油田，而且在这个国家（阿根廷）发生的所有事情也无须我废话。

现今世界的状况，由没收外国投资的体系创立，包括直接没收，以及通过外汇管制或税收歧视的方式进行的间接没收。这主要是一些发展中国家的一个主要问题。

以这些国家中最大的印度为例。在英国的制度下，英国资本（主要是英国资本，也有来自其他国家的资本）被投资到印度。因为投资关系，英国出口到印度的别的东西也不能不被提及，英国给印度带来了抵抗传染病的现代方式。这导致了印度人口的惊人增长，相应地增加了这个国家的麻烦。面对这种糟糕的状况，印度转而将没收作为一种应对之策。但这不全是直接没收。印度政府骚扰外国资本家，限制他们的投资，以致这些外国资本家被迫售出资产。

当然，印度原本可以用其他的方法积累资本，即本国的资本积累。然而，印度对本国的资本积累也是一样痛恨。印度政府宣称想实现工业化，但实际想要的是建立公有制的企业。

几年前，著名的政治家贾瓦哈拉尔·尼赫鲁出版了一部演讲集，其目的是想让印度对外国投资更具有吸引力。印度政府在外国资本投资之前并不反对它们。只有在它们投资之后，这种仇恨才会滋生起来。在这本书里，我引用了书中话，尼赫鲁说："当然，我们想要公有制，但是我们并不反对私营企业。我们想以各种方法鼓励私营企业。我们向那些对我们国家投资的企业家承诺，十年之内，我们不会对他们进行没收或者公有化，甚至这个期限可能会更长。"他把这当成一个欢迎来印度的邀请函。

你们知道，国内资本的积累也存在问题。现今所有国家都对公司课以重税。实际上，公司承担双重税负。首先，公司的利润会被收取重税；然后，公司付给股东们的红利会再次被收税。而且是以累进的方式征税。

对收入和利润征收累进税，意味着正是那些人们本可用以储蓄或者投资的一部分收入被征收了。以美国为例。几年之前，有一种"超额利润税"，每赚得 1 美元，公司只能留下 18 美分。当这 18 美分支付给股东们时，那些拥有大量股份的股东必须另外缴纳 60%、80% 或者更多的税。结果是，1 美元的盈利只能留下大约 7 美分，剩下的 93 美分都交给了政府。在这 93% 的税收中，大部分本来可以用作储蓄或者投资，但是被政府拿去用于经常性支出。这就是美国的政策。

我想我已说得很清楚，美国的政策并不值得其他国家效仿。这个政策实在太糟糕，简直是疯了。我唯一想说的是，富国相比穷国能承受更多的糟糕政策。在美国，尽管有各种名目的税收，但每年还是有增加的资本积累和投资，而且生活水平仍有不断提高的趋势。

但在其他国家，这种问题已十分危急。这些国家没有国民储蓄，或者说没有足够的国民储蓄，因为这些国家公开对外国投资持有敌意，来自外国的资本投资明显减少。如果努力的结果适得其反，那么它们怎么谈得上工业化，谈得上开设新厂、改善境遇、提高生活水平、享有更高的工资和拥有更好的交通工具的必然性呢？它们的政策所真正实现的是阻止或者减缓国内资本的积累并阻碍外国资本的进入。

最后的结果当然非常不妙。这种情况必然会导致信心丧失，而且现今世界对外国投资越来越不信任。即使有国家考虑立即改变政策，并且实现所有可能的承诺，这也未见得会再次激励外国资本家来投资。

当然，有办法避免这种后果。人们可以制定一些国际法规，而不仅仅是协议，这样外国投资就可从国内司法管辖权下逃出生天。这是联合国该做的事。但是，联合国仅仅是进行无谓争论的聚会场所。意识到外国投资的巨大作用，意识到仅是外国投资就可以改善世界的政治和经济状况，人们可以尝试从国际立法的角度来做一些事情。

我认为，这是一个法律技术问题，因为现在的情况并非无可救药。如果这个世界真的想让发展中国家的生活水平提高到和美国一样，这是能够办到的。唯一的问题是，必须认识到如何实现。

要使发展中国家和美国一样繁荣，唯一缺少的只是一样东西，即资本，当然还有在市场约束而不是政府约束下使用资本的自由。那些国家必须积累国内资本，而且必须使外国资本流入本国成为可能。

就发展国民储蓄来说，我有必要再次指出，民众的国内储蓄的前提是有稳定的货币单位。这意味着没有任何形式的通货膨胀。

美国企业的大部分资本归工人自己和其他收入一般的人所有。数十亿的储蓄、债券、保险在这些企业中运作。在当今美国的金融市场上，保险公司取代了银行，成为最大借款人。保险公司的钱来自被保险人的财产（不是法律意义上的，而是经济意义上的）。实际上，每个在美国生活的人都以这样或那样的方式参与保险。

世界经济趋于平等的前提条件是工业化，而只有增加资本投资和资本积累才有可能实现。你可能会感到惊讶，我没有提到被认为是实现工业化的首要方法。我所指的是贸易保护主义。但是，关税和外汇管控的的确确意味着阻止资本进入和实现国家工业化。唯一可以促进国家工业化发展的方法，就是拥有更多的资本。贸易保护主义只能是将投资从商事活动的一个分支转向另一个分支。

贸易保护主义本身并不能为一国带来资本的增加。新建工厂需要资本。改良现有的工厂也需要资本，而不是关税。

我不想讨论自由贸易或者贸易保护主义的所有问题。我希望你们的大多数教科书能以正确的方式阐述。保护主义并不能使一国的经济状况变好。同样不能对经济状况有所贡献的是工会组织。如果不满意现在的生活，如果工资低，如果打工者看到或有从书中读到，抑或在电影中发现普通美国家庭奢享所有的现代舒适，那么他可能会嫉妒。他完全有权利说："我们应该拥有同样的东西。"但实现目标的唯一途径是增加资本。

工会用暴力抵制企业家们和那些他们称为破坏罢工的人。工会尽管手握权力，使用暴力，但不能持续提高所有打工者的工资。同样无效的是政府颁布法令规定最低工资。工会最终带来的（如果他们成功地提高了工资的话）将是永久性的、持续性的失业。

最具决定性的观点是，人们必须意识到，一国制定的意在提高生活水平的所有政策必须直接指向增加人均投资资本。尽管美国有很多坏政策，但美国的单位资本的投资率仍在增加。加拿大和一些西欧国家也同样如此。很不幸的是，像印度这样的国家的人均投资资本却在减少。

我们每天都在报纸上读到世界上的人口越来越多，大概每年增加 4500 万人或者更多。这样下去，结果会是什么

呢？别忘了我提到的大英帝国。1750 年的英国人认为，600
万人口生活在不列颠岛国就是可怕的人口过剩，会带来饥饿
和瘟疫。但在第二次世界大战前夕，1939 年，英国小岛上住
着 5000 万人，而且生活水平之高，与 1750 年不可同日而语。
这就是所谓"工业化"的效果，而这个词远不足以描述它。

英国的进步在于提高人均投资资本。正如我之前所说
的，只有一个方法能使一国繁荣：如果你增加了资本，你就
增加了工人的边际生产率，结果是实际工资会上涨。

如果世界没有移民限制，那么全世界的工资水平会趋于
一致。如果今天没有移民限制，那么大概每年有 2000 万人
想要移民美国，以挣更多薪水。这种流入会降低美国的工
资，而提高其他国家的工资。

我没有时间来讨论移民限制的问题。但我想说的是，另
一种方式也可使全世界的工资水平趋于一致，可弥补无法自
由移民的缺憾，那就是资本的移民。资本家们喜欢向那些劳
动力充足且价格合理的国家转移。他们带着资本进入那些国
家，也带来了提高工资率的趋势。过去如此，将来同样也会
如此。

当英国资本首次对外投资时，比如奥地利或玻利维亚，
那里的工资远远低于大不列颠。但在这些国家中增加的投资
带来了提高工资的趋势，并扩散到全世界。举个众所周知的

例子，联合水果公司搬到了危地马拉，带来了提高工资的普遍趋势。联合水果公司提高了当地人的工资，其他老板也不得不提高工资。所以，我们完全没有必要对那些"欠发达国家"的未来感到悲观。

我完全赞同工会所说的"必须提高生活水平"。不久之前，美国出版了一本书，一位教授说道："我们现在拥有的东西已经足够了，为什么世上的人还要如此辛苦工作？我们已经拥有了一切。"我不怀疑那个教授已经拥有了足够的一切。但还有其他国家的人民，还有许多美国人，他们希望而且应当有更好的生活水平。

在美国之外——拉丁美洲，尤其是亚洲和非洲，每个人都希望看到自己国家的状况得到改善。更高的生活水平也会带来更高的文化水平和文明水平。

因此，我完全同意提高全球生活水平的最终目标。但我不同意为实现这一目标所采取的措施。什么措施才能实现这个目标呢？不是保护主义，不是干预主义，不是计划经济，当然也不是工会的暴力（委婉地称之为集体谈判，实际上是在枪口下谈判）。

在我看来，实现这一目标只有一条路！这是一种缓缓而行的方式。有些人可能会说，这太慢了。但没有通往人间天堂的捷径。它需要时间，人们必须努力工作。然而，它也不像人们想象的那么费时，最终平等化就会到来。

　　大约 1840 年，在德国西部的斯瓦比亚和福腾堡（这是当时世界上工业化程度最高的地区之一），人们说："我们永远无法达到英国的水平，英国人领先起跑，他们就将永远领先我们。"但 30 年后，英国人说："我们受不了德国人的竞争，必须想办法来对付。"当然，到了那个时候，德国的生活水平正在迅速提高，甚至已接近英国的水平。而今天，德国的人均收入已丝毫不逊色于英国了。

　　在欧洲的中部有个小国瑞士，天生资源贫乏，没有煤矿，没有矿产，也没有自然资源。但是该国的民众，一两百年以来一直奉行资本主义政策。瑞士已发展成了欧洲生活水平最高的国家，而且是世界文明的中心之一。我不认为阿根廷这样人口和面积都远超瑞士的国家如果坚持实施良好的政策，过些年不能达到同样高的生活水平。但是，就像我所强调的，必须是良好的政策。

第 06 讲
政治与观念

在启蒙时代，在北美独立的那些年以及数年后西班牙和葡萄牙的殖民地成为独立国家之时，西方社会的主流情绪是乐观的。当时，所有的哲学家和政治家都完全相信，我们将开始一个繁荣、进步和自由的新时代。那时候，人们期待新的政治制度——已在欧美的自由国度建立起来的代议制政府——会以非常好的方式运作，而且经济自由能够持续地改善人类的物质条件。

我们很清楚地知道，其中的某些期待过于乐观了。无疑，19 世纪和 20 世纪，我们经历了经济状况前所未有的进步，更多人由此能以高得多的生活水平生活。但是，我们也知道，18 世纪，哲学家们的许多愿望被彻底打碎了。他们希望不再有战争，不再有革命。这些愿望未曾实现。

19世纪，曾有一段时间，战争发生的次数下降了，也不再那么残酷。但是，进入20世纪，好战精神再次兴起；而我们完全可以说，人类不得不经历的磨难尚未结束。

始于18世纪末至19世纪初的宪政制度令人类失望了。研究过宪政问题的大多数人（也几乎是所有的作者）似乎认为，这一问题的经济层面与政治层面没有关联。因此，他们往往会详尽研究代议制政体（人民代表组成的政府）的衰落，好像这一现象完全独立于经济形势，独立于决定人们行为的经济观念。

但这种独立性并不存在。人类并不是这样一种生物：有一面是经济的，有另一面是政治的，两面毫不相干。事实上，所谓自由的衰落，以及所谓宪政政府和代议制度的衰落，就是经济和政治的观念剧变的结果。这些政治事件是经济政策变化的必然后果。

18世纪和19世纪的政治家、哲学家和法学家奠定了新型政治制度的基础。他们的指导思想假定，一国之内所有诚实的国民的终极目标都是一致的。这一终极目标就是整个国家的福祉以及其他国家的福祉，所有正直之人都应献身于此。这些道德领袖和政治领袖完全相信，一个自由的国家无意于征服。他们设想的党派斗争都是自然而然的，因为就如何最好地处理国家事务而言，存在歧见是非常正常的。

在某个问题上持相似观点的人互相合作，而这种合作就称为"党派"。但某个党派的结构不是永久的。党派的结构并不取决于个人在整个社会结构中的地位。人们如果了解到他们原有的立场是基于错误的假定，基于错误的观念，就有可能改换党派。就此而言，许多人认为竞选活动中的讨论，以及嗣后立法议会的讨论都是重要的政治因素。立法机构成员的发言不是仅被认为在向世界宣告某个政党的需求。这些发言被认为是试图让对立的团体相信，该演讲人的主张比起他们以前听到过的说法更为正确，并且更有利于公共利益。

政治演讲稿、报纸社论、小册子和书籍都是为了说服而写作的。如果某人的观点合理，我们就没有理由认为，他不能说服大多数人他的立场是完全正确的。正是出于这种观点，19世纪早期的立法机构才制定了宪法规则。

但是，这意味着政府不干预市场的经济状况，意味着全体公民只有一个政治目标：整个国家和全体人民的福祉。然而，恰恰是干预主义代替了这种社会和经济哲学。干预主义孵化出了一种非常不同的哲学。

在干预主义者的观念之下，政府有责任支持、补贴特殊集团，赋予其特权。18世纪的政治家的观念是，立法者对公利有独到见解。但是，在当今的政治生活现实中，我们所具有的以及我们所看到的是这样一种情况。实际上，没有任何例外，全世界所有资本主义国家都不再有传统的古典意义下真正的政党，只有压力集团。

压力集团是牺牲其他国民的利益而为自己谋求利益的一群人。这种特权可能是就具有竞争力的进口商品征收关税，可能是补贴，可能是禁止他人与压力集团成员相竞争的法律。无论如何都会给予压力集团的成员以特殊地位。按照压力集团的观念，给予压力集团的东西是其他团体所不能享有或不应享有的。

在美国，从前的两党制度似乎仍然得以保留，但这只是真实情况的伪装。实际上，美国的政治生活和其他所有国家的政治生活一样，都是由压力集团的斗争和意愿决定的。在美国，仍然有共和党和民主党，但是两党中都有压力集团的代表。这些压力集团的代表更感兴趣的是与对方党派中同一压力集团的代表合作，而不是与自己党派的成员一起努力。

举个例子，如果你与美国真正了解议会事务的人交谈，那么他们会告诉你："此人是代表白银业集团利益的议员。"或者，他们会告诉你另一个人代表的是小麦种植者。

当然，每个单独的压力集团肯定是少数。基于劳动分工体系，每个致力于特权的特殊团体都必然是少数。而少数团体如果不与其他类似的少数团体、类似的压力集团合作，就永远都没有机会取得成功。在立法议会中，他们试图实现不同压力集团之间的联合，由此他们可能成为多数。但是，一段时间后，这种联合可能会瓦解，因为在有些问题上，这些压力集团不可能达成一致，然后又会形成新的压力集团联合。

这就是 1871 年发生在法国的事，历史学家称之为"第三共和国的衰亡"。这不是第三共和国的衰亡，只是压力集团这种制度不能成功地运用于大国政府的例证。

在立法机构中，有小麦业的代表，有肉业的代表，有白银业的代表，有石油业的代表，但最重要的是各种工会的代表。只有一件东西在立法机构中不被代表，那就是作为一个整体的国家。只有少数几个人支持作为一个整体的国家。而所有问题，甚至包括外交政策问题，都是从特殊压力集团的角度来看待的。

在美国，一些人口稀少的州对银价感兴趣，但并不是这些州的每个人都对银价感兴趣。然而，数十年来，美国花费了纳税人大量金钱，用来在市场价格之上购买白银。还有一个例子，在美国，只有少数人从事农业，其他的人是农产品的消费者而非生产者。然而，美国的政策是用几十亿美元来维持农产品的价格高于潜在的市场价格。

不能说这项政策有利于占人口少数的农民，因为与农业相关的利益并不统一。奶农不喜欢谷物价高；相反，他们更喜欢谷物价廉。鸡农希望鸡饲料的价格低廉。农业集团中有许多不能相容的特殊利益。然而，议会政治中的精明手腕使得人数很少的利益集团能够牺牲多数人的利益以获得特权。

美国有一种情况特别有意思，那就是关于食糖的。或许500个美国人之中只有一个人希望糖价高昂，而很可能499个人都希望糖价低廉。然而，美国的政策是，借助关税和其他特殊手段来尽力提高食糖价格。这项政策不仅损害了那499个人作为食糖消费者的利益，而且对美国的外交政策造成了非常严重的影响。美国的外交政策是与其他所有美洲国家合作，而其中一些国家希望能向美国销售食糖，并且希望能销售更多的食糖。压力集团的利益甚至会决定一国的外交政策，这个例子表明了这一点。

多年来，全世界的人一直在论述民主制度——流行的代议制政府。他们抱怨其不足之处，但是他们所批评的民主制度只是干预主义成了治国之策的民主制度。

如今可能会听见人们说："19世纪早期，在法国、英国、美国和其他国家，立法机构里的演讲与人类的重大问题相关。人们反抗暴政，为自由以及与其他所有自由国家的合作而奋斗。但是，在现在的立法机构里，我们更加务实了。"

当然，我们更加务实了。现在的人不谈自由：他们谈的是要求花生涨价。如果这是务实，那么立法机构当然变化显著，但并没有取得进步。

这些由干预主义带来的政治变化已经明显地削弱了国民和代表们的力量和用以抵抗独裁者野心和暴君行径的力量。立法机构的代表们唯一关心的是满足投票者的愿望，比如，要求食糖、牛奶和黄油价高，要求小麦价廉（由政府补贴）。这些代表很难代表人民，他们根本代表不了全部选民。

赞成这些特权的选民没有意识到，还有需求相反的对手会阻止他们的代表取得完全的成功。

一方面，这种制度还导致了公共开支持续增加；另一方面，这种制度让征税更为困难。这些压力集团的代表想为他们的压力集团争取特权，却不想让支持者承受太重的税收负担。

立法者不代表整个国家，只应代表选举他的地区的特殊利益，这不是 18 世纪现代宪政政府奠基者的观念，这是干预主义的后果之一。最初的观念是，立法机构的每个成员都应代表整个国家。他由某一特定地区推选，只是因为他在那里为人所知，对他有信心的人选了他。

但这并不意味着他进入政府是为其选民谋求特殊利益的，也不意味着他会要求建新学校、新医院或新精神病院，这会导致他所在地区的政府开支明显增加。压力集团政治说明了所有的政府几乎都不可能停止通货膨胀的原因。一旦当选官员试图限制花销，限制开支，支持特殊利益的那些人，即从预算的特别项目中获利的人，就会宣称这个项目启动不了，或者那个项目必须得实施。

当然，独裁绝不是经济问题的解决方案，正如独裁不是自由问题的解决方案一样。一个独裁者起初或许会做出各种承诺，但作为独裁者，他不会遵守诺言。相反，他会立刻压制自由言论，于是，几天、几个月或几年以后，报纸和立法机关的演讲者就无法指出，他在独裁开始时所说的与他后来所做的不一致。

我们看到今天在许多国家中自由的衰落，想到的是德国这么大的一个国家在不久的过去所经历的可怕独裁。结果，现在人们在谈论自由的衰退和文明的衰落。

人们说，一切文明最终必然毁灭和崩溃。这种看法有一些著名的支持者。其中之一是德国教师斯宾格勒（Spengler），而另一位更为出名，即英国历史学家汤因比。他们告诉我们，我们的文明现已衰老。斯宾格勒将文明比作不断生长的植物，但其生命最终会走到尽头。他说，文明也是如此。但是，将文明喻为植物完全是想当然。

首先，在人类的历史中，人们非常难以区分不同的独立文明。文明不是独立的，而是共生的，相互之间不断影响。

因此，人们不能像谈论某株特定植物的死亡那样谈论某个特定文明的衰落。

但是，即使你驳斥了斯宾格勒和汤因比的学说，仍然有一种非常流行的对比，即衰亡文明之间的对比。无疑，公元2世纪，罗马帝国培育了一种非常繁荣的文明，在其统治的欧洲、亚洲和非洲地区，有非常发达的文明。基于一定程度的劳动分工，这些地区也有水平很高的经济文明。虽然与我们今天的状况相比，它看起来相当原始，但它无疑是引人注目的。其劳动分工程度达到了现代资本主义之前的最高水平。同样无疑的是，罗马文明崩溃了，特别是在3世纪。罗马帝国内部的这种崩溃，使其不能抵抗外部的侵略。虽然比起罗马在之前各个世纪反复抵挡过的侵略，这次的侵略并不算更严重，但在罗马帝国内部出了事之后，罗马再也无力抵抗。

出了什么事？有什么问题？是什么导致了一个在各个方面都达到了18世纪之前的最高文明程度的帝国的崩溃？真相是，摧毁这个古代文明的东西与威胁到我们今天文明的危险很相似，几乎一模一样：一是干预主义，二是通货膨胀。罗马帝国存在干预主义的事实是，罗马帝国沿袭之前希腊的政策，没有放弃价格管制。这种价格管制是温和的，实际上没有产生任何后果，因为几百年来，它都没有试图把价格压到市场水平之下。

但是，当 3 世纪通货膨胀开始时，可怜的罗马人还未拥有我们实施通货膨胀的技术手段。他们不能印钱，只好降低硬币的成色，这比起现代的通货膨胀制度逊色多了。现在的制度凭借现代化的印钞机，就能轻而易举地毁灭货币的价值。但那在当时也够用了，它产生了与价格管制相同的效果，因为官方所能接受的价格现在已经低于各种商品因通货膨胀所造成的可能价格了。

当然，其结果是城市里的食品供应减少。城市里的人被迫回到乡下重新务农。罗马人从未认识到事情的原委。他们不能理解。他们尚未发展出思维工具来解释劳动分工的问题和通货膨胀给市场价格带来的后果。当然，他们清楚地知道，通货膨胀、货币贬值是坏事。

于是，皇帝通过立法来制止这一趋势。法律阻止城市居民移居乡下，但这种法律没有效果。由于城里的人没有东西吃，他们快饿死了，任何法律都阻止不了他们离开城市去务农。城市居民不能再作为工匠从事城里的加工业。而且，随着城市里的市场消失，人们也买不到任何东西了。

于是，我们发现，从 3 世纪起，罗马帝国的城市逐渐衰落，劳动分工也不像从前那么密集了。最后，中世纪自给自足的家庭体系出现了，后世法律称之为"庄园"（villa）。

因此，如果人们将我们今天的状况与罗马帝国相比，认为"我们将重蹈覆辙"，那么他们这样说是有些道理的。他们能够发现某些类似的事实。但二者之间也有巨大的差异。差异不在于 3 世纪下半叶主导性的政治结构。当时，平均每三年就有一个皇帝被暗杀，而杀害他的人或导致他死亡的人会成为继任者。平均三年后，新皇帝身上又会发生同样的事。284 年，戴克里先成为皇帝，他一度试图阻止衰败，但未能成功。

如今的状况与罗马当时主流状况的巨大差异在于，导致罗马崩溃的措施并不是有预谋的。我要说，它们不是那些应该被谴责的正规学说的后果。

然而，相反，现代干预主义、计划经济和通货膨胀的观念，都是由学者和教授编造成正式学说，在学院里讲授的。你可能会说："那今天的情况更糟糕。"我会回答："不，并不更糟。"就我看来，情况更好一些，因为这些观念可以被别的观念击败。在罗马皇帝的时代，政府有权决定最高限价，没有人怀疑这是个好政策。没有人对此有争议。

但是，由于我们有学校、教授和书籍推荐这种政策，我们非常清楚地知道这是有争议的问题。所有让我们现在受害的糟糕观念，也就是使得我们的政策如此有害的观念，都是由学术理论家们发展而成的。

一位著名的西班牙学者①谈到"群众的反叛"（the revolt of the masses）。我们在使用这一术语时必须非常小心，因为这种反叛不是由群众造成的，而是由知识分子造成的。发展出这些学说的所有知识分子都不是来自群众。

发生在现代社会的一切事情都是观念的结果，不管是好事还是坏事。我们需要与坏观念作斗争。我们必须与公共生活中所有我们厌恶的东西作斗争，以好观念取代错误观念。我们必须驳斥主张工会暴力的学说，反对没收财产、管制价格、通货膨胀以及让我们受害的所有邪恶之事。

只有观念能够照亮黑暗。这些观念必须以令人信服的方式介绍给大众。我们必须让他们相信，这些都是正确的观念，而非错误的观念。19世纪的伟大时代是古典经济学家亚当·斯密、李嘉图、巴斯夏和其他人的观念的产物。

我们所要做的一切不过是以更好的观念来取代坏的观念。我希望且相信，年轻一代会做到这一点。我们的文明并非如斯宾格勒和汤因比所说的那样注定灭亡，我们的文明将会且必须生存下来。比统治现在世界大部分地方的观念更好的观念，会让我们的文明生存下来，而年轻一代会发展这些更好的观念。

---

① 何塞·奥尔特加·伊·加塞特（José Ortega y Gasset）。

50 年前，世界上几乎没人有勇气开口支持自由经济，但现在，至少在世界上的某些先进国家，一些机构成了宣传自由经济的中心，比如阿根廷的经济自由传播中心，它邀请我来到布宜诺斯艾利斯这个伟大的城市说上几句。我认为，这是一个非常好的迹象。

关于这些重要的问题，我不能详谈。六次讲座对听众来说或许很多了，但尚不足以建立自由经济制度的完整学说，当然不足以驳斥过去 50 年间就我们所讨论的经济学问题写成的所有谬论。

我非常感谢经济自由传播中心让我有机会面向如此优秀的观众演讲，我希望未来几年，阿根廷以及其他国家支持自由经济观念的人数会显著增加。

第四部分

货币与通货膨胀 ①

第01讲
人类合作

　　人类的合作不同于人类出现之前在动物王国中发生的活动，也不同于原始时代孤立的个人或群体之间的活动。人类区别于动物的特殊能力是合作能力。人会合作。这意味着，在他们的活动中，他们预期他人的活动将做成某些事情，以此实现他们自己的工作想要达到的目标结果。在市场这样的一种状态下，我给你一些东西，以求从你那里得到一些东西。我不知道你们有多少人了解拉丁语，不过，多年以前就有一个拉丁语的表述，这是对市场最好的描述："我给了你，你也得给我。"（do ut des）我贡献了某种东西，是为了让你也得贡献另一种东西。由此发展出了人类社会、市场、个人之间的和平合作。社会合作意味着劳动分工。

社会中不同的成员、不同的个人，都不会只过自己的生活，而不参考他人或不与他人联系。由于劳动分工，我们通过为他人工作与他人建立联系，也通过接受并消费他人为我们生产的东西与他人建立联系。因此，我们有一种交换的经济体，包含许多个人之间的合作。每个人都在生产，不仅为自己生产，也为他人生产，希望他人也为自己生产。这个体系需要交换行为。

和平合作是人类和平取得的成就，在市场上发挥作用。合作必然意味着人们交换服务和商品（商品是服务的产物）。这些交易产生了市场。市场就是人们生产、消费、决定要生产什么的自由，包括以什么数量和质量生产以及向谁出售这些产品。没有市场，这种自由体系不可能存在，这种自由体系就是市场。

我们认为，人类制度要么是市场，即个体之间的交换；要么是政府，在许多人心目中，政府是优于市场的一种制度，可以在没有市场的情况下存在。事实是，政府不能生产任何东西。所有被生产出来的东西都是由个人活动生产的，并在市场上用以交换某种东西。

重要的是，要记住，人们所做的一切，社会所做的一切，都是这种自愿合作和协议的结果。人们之间的社会合作——这就是市场——带来了文明，也带来了我们今天所享受的所有人类状况的改善。

第 02 讲
交换媒介——货币

　　货币的定义非常简单。货币是市场上通用的交换媒介。货币作为交换媒介，是个人为了便于商品交换而选择的东西。货币是一种市场现象。这意味着什么呢？这意味着货币是在市场上发展起来的，其发展和运作与政府、国家无关。

　　市场发展了所谓间接交换的方式。如果某人在市场上无法通过直接交换即通过以物易物的方式获得他想要的东西，他就会选择将其换成别的东西——一种被认为更容易流通的东西。他期望得到这种东西后，可以将其用来交换自己真正想要的东西。市场、市场上的人、组织劳动分工的人，以及产生了让某些人生产鞋子而另一些人生产大衣的这套体系的人，带动了间接交换的制度：大衣可以与鞋子交换，但实际上是基于二者重要性和价值的差异，以货币为媒介进行的。因此，市场制度可以让那些如今在市场上无法获得他们想购买的商品的人，能够在交易中得到一种交换媒介——交换媒介比他们拿到市场上贸易的东西更常用。通过这种交换媒介，交换的发起者可以获得他们想要消费的东西，最终得到满足。

货币之所以成为交换媒介，是因为人们将它当作交换媒介。人们不会把货币吃下去。人们需要货币，因为他们在新合同中将货币支付出去。这种易物方式或贸易只有在存在交换媒介——货币可用其换取他所需要的东西的情况下，才有技术上的可能。市场上发生的所有的相互给予，所有这些促使货币发展的相互交换，都是个人自愿达成的。

经过漫长的演变，政府或者某些政府团体推广了这样的观念：货币不仅仅是市场现象，还是政府所谓的货币。但货币并非政府所说的那样。货币的概念在于它是一种交换媒介。某人在卖东西时，如果不能立即换到他想要消费的东西，就会得到另一种东西。他可以在以后将其用来交换他想要的东西。"另一种东西"就是一种交换媒介，因为卖方（比如出售鸡或鸡蛋的人）不能直接获得他想要消费的东西，而必须接受另一种他以后用以换取所需物品的东西。

如果人们说货币不是世界上最重要的东西，那么从支配人类事务的行为的观念来看，他们可能是完全正确的。但是，如果他们说货币不重要，那就是他们不了解货币的作用。货币，即交换媒介，让每个人能够通过反复的交换获得自己想要的东西。他可能无法直接获得自己想要消费的东西。但是，货币通过其他的交换行为，使个人更容易满足自己的需求。换句话说，人们首先将他们的产品换成一种交换媒介——比他们的产品更容易交换的东西，然后就能通过后续的交换获得他们想要消费的东西。这就是货币为经济体系提供的服务：让人们更容易获得自己想要和需要的东西。

第03讲
法院和法官的功能

当局对市场和货币的干预，只发生在个人不打算履行其自愿承诺的情况下。在为自己选择了工作领域之后，一个人必须交易自己生产的东西来生存，以获得生活所需。如果交换行为并非每个人都同时交付和接受合同约定的货物和服务，问题就会出现。交付的东西和接受的东西在价值和意义上从来都不相等，也不会完全相同，不仅是交换商品的大小和质量不同，而且更重要的是，进行交换的时间不同。

如果人们签订了一份合同，双方都决定必须立即做某件事，那么通常双方之间不会有任何分歧。双方放弃了某种东西，然后立即获得了他们想要的东西。整个交易过程就这样结束了，没有更多的后果。但大多数交易不是这样的。事实上，在许多交易中，双方不必立即交付他们应交付的东西。如果合同或交易的当事人想推迟合同的结算和执行，他们就可能产生意见分歧。某些意见分歧非常严重，涉及一方或另一方贡献的正确性。从律师和经济学家所用的更抽象的语言翻译过来，这就意味着，如果一个人与另一个人签订了一份合同，他承诺在以后的某天做某事，那么可能会出现的问题是，当那一天到来时，该承诺是否真的按照合同的条款正确地履行了。

　　货币是一种交易媒介，是从市场中形成的一种现象。货币是历史演变的结果，在千百年的过程中，通过交换媒介的中介产生了交换的运用。货币是普遍接受和使用的交换媒介，它不是由政府创造的，而是由市场上进行买卖的人创造的。但如果人们不遵守他们自愿接受的协议，政府就必须进行干预。政府在进行任何干预之前，必须确定是否真的存在对自愿签订的合同的违反情况。这种合同是协议的结果，如果人们不遵守他们的承诺，国家就必须进行干预，以防止个人诉诸暴力。政府有义务保护市场免受那些不想履行他们在市场中必须履行的义务之人的影响，这些义务包括支付一定金额的货币的义务。如果有人因为其他人没有遵守自愿接受的协议而要求政府干预，那么政府、法院、法官就有责任决定什么是货币以及什么不是货币。而现在，政府所做的，也就是几千年来政府所做的，我们可以说，是滥用这类情势赋予它们的地位，将不是货币的东西或者单位购买力较低的东西宣布为货币。

市场是真正的和基本的社会制度，但它有一个可怕的弱点。其弱点不在于市场制度，而在于在市场上进行运营的人。有人不愿遵守市场的基本原则——自愿达成协议并依据协议行事。有人诉诸暴力，还有人不遵守他们自愿与他人约定的义务。如果没有一种制度来保护市场免受那些诉诸暴力或不准备遵守自愿接受的义务的人的伤害，那么市场这种基本的人类社会制度就不可能存在。这种制度就是国家，就是国家的警察权力，即诉诸暴力以防止他人诉诸暴力的权力。

现在，暴力是坏事。在某些情况下，暴力是必要的，比如在解决有关合同争端方面必不可少。但这不会让实施暴力的制度成为一种好制度。然而，在整个世界范围内，或多或少都存在这种观念。一方面，政府，即诉诸暴力的机构，是伟大的、好的；另一方面，市场是自愿的社会合作制度，尽管可能是必要的（虽然大多数人甚至没有意识到这一点），却不一定被认为是好的。

人的行动所达到的一切成果，都是人类自愿合作的结果。政府所做的，或者说，政府应该做的，是保护这些活动免受不遵守规则的人的侵害，这些规则对保护人类社会及其所产生的一切而言是必需的。事实上,政府的主要职能,甚至可以说唯一的职能是,通过防止人们诉诸暴力来保护人们之间的自愿行动或合作。政府与交换媒介的关系,只是为了防止人们拒绝遵守所做出的承诺。这不是建造某种东西的功能,而是保护那些正在建造某种东西的人的功能。

难缠的人有时会不履行他们在市场协议下的义务。简单地说,某人订立了一项协议,但这个人没有遵守该协议规定的义务。那么,人们就有必要诉诸政府行动。如果协议的另一方说:"是的,我知道。我根据协议从你那里得到了某些东西,我也必须给你某些东西作为交换。但我不会给你。我是坏人。你能怎么样?你只能忍气吞声。"你该怎么办?也有可能那个过些时候必须交货的人说,"对不起,我不能交货",或者"我不会交货"。这会导致整个建立在个人自愿行为基础之上的交易体系崩溃。

例如,如果某人在合同中提出,他会在三个月后交付土豆,那么他在交货时可能会出现问题,他交付给买家的是否是合同中所指的土豆。应当要交付土豆的一方可能交付了另一方认为不是土豆的东西。然后,另一方说:"当我们订立关于土豆的协议时,我们想的是另一种东西。我们想到的东西品质与这些土豆不同。"那么,查明这些有问题的土豆是否真的是缔约双方所理解的"土豆",就是政府的职责,也就是政府为此任命的法官的职责。它们不能是不可食用的，必须具有某种性质，必须是商用意义上的土豆……从植物学教授的角度来看，它们可能是土豆；但从商人的角度来看，它们不是土豆。在世界各地，这是贸易习惯决定的事情。法官不可能熟悉世界上所发生的一切，因此，他经常需要专家的建议。专家必须说明，所涉及的土豆是否真的应该被视为协议中所指的那种土豆。然后，法官要做的工作就是，考虑专家的建议，并确定交付的东西究竟是土豆还是别的东西。

我们已经看到，关于产品（比如土豆）的协议或者类似的任何产品（比如小麦）的协议可能会被违反，这些协议通常是以交易媒介（一般称为"货币"）为中介在市场上进行交易的。这是在商品方面。而在货币方面，协议也有可能被违反。这意味着，合同双方可能会出现与履行合同而必须支付的货币相关的冲突或意见分歧。于是，政府或者法官，必须确定在该案中以货币的名义提交的东西是不是真的就是人们在签订合同时所想的货币。政府没有直接参与货币的发展。在货币方面，政府的任务仅仅是监察人们履行他们涉及货币的合同条款。就像法官可以说明什么是或者什么不是合同中的"土豆""小麦"一样，在特定的情况下，为了维护国家的和平状况，法官必须确定合同双方提到"货币"时的含义。人们用什么作为交换媒介？他们在合同中写道："当你履行承诺，我将付给你一定单位的'货币'时，他们想的是什么？"这个单位无论是美元、塞勒、马克还是英镑都无妨，政府要做的是查明合同的含义是什么。这是政府必须确定的。政府没有权力把当事人在签订合同时并不认为是货币的东西称为"货币"，就像它没有权力把非土豆的东西称为"土豆"，或者说，把一块铁称为"铜"那样。并不是由政府来规定货币最初是什么；它只不过必须说明，在发生冲突的合同中，"货币"的含义是什么。我之所以说这些，是为了指出，今天人们似乎不知道的一点，即货币并非政府创造的。今天的人们不知道这一点，因为关于市场和货币的中央集权思想已经毁掉了货币是如何创造的知识。

只有在处理合同的金钱义务是否履行的问题时，政府或者说法官，才能对货币发表意见。政府最初只是通过这种方式与货币发生联系，就像它与其他东西（比如土豆、小麦、苹果、汽车等）发生联系一样。因此，认为货币是政府衍生而来的，政府享有货币的主权以及政府可以决定什么是货币的观点都是不正确的。认为政府与货币的关系不同于它与其他事物的关系，这也是不正确的。货币是市场协议的产物，就像交换协议涉及的其他任何东西一样。

如果某位法官说，政府说什么是马，什么就是马，而且政府有权指鹿为马，那么每个人都会认为他要么是腐败的法官，要么疯了。然而，在漫长的演变过程中，政府已经将政府必须解决合同中提及的"货币"含义的争议的情况转变为另一种情况。几个世纪以来，许多政府以及许多法律理论都产生了这样的学说，即货币（大多数交易协议的一方面）就是政府所称的货币。各国政府假装有权按照这一原则行事，即宣称任何东西都是"货币"，哪怕只是一张纸。这就是货币问题的根源。

只要政府、法官或执法者是站在你这边的，你就可以对货币做任何事，比如伪造货币，贬值货币，想怎么做就怎么做。因此，一种大家熟知的制度发展起来了。政府擅自认为宣称什么是货币并制造这种货币，就是政府的权利、义务和特权。这种制度产生了这样的情况，即政府可以做任何想做的事，任何可以用货币做的事。这又造成了一种情况，即政府利用其权力印刷和铸造货币，以增加政府在市场上出现时的手段，即购买力。

第 04 讲
黄金作为货币

　　现在，我们必须认识到，在历史上，世界各地的人最初都使用某种特定类型的商品作为交换媒介。有时你会在一些书中发现，不同国家在不同时期使用什么样的商品作为一般的交换媒介——货币。人们曾经选择各种各样的商品作为交换媒介——买卖双方的中介。他们选择的这些商品都是数量有限的商品。如果某种东西有足够多的数量，可以满足所有可能的需求，或者其数量可以增加到满足所有可能的需求，那么它就没有任何交换价值。只有数量有限的东西才具有交换价值，才能被人们认为有价值。

　　经历了许多世纪后，交易者们在各种各样的物品中淘汰了其他一切作为交换媒介的东西，直到只剩下了贵金属——

黄金和白银。所有其他作为交换媒介的商品都消失了。当我说其他东西不再被用作货币时，我指的是人们在订立协议时把它们取消了；人们在签订协议时，拒绝用其他东西作为交换媒介，转而只使用黄金和白银；人们在与其他人交易时，在合同中指定黄金和白银。因此，我们必须认识到，这种金银货币的演变过程是由私人交易造成的。在过去的几个世纪里，白银作为交换媒介也消失了，最后留下的是商品黄金被用作交换媒介。政府的功能包括生产小块的这种交换媒介，其重量和含量由政府机构确定，并得到法律和法院的承认。我无法探究货币的全部历史，但其结果是金本位制。金本位制或者说金汇兑本位制，实际上是世界上唯一的货币制度。这不是由政府完成的，而是通过市场完成的，是由市场上的交易各方完成的。

在货币的历史上，也就是当局试图破坏货币的历史上，我们必须区分两大时期。这两大时期不是因某种货币上的事实或某种特定的货币问题而彼此分开的，而是因15世纪一位名叫古腾堡（Gutenberg）的人的伟大发明而彼此分开的。如果当局需要更多的货币（他们始终需要更多的货币，因为他们不赚钱），那么自古腾堡以来，他们增加货币量的最简单的方法就是印钱。

就像当局说的"美元"一样——但我们不要用这个词，

这是某国现实中还在运作的货币名称，让我们说"达克特"（ducat）[①]。你们约定了一定数量的达克特。然后，因为当局不想限制自己的开支，所以当局宣布："我在政府当局印刷厂里印出来的东西就是达克特，与黄金达克特是一样的。"当当局授予私人银行特权时，这种事就开始有了。在你签订协议时，达克特指的是一定数量的黄金。但当局现在说达克特是别的东西。当局这样做，就好像你同意给另一方交付一匹马，但你交付的不是马，而是一只鸡，并说："这没有问题……我说这只鸡就是一匹马。"就是这种制度破坏了市场。

　　我想谈谈最初采用金本位制的理由，以及为什么今天金本位制被认为是唯一真正健全的货币制度。这是因为黄金本身决定货币单位的购买力，不受政府和政党观念变化的影响。黄金有一大优势：它印不出来，不能随意增加。如果你认为自己或与你相关的机构的金币不够，那么你完全做不到以简单而廉价的方式增加金币的数量。金本位制之所以存在，之所以被接受，是因为增加黄金的数量需要成本。黄金是受限的，受自然的限制。生产额外数量的黄金并不比通过市场上的交易获得同样数量的黄金便宜。这意味着金属黄金被用作交换媒介。

[①] 达克特是旧时欧洲各种金币或银币的名称，尤其在意大利或荷兰使用。——译者注

　　政府和政府学者们取笑世界各国都把黄金视为货币。他们说了很多反对金本位制的东西。但他们说什么不重要。重要的是，在没有任何中央当局干预以及没有任何政府行动的情况下，个人通过市场的交易过程选择黄金作为"货币"。人们取笑黄金没用。他们说，它只是一种滑稽的黄色金属，又不能拿来吃。只有牙医或不重要的东西（比如珠宝等）才用得到黄金。有人会说："为什么是黄金？为什么要用这种黄色金属作为货币？把黄金留给牙医吧！不要将它用于金钱目的。"我无权谈论牙医。我提到牙医只是为了举例说明。牙医是否想要黄金是另一个问题。凯恩斯勋爵称金本位制是"野蛮的遗迹"（barbarous relic）。许多书上说政府不得不介入，因为金本位制失败了。但金本位制并没有失败！政府废除了金本位制，规定持有黄金是非法的。但直到今天，所有的国际贸易都是用黄金来计算的。批评者在反对金本位制时没有有效的论点，因为金本位制可以运转，而政府的纸币本位标准运转不了，甚至以政府自认为满意的方式也不能运转。

　　这种黄金货币体系的优势也是每种非政府货币体系的优势，就是货币量的增加不取决于政府的决定。金本位制的优势在于，可得到的黄金数量独立于各国政府的行动、愿望、项目以及我想说的"罪行"。黄金可能不是理想货币，当然不是，现实世界中没有理想的货币。但我们可以用黄金作为交换媒介，因为黄金的数量基本上是有限的，而生产额外数量的黄金所需的支出，对现有黄金购买力的影响，在很大程度上不会超过日常生活中各种东西会反复发生的购买力变化。因此，我们可以凭借黄金货币体系而生存。有了黄金货币，就不会引发价格大变革的危险。金本位制的优势不在于黄金是黄灿灿的、光闪闪的、沉甸甸的，而是因为生产黄金就像生产其他所有东西那样，取决于那些不能被当局操纵的参与者，当局不能像操纵纸币的生产那样操纵他们。当政府打印一张纸时，在同样的一张纸上打印"100"这个数值并不比打印"10"或"1"的成本更多。而市场的形势、所有人类交易的形势以及整个经济系统都被当局破坏和摧毁了，如果当局认为通过增加政府所谓的货币的数量来增加货币量是可取的话。

货币危机是当今世界面临的货币问题，因为当局认为他们在货币方面可以为所欲为。不仅个人有时不履行自己所做的承诺，当局也是如此。他们几乎用尽了所有可能的方法，试图避免必须支付他们所承诺的款项。这就是我们现在面临的问题。

法币的立法规定，任何人都不能拒绝接受纸币。有些人将黄金条款写进合同，试图保护他们免受"法币法"的影响，因为"法币法"会强迫他们接受纸币。举个例子，欧洲有一个国家，这是一个非常好的国家，有着伟大的历史，即使在今天仍被认为是世界上最文明的国家之一。我不想说出这个国家的名字，就让我们称它为"乌托邦"吧！[1]该国发行了一笔公共债券。债券的每一页上都写着："本政府承诺支付乌托邦的金币，即本国铸造的一定数量的金币，或该数量的黄金，或等量的可以黄金赎回的美元（根据麦金利标准）。"购买该债券的人看到此条款，可能会说："我真的受到了保护，不会发生任何事故。过去曾发生某国支付的黄金重量与其承诺支付的不同。但现在我不仅得到了以黄金支付的承诺，还拥有了选择的权力。我可以要求支付乌托邦的国家货币或等值的可用黄金赎回的美元。"然后，美国于1933年改变了黄金的"价格"，大家都知道，美国降低了黄金与美元的比率。1935年，美国最高法院裁定，由于债券持有人收到的付款是法币，他们不能表明遭受了损失，也不会得到黄金付款。[2]于是，乌托邦国家就说："我们也接受这个新

---

[1] 在另一次演讲中（1953年4月30日纽约大学的研讨会），米塞斯没有这么谨慎，他说出了这个他所讨论的发行债券的国家是瑞典。——原编者注

[2] 在1935年2月18日的"黄金条款案件"中，美国最高法院的大多数法官认为原告并没有因为黄金条款的废除而受到伤害，因为他们没有证明他们在购买力方面遭受了损失。——原编者注

'价格'。根据美国新法律，我们将向债券持有人支付较少数量的黄金，而在我们向你出售债券并承诺兑付时，这部法律还不存在。"这意味着，今天，当局关于货币的权利被认为相当特殊，是不受市场经济一般条款和惯例约束的权利。这正是我们现在面临货币问题的原因。

所有这一切之所以可能发生，是因为政府是决定公民之间协议的含义的机构，是决定这些协议的内容的机构。根据政府的宣告，政府有权强制那些不遵守协议、不支付必须支付款项的人。而且，与政府承担的责任一样，法院必须有权力宣称，当事人是否遵守了他们之间达成的协议。因此，政府认为，只有政府有权宣布什么是货币以及什么不是货币。就像法院必须确定协议各方就合同中提到的某物是否存在冲突那样，比如是羊毛或者不是羊毛，当局也认为，他们必须宣布某物是不是一定数量的货币。就这样，一次又一次，当局摧毁了全世界的市场。当局不仅摧毁了市场，甚至彻底摧毁了货币体系，因此必须发展出一种新的货币体系。

我们必须认识到：人类每一种安排都以某种方式与货币支付相关。因此，如果你摧毁了一个国家或整个世界的货币体系，那么你摧毁的就不仅仅是这一个方面。当你摧毁货币体系时，你也在某些方面摧毁了所有人际关系的基础。如果我们讨论货币，那么我们讨论的是一个当局在做最坏的事情的领域：破坏市场，破坏人类合作，破坏所有人与人之间的和平关系。

事实是，有了金本位制，就有可能拥有一个当局无法摧毁的货币本位。没有理由让当局在货币问题上拥有更大的影响力。如果说黄金恰好是黄金而不是什么别的东西来服务这种货币目的，这只是一种巧合，虽然这种说法是绝对正确的，但事实是，在金本位制下，当局不可能摧毁货币体系。另外，对政府来说，最容易的事莫过于摧毁建立在对当局过于信任的基础上的货币体系了。

第 05 讲
黄金的通货膨胀

金本位制的发展是出于偶然——地质上的偶然，我想说的是，黄金的储量是有限的。因为黄金的数量有限，所以它在市场上有价值，我们可以把它当作货币。关于货币的主要问题是，怎样限制它的数量，怎样才能不增加它的数量。

你知道，即使有了金本位制，黄金的数量也会增加。在过去的 200 年间，这种情况一再发生，由于发现了新的金矿，金矿可以生产更多的黄金，每单位黄金的购买力就略有下降。而如果没有这种新发现，每单位黄金的购买力就会保持不变。这种价格上涨的趋势不仅是由纸币数量的增加产生的，也是由贵金属数量的增加产生的。例如，1848—1849年，人们在美国加利福尼亚州和澳大利亚发现了黄金。在一段时期内，新增的黄金数量高于黄金产量的每年固定增量，这些黄金流入了市场。很多人涌入这些金矿，试图开采黄金，而当他们确实找到黄金时，他们就将黄金花掉了。因此，结果是，这些采矿者从市场上拿走了比以前更多的产品。

例如，有一个穷人，他以前不怎么消费，后来去了美国加利福尼亚州或澳大利亚，并成功地开采到了一些黄金，他就可以用他的黄金买东西，从而过上非常舒适的生活。在很短的时间，比如几个月或几年，加利福尼亚州就出现了一些城镇，采矿者在那里过着非常惬意的生活。采矿者用黄金换取了实物。而此前不久，在除了森林和沼泽什么都没有的地方，却有了城市、房屋、家具和进口的香槟酒。这些东西从何而来？来自世界其他地方。而在世界上的其他地方，商品和服务的生产者和供应商，用采矿者购买的东西换到了什么呢？更高的价格！当然，他们得到了黄金，但他们必须支付更多才能买到他们想买的东西。这些黄金大发现的影响是，每一块黄金的购买力比没有发现黄金时降低了。如果你愿意的话，那么你可以称之为"通货膨胀"，它带来的影响类似于纸币的通货膨胀。

也就是说，19世纪中叶，新的黄金发现带来了当时人们所认为的价格革命之类的东西。但是，新增货币（黄金货币）的生产是受限的，它对整个世界的大市场几乎没有任何可测量的影响。当时使用中的唯一真正货币就是黄金货币，或者可以赎回为（兑换为）黄金的纸币，让你有权获得一定数量货币（黄金）的纸币，而随着黄金数量的增加，它的购买力就会下降。为了保持秩序，调整是必要的。但购买力的下降有限，因为新增的黄金很快就融入了整个货币体系，货币量没有进一步的惊人增长。现在这些黄金的发现都是例外情况，我们无须对付它们。

人们可能会拿金本位制开玩笑，建议应该把黄金留给牙医，认为黄金作为货币完全没有必要，而且将黄金这种需要高昂成本生产的东西用作货币是在浪费金钱和劳动。但是，金本位制有一个品质和优点。黄金不能印出来，也不能由任何政府委员会、机构、办公室、国际机构等以更便宜的方式生产出来。这是实行金本位制的唯一理由。人们一次又一次地尝试，希望找到某种方法，以其他方式来替代黄金的这些品质。但是，所有这些方法都失败了。而且，只要政府坚持这种观念，即政府如果没有筹集到足够的资金来支付其开支，如果不能通过向公民征税或从市场上借贷来筹集足够的资金，就可以通过印钞来增加货币量，只要政府认为这样做没什么不好，那么所有这些方法都将永远失败。

现在有一种学说认为黄金数量不足。这些批评者反对金本位制，因为他们相信货币量必须增加。现在，货币量必然会通过价格来自我调整，以适应公众的需求。然而，有些学者、教授、教科书作者告诉我们，货币量不够，他们建议发行纸币，并且每年定量增加货币。他们不知道自己在说什么。有些教科书作者在其每一版的新教材中都会希望货币每年增加一个百分比。在某个教材的版本中，他们说这一比例是 5%；在下一个版本中，他们说这一比例是 8%；等等。假设有位教授说，我们应该有一种纸币，每年政府应该按 5%、8% 或 10% 增加新货币，他没有完整地描述为什么必须这样做。这也许是一个有趣的事实，可以帮助我们认识这些作者的心态，但这不是我们必须处理的问题。问题是，政府应该怎样让这些货币进入流通领域，应该将新增货币给谁。我们必须认识到，对不同的个人情况而言，货币量的增加不可能是中性的。

当然，人们会感到不解的是，除了使用某种确定的金属（黄金）之外，为什么没有其他方法来组织交易系统。有人可能会问："如果世上根本没有黄金，会发生什么？"或者，有人可能会问："如果有一天，人们发现了一种方法，能够以非常低廉的成本生产黄金，而黄金的价格低到不能再用于货币目的，那么会发生什么？"今天没有人能对此说些什么，我对这个问题的回答是："如果真的发生了这种情

况，再来问我。"或许（我不知道，也没有人知道），有一天
人们会发现一种从无到有生产黄金的办法，或者点石成金的
办法。也许黄金会变得像空气一样丰富，每个人都可免费获
得黄金。如果每个人想要多少黄金就有多少黄金，那么黄金
在市场上就没有价值了。那么，就没有人愿意用这种没有价
值的商品来交换其他商品或服务，黄金也就不会成为"交换
媒介"了。如果你晚上失眠，又没有其他事情可想，那么你
可以想象在这种情况下会发生什么：如果某天黄金可以以一
种廉价的方式生产，比如就像今天生产纸张这么廉价。这有
可能发生！但没有人认为这会发生。这很可能不会发生。但
如果真的发生了，人们就不得不处理这种新的问题。也许他
们会解决这个问题，也许他们解决不了，我们今天还不知
道。但是，如果这真的要发生，现在去推测会发生什么也没
有用。因为我们对那时的情况一无所知，我们可以说："让
我们等待吧。让我们拭目以待，看看是否真的有一天，黄金
会变得如此丰富，以致不能再充当货币了。"好吧。如果这
种情况发生了，那么，那时的人们将有一个问题要解决。但
今天我们有另一个问题要解决。我们的问题是不让货币量增
加，不让货币购买力因通货膨胀而下降。

第06讲
通货膨胀

在解释货币问题时，我们必须教给每个人的第一条规则或唯一一条规则是，货币量的增加会给团体、人民、社会、国王和实施此举的国王和皇帝带来暂时的改善。但是，如果是暂时的改善的话，为什么只在今天做，而不在明天重复做呢？这就是唯一的问题，通货膨胀的问题。

问题不是增加货币量。问题是增加可以用货币购买的东西的数量。如果你增加货币量，却没有增加可以用货币购买的东西的数量，你增加的就只是支付的价格。随着时间的推移，如果货币量的增加持续，整个体系就会变成毫无意义的体系，而且真的没有任何办法来处理。

不幸的是，我们就生活在这样的时期：许多政府说，如果政府没有足够的货币用于开支，如果政府不想征税，因为人们不想为政府的这个目的纳税，那么政府就增加一点纸币，不是很多，只是一点点。我想从另一个角度来抨击这个问题，我说："在这个世界上，没有什么比印出来的纸片更不适合充当货币的了。"没有比这更便宜的东西了。实际上，我们不得不说，当局正在通过摧毁货币体系来破坏整个市场经济的制度。人们可以比较印刷纸币和滥用各种毒品所发生的事。就像一个人开始吸毒，他不知道什么时候停下来，也不知道怎样才能停下来，这与印刷纸币是一样的，当局不知道什么时候停下来，也不知道怎样才能停下来。

　　价格上涨的原因是有新增的货币量，新增货币在寻找数量没有增加的商品。报纸或理论家们称价格上涨为"通货膨胀"。但通货膨胀不是更高的价格，通货膨胀是注入市场的新货币。正是这些新货币导致了价格的上涨。当局问："发生了什么事？一个人怎么会知道呢？作为金融部门的人，我怎么知道这些新增的货币真的花出去了，而且因为商品的数量没有增加，花出去这些货币必然会提高价格呢？"当局非常无辜。当局不知道发生了什么，因为这发生在政府的另一个部门。

　　政府试图找到需要对此负责的人，而不是政府自己。他们认为涨价的人应该负责。但他必须涨价，因为现在有更多的人想买他的产品。他有 100 件商品以每件 5 美元的价格出售。现在人们来了——口袋里装的不是 500 美元而是 600 美元，因此，为了防止其他人得到他们想要的东西，买家必须支付更高的价格。这就是通货膨胀。

许多年前——60 年前，我写了我的第一篇关于货币问题的文章。它研究的是奥地利的通货膨胀，以及政府某一天会以什么方式决定放弃通货膨胀，从而回归稳定的货币，尽管这个致力于辉煌的旧通货膨胀制度的政党对此强烈反对。我把这篇文章交给了我的老师庞巴维克，在他和几个朋友一起出版的经济杂志上发表了。他的一个朋友是奥地利财政部前部长恩斯特·冯·普勒纳博士（Dr. Ernst von Plener）。读了我的手稿后，他邀请我就此谈谈通货膨胀的问题。由于他是文章中谈到的财政部部长之一，他对此很感兴趣。我们进行了一次非常有趣的对话。在对话结束时，冯·普勒纳博士说："你在我们杂志上发表的这项研究非常有趣。但我十分惊讶，像你这样的年轻人竟然对通货膨胀这种过去的问题感兴趣。19 世纪，确实世界上几乎每个国家都有通货膨胀。但这种情况不会被重现，通货膨胀再不会回来了。你能想象大英帝国、德国、法国、美国会放弃金本位制吗？不！绝不可能！这些国家坚持金本位制，将迫使其他国家也坚持金本位制。"

　　我说："我愿意赞同你的意见。但查遍了与货币相关的文献，以及现在每天都在写作和出版的文献，包括美国、英国等国家关于此问题的文献时，我发现，或者我相信我发现了，通货膨胀的问题有回归的趋势。"我想我是对的！ 20年后，在第一次世界大战之后，在战后的那些事情发生之后，冯·普勒纳博士对我说："记住我们的对话。你是正确的，而我错了。但你的意见对这些国家而言是更好的建议。"我毫无意见地承认了他的说法，今天我不得不再次承认这种说法。

　　在第一次世界大战后的那些年，美国的经济学家们经常访问维也纳，我很高兴与他们交谈，并解释当时奥地利和其他欧洲国家盛行的通货膨胀状况。而如你所知，当人们谈论经济问题时，他们会一直谈一直谈，直到深夜，直到夜深人静的时候。然后，我对他们说："现在我给你们解释，为什么这个国家的情况不太妙。我要带你们到市中心走一走，去经过某栋建筑。"这时是晚上 11 点或午夜时分。然后，我们去了，万籁俱寂。然后，他们听到了一种声音，即印刷机日夜不停地为政府印钞票的声音。你知道，维也纳会议的情况还算是好的了，原来 1 美元兑换 5 奥地利克朗，现在兑换 1.4万奥地利克朗或 1.7 万奥地利克朗。确实，通货膨胀已够糟糕了。但这还是非常温和的通货膨胀。在德国，通货膨胀的程度要高得多。你知道，几十亿马克才能换来 1 美元。你会认为这是一个笑话，但它当然是一场悲剧。对那些被通货膨胀劫掠了财产的人而言，这更是一场灾难。

通货膨胀现今可能是政治生活和政治状态中最重要的现象。幸运的是，美国仍然存在相当程度的反对通货膨胀的措施，我希望有一天这种反对会成功。但对许多政府而言，这仅仅是处于需要更多资金的情况下的问题，而它们认为增加货币量是完全合理的。我们如果想要有运作良好的货币体系，就不能增加货币量。如果我们意识不到增加货币量是在一步步接近某个非常危险的点，那么到了这个点，整个货币体系就会崩溃。你会说，通货膨胀非常普遍。它对日常政策、对货币政策的问题有什么参考价值呢？有一种非常重要的参考价值。那就是，如果你在操作某种可能是致命毒药的东西，那么你必须非常小心。你不要走到某一点。也可以说，这就是那些所有影响人们神经和思维的药物，医生通过给予某些人一定量的化学药物（他能精确地确定和知晓药物数量）来挽救他们的生命，如果数量增加到一定程度，同样的化学物质就会成为致命的毒药。

通货膨胀也是类似的情况。通货膨胀从哪里开始呢？一旦增加了货币量，通货膨胀就开始了。而危险从哪里开始呢？这是另一个问题，不能精确回答。人们必须认识到，不能对一位政治家建议："你可以走到这一点，如果超过这一点，你就不能走了。"诸如此类。生活没有那么简单。但我们必须知道，当我们在处理货币及相关问题时，道理都是一样的。我们必须认识到，货币量的增加以及那些能充当货币的东西的增加，在任何时候都必须受到限制。

真正的问题是，在大多数国家，包括美国，货币量都在持续增加。其影响是，商品和服务的价格正在上涨，人们要求更高的工资。政府表示，这是"通胀压力"。每天我都会在报纸上看到这个词100次，但我不知道什么是"通胀压力"。没有什么所谓的"通胀压力"。除了货币量的增加之外，没有什么通货膨胀。要么货币量增加，要么货币量不增加。

理论上，有一种实用的解决方案——金本位制。在目前的条件下，我们只要用这种贵金属黄金作为交换媒介，就不需要处理什么特别的问题。而一旦我们增加纸币数量，只要我们说"再多一点没关系"等等，我们就进入了一个非常不同的领域。如果我们接受黄金可以充当交换媒介而不受任何限制，我们现在就可以拥有相当令人满意的货币支付体系。不过，我们可能会说，从精细的理论来看，不是很令人满意。也许吧！但从货币体系和市场运行的角度来看，金本位制非常令人满意。这才是最重要的。

第07讲
通货膨胀破坏储蓄

　　在目前的情况下，当局所做的一切不利于货币购买力的事都不利于中产阶级和工人阶级。只有这些人不知道这一点。这就是悲剧。悲剧在于，工会和所有这些人都支持让他们所有的储蓄变得毫无价值的政策。这是整个形势中的最大危险。

　　在西方工业国家的生活条件（今天指的是几乎所有 16 世纪或 17 世纪以来文明水平有所进步的国家人们的生活条件）下，幸运的是，大众在他们能够工作的年头里，在他们身体健康的年头里，为今后岁月做了准备。在今天的条件下，人们基本上只能通过两种方式养老：要么通过签订劳动合同，在年老时会得到退休金；要么储蓄一部分收入，进行投资，供以后使用。这些投资可以是简单的银行储蓄存款，也可以是人寿保单或债券，例如政府债券——许多国家的政府债券看起来非常安全。在所有这些情况下，以这种方式为养老、家庭和孩子做准备的那些人的未来，都与货币单位的购买力息息相关。

拥有农业地产的人，石油或食品生产商，或者拥有工厂的商人情况不同。当他销售的产品的价格因通货膨胀而上涨时，他不会像其他人那样因通货膨胀而受到伤害。普通股的所有者会发现，总的来说，大多数普通股价格上涨的幅度与通货膨胀导致的商品价格上涨幅度相同。但固定收入的人的情况则不同。比如，一位 25 年前退休的人，每年有 3000 美元的养老金，他过去的状况总体上还不错，至少他认为还不错。但那时的物价比现在低得多。我不想多说这种情况，不想多说通货膨胀对人们的后果和影响。我想指出的是，这是当今最大的问题，尽管人们没有意识到这一点。危险在于，人们认为通货膨胀伤害的是别人。他们很清楚他们也要遭受损失，因为他们购买的商品价格不断上涨，但他们没有完全意识到，他们面临的最大危险恰恰是通货膨胀的进展对他们储蓄的价值的影响。

今天，整个欧洲都动荡不安，原因是欧洲大众发现，在所有他们的政府认为是大好事的金融操作中，他们一直是输家。因此，为了让大众能够享受经济条件的改善，并使他们成为合伙人——真正的合伙人，在欧洲和北美的所有国家（甚至包括墨西哥）正在进行的工业生产大发展中，有必要放弃通货膨胀政策。当今欧洲所发生的一切所呈现出的巨大动荡，群众的革命思想，特别是那些正在大学学习的中产阶级子弟的革命思想，都是由于欧洲各国政府（也许除了类似瑞士这样的小国政府之外）在过去 60 年里一次又一次地实施无限制通货膨胀的政策。[①]

当谈到法国时，人们不应忽视通货膨胀的实际含义。在 19 世纪和 20 世纪初，法国人是对的，他们宣称法国的社会稳定和福利在很大程度上是因为法国大多数民众持有政府发行的债券，所以他们认为国家和政府的财政福利，就是他们自己财务上的利益。而现在这种信念已经被摧毁了。那些不经商的法国人，也就是大多数法国人，曾经是狂热的储蓄者。极其严重的通货膨胀使法郎几乎一文不值，这让他们

---

① 　米塞斯指的是 1968 年春天发生在巴黎的学生暴动。1967 年 11 月 18 日，英国将英镑从 2.80 美元贬值到 2.40 美元。1968 年 3 月，发生国际性的黄金危机。法国人想要回到金本位制。1968 年 5 月，"索邦大学和其他地方的叛逆学生发动暴动，与警察发生冲突，大约 1000 万工人加入其中，发动了全国性的罢工，并接管了许多工厂。这个国家几乎完全瘫痪了"。参见《世界年鉴》，1969 年，第 63、第 72、第 512—513 页。——原编者注

所有的积蓄化为了乌有。法郎也许还没有完全贬值到零，但对法国人来说，他以前有 100 美元，现在只值 1 美元。对一般的法国人而言，1 美元与零之间的差别并不是很大。只有极少数人在财富缩水到原来的 1% 时，还能认为自己仍有些财产。

在谈论通货膨胀时，我们不应该忘记，除了破坏一国货币本位的后果外，还有剥夺大众的储蓄，使他们陷入绝望。几十年来，只有极少数人同意我的观点。即便如此，如今我仍然非常惊讶地在《新闻周刊》（Newsweek）上读到，美国的大多数人对保持货币单位的购买力不感兴趣。不幸的是，这篇文章没有指出，破坏大众的储蓄比现在正在进行的针对贫困的"著名"战争要严重得多。

政府通过征税、通货膨胀和支出，为"贫困战争"[①]出资是荒谬的，因此牺牲了那些试图通过自身努力来改善状况的民众的储蓄。这是我们的政治体制而非经济体制存在的诸多

---

① 　林登·约翰逊（Lyndon Johnson）总统在 1964 年 1 月 8 日的国情咨文中宣布，"美国向贫困无条件宣战"。这笔钱专门用于"阿巴拉契亚长期贫困地区"。参见《世界年鉴》，1965 年，第 142 页。至当年 12 月，美国国会已拨款 7.842 亿美元用于阿巴拉契亚和其他十个州部分地区的各种项目，主要用于修建高速公路和新增就业岗位。参见《世界年鉴》，1965 年，第 42、第 47 页。——原编者注

矛盾之一。为了解释我的想法，想想美国政府可怕的矛盾：
"我们必须向贫困开战。当然，很多人很穷，我们必须让他们富起来。"然而，政府向人民征税是为了使面包更贵。你们会说："于是，面包更贵了，这是个例外。"但这不是例外！美国政府还花了数十亿美元的税款来提高棉花的价格。棉织品当然不是奢侈品。与面包相比，棉织品可能是奢侈品，但政府对面包也做了同样的事，遵循同样的政策。

真正的贫困战争是"工业革命"和现代工厂的工业化。19 世纪初，对欧洲大陆的大多数人来说，鞋子和长袜都是奢侈品，而不是日用品。这些人的状况并不是通过征税、不是通过拿走富人的钱或鞋子分给穷人而得到改善的。是制鞋产业，而非政府的财富，改善了穷人的状况，使人们的生活状态发生了革命性的变化。

一位政治家可能会说："如果我有更多的货币用于支出，我就可以做一些让我在本国很受欢迎的事。"政府试图通过做这些事情来让自己受欢迎，但它使用的技巧是政府支出；然后，它试图把一项支出的好结果归功于自己。政府支出并不总是好的。有时，一项支出只是购买炸弹并将其扔到外国的土地上。但是，如果支出是有益的，比如它能改善本国的某些事情，政治家就会说："看，你们从来没有过在我的统治下这么美好的生活。就算有一些坏人，有一些通货膨胀主义者，有一些奸商，但我和他们没有任何关系。这不是我的错。"

我们的经济情势在很大程度上取决于政府和执政党与工会的关系。在物价上涨的意义上，"通货膨胀"已融入了我们的经济体系，因为工会每一年、每两年或者在特殊情况下每三年都会要求提高工资。绝大多数工人希望工资不断提高，而他们认为工资可以由当局随意操纵。工会有权通过使用暴力，在华盛顿的某些法律和机构的帮助下，迫使人们同意他们的工资要求。如果工资不能持续上涨，那么没有人知道会发生什么。解决通货膨胀问题的唯一可行办法是公开反对工会，反对提高货币工资是改善大众生活条件唯一手段的观念。工会成员也应该认识到，如果他们想买的东西的货币价格下降，那么，即使他们的货币工资没有上升，他们的生活条件也得到了改善。关于这个问题，我不想再多说什么，只想补充一点，当局开始通过印刷货币来增加货币量时就开始了通货膨胀。

举个通货膨胀摧毁储蓄的例子，在一个欧洲国家，有一个贫穷的男孩在孤儿院接受教育，他受了良好的教育。当他完成学业，离开孤儿院后，他移民到了美国。在他漫长的一生中，他通过生产和销售某些非常成功的商品积累了相当大的一笔财富。他在美国生活了 45 年，去世时留下了 200 万美元的巨额遗产。不是每个人都能留下这么一笔财富，这当然是个例。这个人立了一个遗嘱，要把这 200 万美元的财富送回欧洲，建立一个孤儿院，就像他曾经接受教育的孤儿院一样。这刚好是在第一次世界大战之前，钱被送回了欧洲。按照通常的程序，这笔钱不得不投资于政府债券，债券每年获得的利息用来维持孤儿院的运营。但是，战争爆发了，接着是通货膨胀。通货膨胀使这笔投资于欧洲马克的 200 万美元的财富降至零——彻底归零。

再举个例子，一个德国人在 1914 年拥有一笔相当于 100 万美元的财富，九年后这笔财富只剩下了 0.5 美分或者 5 美分（二者没有任何区别），他失去了一切。

欧洲的大学也有类似的经历。例如，在过去几个世纪里，人们设立了许多基金会，他们希望穷人的孩子能够在大学里学习，并实现在大学里接受的良好教育所能实现的成就。然后，发生了什么事呢？所有这些国家，德国、法国、奥地利和意大利，都出现了严重的通货膨胀。这些通货膨胀再次摧毁了这些投资。为了谁的利益呢？当然是为了当局的利益。而当局用这些钱做了什么呢？当局花掉了这些钱，也就是把这些钱扔掉了。

然而，人们仍然相信，破坏货币单位的价值不会伤害到大众。但这确实伤害了大众，首先伤害的就是他们。没有什么方式比摧毁大众投资储蓄存款、保险单等积蓄更容易引发一场剧烈的革命了。有个例子是维也纳某家银行的总裁提供的，可以说明我的意思。他告诉我，在他还是个二十几岁的年轻人时，他买了一份人寿保险，就他当时的经济状况而言，保单的金额极其巨大。他希望，在这笔钱兑付后，他就可以成为一位富裕的市民。但当他 60 岁生日时，保单到期了。这笔保险金在他 35 年前投保时是一笔巨款，而现在他拿到的钱，只够他亲自去取了保险金后打车回办公室。现在发生了什么？价格上涨了，但保单的金额保持不变。事实上，他已经储蓄了几十年。为谁？为了政府的开支和破坏。

如果谈起货币灾难，那么我们不必总是想到货币体系的全面崩溃。这样的事确实在 1781 年美国所谓的"大陆币"中发生过，后来也在许多其他国家发生过，例如 1923 年德国马克的崩溃。但在不同的国家，变化不一样，程度也不一样。不过，人们不应夸大较大通货膨胀带来的影响与较小通货膨胀的影响之间的差异。"较小通货膨胀"的影响也很糟糕。

我们必须认识到，在市场经济中，一切人与人之间的关系，除了私人的亲密关系之外，都是用货币来表达、产生和计算的。货币购买力的变化对每个人都有影响，而货币购买力上升或下降不能说就是好事。我们所有的关系，包括人与国家之间的关系，以及人与其他人之间的关系，都是以货币为基础的。这不仅适用于资本主义国家，各个国家都是如此。例如，在以中小型农场为主的农业占主导地位的国家，当农场主去世时，他的某个子女继承了农场，其他子女只会继承农场的一部分，这是很常见的，也是必然的。而得到农场的人必须在他的一生中一步一步地把属于兄弟姐妹的那份遗产支付给他们。这意味着继承农场的人得到的东西不会比其他家庭成员更多或更少。但是，如果将财产转移给某一个继承人，并让其他继承人以货币的形式主张其份额，按年进行结算，这就意味着，如果通货膨胀持续，那么得到农场的人的份额每天都在增加，而其他兄弟姐妹的份额每天都在减少。

在美国，流通货币的数量已经连续几年出现了明显的通货膨胀。受这种情况影响，物价普遍上涨。你听说过，也读到过，人们会比较价格，讨论得够多了。不过，我不应夸大美元已发生的情况。发生在美元上的事，尚不会导致一场不可避免的灾难。如果你去某些其他国家，比如巴西或阿根廷，那么它们也处于通货膨胀之中，但通货膨胀程度要高得多。如果你问一个巴西人，他认为什么是购买力不会下降的稳定货币，那么他会说："美元……非常好！"当然，与其他国家的货币相比，确实如此。

　　货币问题，即当今世界上货币的实际问题正是如此：各国政府相信，正如我以前指出的情况，当政府要在不受欢迎的税收和非常受欢迎的支出之间做出选择时，它们总能找到一条出路——通向通货膨胀的道路。这说明了脱离金本位制的问题。

　　在市场经济中，货币是最重要的因素。货币由市场经济创造，而不是政府。货币得以产生，是因为人们逐步用一种普通的交换媒介来代替直接交换。如果当局破坏了货币，那么它不仅破坏了经济体系中极其重要的东西，破坏了人们为投资或为紧急情况所需而存下的积蓄，也破坏了整个体系本身。货币政策是经济政策的核心。因此，所有通过信贷扩张和通货膨胀来改善生活条件和让人们致富的言论都是徒劳的！

第08讲
通货膨胀与政府控制

人类合作可以按照两种不同的模式来组织。一种模式是由一个统治者实施绝对统治的模式，即计划经济模式——一切都是由一位领袖或元首组织的。"元首"（der Führer）这个术语在盎格鲁-撒克逊的语言中并不常用，因为人们并不认为这是一个真正有效的系统。但在盛行计划经济的国家，领袖或元首是尽人皆知的概念。在这些国家，一切都取决于专制政权。每个人都必须服从中央当局发出的命令。喜欢这种制度的人称之为"秩序"，不喜欢的人称之为"奴隶制"。

人们必须服从中央当局发布的命令，这套制度对任何在军队里服役过的人都是非常熟悉的。对军队来说，这是唯一可能的制度。如果有人批评集权制度，我们就不能忘记它只适用于一种特殊目的，即它所能达到的特殊目的。

市场的特点是政府不会发布人民必须服从的命令。市场不控制价格，价格和工资是由市场供求决定的。这种制度产生了宪法，以及所有统称为现代文明生活的商品和服务。市场的对立面是废除市场。这意味着计划，或者说中央计划，即一切都由政府的法令和命令决定。

政府官员不能忽视公众舆论，不能忽视人民的观念和实践。政府永远不能想制定什么法律就制定什么法律。它不能只考虑掌管政府的人的意见。所以，法律往往会遵循公认的实践和理论。这在货币领域也是如此。政府必须接受和承认货币是由个人的行为和观念演化而来的。

让我们来看看这样的政治形势。政府希望支出比昨天更多，但它没有钱。而它不想多收税，或者出于政治原因，它不能多收税。政府也不能借钱，因为从政府的角度来看，借款条件似乎不令人满意。政府希望增加开支，又不想向人民征税。政府想扮演圣诞老人，这是非常讨人喜欢的情况，比收税员更受欢迎。因此，政府不向人民征税，以获得新增支出的所需的资金；它实行通货膨胀，它印钞。关于通货膨胀，需要记住的重要一点是，当流通中的货币增加时，其他东西仍保持不变。这种通货膨胀的成本非常低，是一种非常低廉的程序。于是，会发生什么呢？价格上涨。当然，政府想要出路，想要解决方案，所以它往往会试图限定价格。政府认识不到，如果公众真的服从它限定价格的命令，卖方就会以原来的价格或限定的价格将全部商品卖给老客户，结果那些口袋里多出了货币的人没有东西可买。

我想举个典型的例子，说明政府的价格管制如何进行。在第一次世界大战和第二次世界大战期间，德国和英国的政府，与其他国家的政府一道，开始采用通货膨胀作为资助战争的手段。在已流通的货币上新增货币，导致价格上升，而政府不喜欢价格上涨。政府希望一切照常。但现在显然与往常不同。因此，德国政府，还有其他国家的政府，都诉诸价格管制措施。

现在，如果价格被限定，低于不受阻碍的市场价格水平，那么高成本的生产商肯定会遭受损失。比如，政府从限定牛奶价格开始。因此，成本较高的生产商停止向市场供应牛奶，而是将牛奶转化为其他最终产品，比如黄油。于是，市场上牛奶的数量不仅没有增加，反而减少了，这与政府想要的恰恰相反。政府希望普通家庭更容易获得牛奶，但牛奶的数量减少了。政府要求生产者解释，生产者的回答是，因为成本问题（比如饲料的价格高昂），他们生产牛奶会遭受损失，所以他们将牛奶生产转为生产没有最高限价的黄油。接着，政府限定饲料价格。然后，饲料重复了与牛奶一样的故事。就这样，政府一步一步继续下去，直到达到德国人在第一次世界大战中所称的"兴登堡计划"，即所有东西都完全国有化。

德国政府在战争结束时垮台了。但几年后，布吕宁政府恢复了价格管制，这也是希特勒的最终定论。价格管制将私人所有制和私人生产转变为政府完全控制一切的制度。希特勒治下的德国并没有在法律上剥夺所有者的生产资料，但每一个经济步骤都要由政府决定。企业家仍然存在，尽管"企业家"这种称呼被消灭了。他们被称为"企业经理"。他们是商业组织的负责人，但他们必须分毫不差地完全遵守政府的命令。他们必须按照政府规定的价格购买原材料，再按照政府规定的价格将产品出售给其他企业，并雇用政府分配给他们的工人。

不存在第三种经济制度，它既能拥有自由市场，又能全盘计划。干预市场不可避免地会产生一些后果，从干预当局的角度来看，这样的后果甚至比当局原先想改变的情况还要糟糕。为了让系统能够运转，当局一步一步越走越远，直到出现这种情况：其他人的主动权被破坏了，一切都取决于当局，取决于政府的领导。

如今，美国没有实行价格管制的原因是，美国有了其他国家的经验。政府一再重申，我们需要控制价格。然而，政府并没有告诉香烟制造商，禁止他们将一包香烟的价格提高1美分，而是试图与香烟制造商和其他1000家公司的代表进行谈判，向他们施压。尽管政府还没有开始进行价格管制，但它也还没有真正做什么事来阻止目前的经济体系以其不喜欢的方式运行。事实上，恰恰相反。它已将通货膨胀内置于我们目前体系中了——甚至就是政府在被广泛接受的含义上使用"通货膨胀"这个术语，即物价上涨时，人们已普遍接受了这就意味着涨价。

因此，我们看到，货币问题远不止是市场组织的问题。如今，市场正在为其独立和生存而奋战。当局试图干预市场，我们现在离所谓的价格管制有多远呢？只有一天还是一年？没有人知道。而这意味着废除市场。

第 09 讲
货币、通货膨胀和战争

　　现在，有人可能会说，在某些情况下，政府被迫增加货币量，就政府一方而言，这种方式是最高明的智慧。可能的情况是，当国家受到外国军队入侵的威胁时，政府能怎么做呢？它必须花更多的钱。而人们缴纳的税不够，政府也不能再向他们征更多的税，因为人们没有更多的钱，所以政府不得不印钞。要验证这种推理是否正确，我们现在来谈谈历史问题。

　　这是否意味着，在有些情况下，你无法避免通货膨胀？有人谈到一种特定的情况——战争！现在，请看！在战争中，政府需要武器和其他各种东西来保卫国家——我不想一一列举。所有这些东西都必须被生产出来，而且它们都要花钱。如果公民不准备提供武器或者为购买武器出钱，他们的国家就会战败，国家将失去独立。但增加纸币的数量，并不能改变这一点。

政府在特定情况下实行通货膨胀，你会说情况就是这样的，如果不实行通货膨胀，不增加货币量，替代选择也非常糟糕。当北美殖民地在独立战争中与英国作战时，它进行了通货膨胀。让我们假设，另一种选择是战败，因为就那些要对通货膨胀和货币量增加负责的人看来，另一种选择就是战败。你会说，如果真的能够以通货膨胀的方式来保持后来美国的独立性，通货膨胀就是合理的。灾难是不能避免的。但是，这场灾难，即革命战争后 1781 年纸币的崩溃，与多年后经济状况已发生了变化时的情况并不相同。在革命战争时期，北美殖民地是一个农业为主的国家，大多数人是一块农田的所有者或工人，因此他们能够在革命战争后美国货币（大陆币）崩溃所带来的灾难中生存下来。那时，人们不需要去市场上买食物。人们不用钱买食物，也几乎不买其他东西。1781 年，当美国政府发生通货膨胀时，如果一个人有一处小农场，他和家人一起在这个农场工作，他有几美元，那么通货膨胀会让他损失这些钱，但这并没有对他造成太大影响。因此，革命战争结束时的通货膨胀造成的整个问题，对美国人来说并不那么重要。

　　我们不能将美国今天的情况与 1781 年的情况相提并论。今天，我们不再是当时存在的简单的经济体系，那时货币经济对大多数人的意义很小。我们过去还有其他类似的例子。但在高度发达的社会条件下，在劳动分工的社会条件下，实际上每个人都要靠他人工作获得货币报酬并用以购买各种东西。在这些条件下，我无须赘述，因为每个人都知道，货币崩溃的意义完全不同。政府今天完全没有任何借口诉诸通货膨胀，政府不能说："但是别忘了，我们有通货膨胀的老传统。我们今天是一个独立国家，因为我们在独立战争、在革命中实施了通货膨胀。"你不能这样比较。

　　还有美国历史上最大的问题，即 19 世纪 60 年代的南北战争。美国分为北方州和南方州。南方各州的情况非常糟糕，因为工业很少。南方州的农业生产很好，但工业生产不了所需的武器。从南北战争的第一天开始，对南方人尤为不利的情况是，北方州的海军能够阻止南方各州和欧洲国家之间的贸易，而欧洲国家本来可以向南方运送武器。现在，一个国家已不可能通过通货膨胀来改善军事状况，即使在能够获得战争所需的所有物资的国家。因此，即使从一国为生存而战的必要性来看，这样的通货膨胀也不是改善情况的措施。现在，南方州分裂政府增加了货币量，这对改善军备短缺毫无作用。假设你是南方州的政治家，而你已经面临失败，这时有人问你："你不知道印越来越多的南方钞票会摧毁这个体系吗？"这位南方州政治家会回答："你为什么要谈论货币？现在的问题是，我们南方各州的制度，比世界上其他任何东西都重要的制度是否应该继续存在？我们的战争或者说我们的反叛，已经结束了。"（是战争还是反叛取决于你如何看待这个问题。）他可以通过印钞来试图获得继续战斗所需的物资，于是他进行了印钞，印出越来越多的纸币，而它们的价值趋于零。

随着第一次世界大战的爆发，许多政府——以前没有诉诸通货膨胀而是以税收来提供它们所需的全部资金的政府，开始印刷更多的钞票。结果必然是价格上涨。政府可能不会那么天真，不知道这种为政府支出提供资金的新方法会带来什么后果。政府知道，向市场注入大量新资金的政策必然会产生涨价的趋势。但是，政府做了什么呢？随着战争的爆发，随着政策的改变，政府开始制定法律，惩罚那些（就政府看来）对商品要价比以前更高的人。某些国家的政府在这一方面的所作所为简直令人难以置信——我想说这是一种"骗局"。这些政府引入了一种新的罪名，这是一种惩罚公民的新方式。它们宣布有一种特殊犯罪——"暴利罪"。它们开始把人关进监狱。为什么？因为这些政府说，这些人是奸商，他们要价比以前高，比政府认为必要的价格更高。

　　我不想说通货膨胀是一种恶习，并称之为"不道德"。我不喜欢以这种方式批评通货膨胀。但说真的，关于通货膨胀，有一件事是我们可以确定的。今天你无法判断政府的人明天或后天是否会出于某种原因而选择增加货币量，也就是实行通货膨胀。他们可能有借口。他们会说："通货膨胀很糟糕。永远不应该有任何通货膨胀的问题。"然后，他们会补充说："是的，但我们没有考虑到一场重要战争发生的情况。这真的是以前不存在的情况。"然后，他们就增加货币量。

　　过去 50 年间，在许多好战的国家中，有一国的财政部部长被问道："你们为什么要实行通货膨胀？你们通过发行更多的货币来提高价格，破坏了你们国家的通货，这难道不是一种犯罪吗？"他回答："在战争时期，政府各部门和全国各地的每个公民都有义务尽其所能为保卫国家做贡献。从这个角度而言，作为财政部部长，我通过印钞做出了贡献。"

　　第一次世界大战前的德国人非常聪明，非常爱国。但不幸的是，几十年来政府和它的所有大学教授讲授的都是非常糟糕的经济学，尤其是货币经济学。60 年前，一位著名的德国教授、经济学教师 G. F. 纳普（G. F. Knapp）宣称："政府说什么是货币什么就是货币。货币是政府的产品。政府享有主权，可以想做什么就做什么。"他的话并不新鲜，唯一新鲜之处是，既然一位教授这么说，于是政府的所有人都说"很好"，连那些没说"很好"的人的行为也体现出他们认为这很好。这意味着，政府享有特权，可以宣称人们在达成与货币有关的协议时的想法。教授这样说不值得大惊小怪，你知道，教授们有时会说一些话，无须大惊小怪。但值得注意的是，人们接受了这种说法。

一位美国经济学家 B. M. 安德森（B. M. Anderson）预测，纳普教授的影响会非常大，以至学者们"如果想了解德国未来十年的历史……就必须读他的书。看看你的德国理论，看看德国所谓的货币经济学说，然后你就会知道德国的货币会发生什么"。[1]他完全正确！结果很快就来了。当德国发动战争时，政府没有意识到，人们更没有意识到，打仗需要的不是纸币，而是武器和其他各种东西。所以，他们印刷纸币。他们夜以继日地印钞。结果，德国纸币相比第一次世界大战前贬值了。当时，德国马克与美元的平价是 4.2，与 60 年前、80 年前和 100 年前一样。你知道一张邮票要多少

---

[1] "有相当大的可能，美国的学者不得不读他的书——G. F. 纳普所著的《国家的金钱神话》（*Staatliche theory des Geldes*），如果他们想了解未来十年德国的货币历史的话。如果不是这样的，那对德国来说是好事！" B. M. Anderson, *The Value of Money*. New York：Macmillan, 1917. p. 435n. ——原编者注

钱。德国增加货币量的货币政策，不断印钞的货币政策，使一张德国邮票的价格在 20 世纪 20 年代初高达几百万马克。想象一下发展到 1923 年的情况，如果有人买了一张邮票，想把一封信寄到下一个村庄，他就必须支付数亿马克。之前德国最富有的人也没有 2000 万马克的财富。九年后，通货膨胀结束时，1 美元是 42 亿马克，这简直太不可思议了，因为没有人知道"10 亿"是什么概念。这就是货币由政府创造的经济学说的结果。政府印了货币，增加了货币量，但这并没有改善德国武装部队和德国抵抗的处境。这只是企图欺骗国内外的德国人民，骗他们这是战争的影响。

的确，德国帝国银行印制了越来越多的纸币。但德国 1923 年著名的通货膨胀的重要之处在于，这些纸币具有法定货币的价值。这是什么意思呢？政府不仅有权说什么是货币，而且有权命令人们必须接受什么是货币。法币的立法使任何人都不可能拒绝接受纸币。同样，今天（1969 年）的美元通货膨胀包括这样一个事实：纸币具有法币的价值，而同时持有黄金被定为非法。人们持有的黄金被没收，交易黄金被定为非法。①

---

① 直到 1973 年米塞斯去世，美国公民才重新获得了拥有黄金的权利。1974 年 12 月 31 日，立法生效，美国允许 1975 年 1 月恢复黄金交易。——原编者注

第 10 讲
通货膨胀的宪法问题

当我们谈论这些事情时，我们不能忘记，它们不仅仅有经济方面的问题，也有宪法方面的问题。你可能会说政府是最重要的机构。政府在许多方面都非常重要。也许有人会高估政府的重要性，但没有人会高估良好政府的重要性。

现代宪法，即所有不受野蛮暴君统治的国家的政治制度，都基于这样一个事实：政府的财务依赖于人民，间接地依赖于选民所选举的制宪会议成员。而这一制度意味着，如果政府没有通过宪法程序征税，政府就没有权力支出人民没有给予它的东西。这是基本的政治制度。如果政府能够实行通货膨胀，这就是一个根本性的政治问题。如果政府有权自行印钞，这种宪法程序就完全没有用了。

我们整个政治制度的基础是选民享有主权，选民选举国会和各州的议会这类统治国家的机构。我们称美国为民主国家，因为该国的统治掌握在选民手中。选民决定一切。这区别于从前盛行的情况，即当时已有议会机构和议会政府的那些国家的情况。然而，现在已经出现了一个宪法问题，特别是最近十年，即政府要花钱时是否必须通过国会得到人民的批准，还是说，因为政府已经建立且可以支配许多武装人员，所以想怎么花钱就怎么花钱，只要增加货币量就可以了。人们必须意识到，问题是："谁应该是至高无上的？是由选民选出的议会（可以通过拒绝赋予征税的权力来限制政府支出），还是那些想要凌驾于人民利益之上的机构（可以通过增加货币量来扩大政府支出，从而剥夺选民的特权和独立）？"

如果我们不能成功地恢复货币体系，使个人在某种程度上独立于政府的干预，包括政府机构、政府银行、政府货币当局、政府价格上限等的干预，那么不管我们遵循什么样的宪法，我们都将失去自由市场和个人自由主动性的所有成就。政府如果可以在任何时候进行通货膨胀，就可以无须得到同意，从人们那里拿走一切，包括人们的购买力、储蓄等。从这个角度来看，甚至连建立政府的基本原则都消失了。

　　如果你看一下 17 世纪英格兰的宪政史，你就会知道斯图亚特王朝与英国议会有矛盾。冲突的关键是国会不愿意给英格兰国王所需的资金，因为国会不赞同其开支的用途。人民不赞成政府的大部分支出，议会也不急于征税。斯图亚特王朝的国王想要的支出超过了议会打算给他的。假设当时的国王在 1630 年咨询今日所谓的政府财政专家："我能做什么？我没有钱！"这位"专家"会说："不幸的是，你的家族——斯图亚特家族，掌权的年代太早了。两三百年后，像你这样的政府统治国家会容易得多。一个印刷厂就足够了，足以让你的政府得到所需的所有货币来建立军队，并获得使国王不受制于人民的其他东西。"但是，在可怜的斯图亚特所处的时代，纸币的生产技术还没怎么发展。查理一世不能实行通货膨胀。他没有办法，他不能实施赤字支出。这是斯图亚特家族和斯图亚特王朝的覆灭。在由此引发的冲突中，斯图亚特家族的一名成员以非常不愉快的方式失去了生命——查理一世丢了脑袋。[①]斯图亚特家族就这样失去了英格兰的王位。可怜的斯图亚特家庭缺少的是如今的印刷设备。

　　我们今天不得不与之斗争的货币问题，是要为那些不被

---

①　1649 年 1 月 30 日，查理一世被砍头。

人民接受，或者说不被人民批准的政府支出买单的问题。政府事务的处理、公共事务的处理与私人事务中财务和货币的处理没有什么不同。政府如果想要支出，就必须募资，必须向人民征税。如果它不征税，而是增加货币量以支出更多，它就会导致通货膨胀。18世纪英国的情况与其他国家（比如俄国）的情况的区别在于，俄国政府可以自由地从其臣民手中夺走它想要的东西，而英国政府不能。英国政府必须遵守一系列法律的规定，这些法律限制政府有权向其公民收取的金额。而且，英国政府必须完全按照人民的意愿来支出这笔钱。

我们所有的宪法和政府制度的基础都在于：不允许政府做任何违反法律制度的事情——法律制度代表了人民道德上和实际中的思想和哲学。但如果政府能够增加货币量，那么所有这些规定都将变得毫无意义且毫无用处。如果有人说政府必须支出，也有权支出一定数量的货币来把人关进监狱，这就是有意义的。它的支出是有明确原因的。我们所有的法律规定都在一定程度上受为此目的给予政府的金额的影响。但是，如果政府能够增加用于自身目的的货币量，所有这些就仅仅是一种理论上的表达，实际上根本没有任何意义。我们不能忘记，如果政府通过破坏被称为市场的间接交换和货币体系，从而破坏所有人际关系的意义，那么宪法和法律给予个人的所有保护都将消失。这比我们今天讨论的任何问题都重要得多。正是政府的暴力干涉毁掉了货币，过去已经毁掉了货币，如今还可能再次毁掉货币。

我们在这个国家的货币问题，如今在每个国家都是一样的——保持预算平衡，保持收支平衡，而不要额外印钞，不要增加货币量。这不仅仅是一个经济学问题，也是宪政的根本问题。宪政政府的基础是政府只能支出所征得的税收。只有在人民通过国会代表投票接受的情况下，政府才能向人民征税。选民以这种方式行使主权。因此，在现代国家，货币管理的问题不能与宪法问题分开，不能与所有政府问题、所有政府事务最终由人民投票决定的原则分开。无论你称之为民主政府还是民选政府，这些都没有任何区别。但是，任何货币或预算问题都不能与谁在统治这个国家和谁最终决定在这个国家中必须做什么的宪法问题分开。

第 11 讲
资本主义、富人和穷人

　　资本主义制度为少数奸商带来了令其满意的生活条件，人民大众却越来越贫穷，这是一种广为流传的说法，很少受到人们的批评。在与货币危机相关的所有重大问题中，我特别想要讨论这个问题，因为最流行的观点之一，就是资本主义制度导致广大民众日益贫困、经济状况日益恶化，而这是为了让越来越少的人得利，他们一年比一年富有。

　　人们相信，如今正在发生的货币问题只与富裕阶层有关，而与普通人不太相关。我想告诉你们这个想法有多大的错误！据说，当政府通货膨胀时，其结果是降低了货币单位的购买力，这对普通大众有利，对绝大多数人有利，只有富人受到损害。如果你不想用"受损"（suffer）这个词，那么你也可以说必须花更高的代价买东西。现在的这种观点（利益相关的人不是大众，不是大多数人，只是富人，只有较为富有的人与之有关）基于一个古老的学说。

在雅典梭伦时代（公元前635—前559年）、古罗马时代、格拉基兄弟时代（公元前121年和公元前133年）或中世纪，这种学说都是完全正确的。在前资本主义时代，富人拥有土地，因此非常富有。他们可以储蓄，可以通过投资房屋、企业和地产来增加其拥有的财物。或者，他们可以通过更保守的方式来经营他们拥有的森林，来增加他们的财富。另外，还有一些很穷的人，他们非常贫困，一无所有，他们可能偶尔赚到一小笔钱，但没有任何机会通过积累东西来改善他们的生活条件。在古代的情况下，大众没有储蓄的机会，穷人只可能赚到几枚硬币，然后把这些硬币藏在某个地方，也许藏在他们房子的黑暗角落里，仅此而已。他们总是忍不住要花掉这些硬币。他们可能会失去这些硬币，这些硬币也可能会被人偷走。穷人无法通过将货币借给他人获取利息，来增加自己的储蓄。即使在18世纪最先进的资本主义国家英国，穷人也不可能攒钱，除了把几枚硬币藏在家里某处的一只旧袜子里。这样的储蓄没有利息。只有富人才能通过投资获取利息，比如抵押贷款等。

那时，当人们谈论债权人和债务人时，他们想到的是这样的情况：越富有的人越可能是债权人，越穷的人越可能是债务人。全部观念的基础是这样的假设：政府应该帮助有沉重债务的穷人，而享有债权的富人已足够富有。政府降低货币单位购买力的方法有利于债务人，因为他们的债务在缩水，同时不利于债权人，因为他们的债权也在缩水。

我们倾向于认为今天的情况与之类似，如今的富人是债权人，他们当然没有债务，不是债务人。但我们不再生活在之前的作者在前资本主义时代处理这些问题的情况下。今天的情况非常不同，因为我们有非常不同的企业组织、企业权利以及对不同个人的商业调整。市场经济让大众致富，当然不是所有人，因为市场经济还需要与政府的敌意作斗争。但在市场经济下，"债权人是富人，债务人是穷人"的说法已不再正确。市场经济发展出了一种伟大的制度，使人口中最贫穷阶层的大众，即那些拥有较少财富的人（我不想说他们贫穷，他们并非我们通常意义上所指的贫穷，他们只是比富人、企业家等更穷、更不富有）有可能储蓄，并将他们的储蓄间接地投资于企业的运营。例如，富人是公司普通股的所有者。但公司之所以欠钱，要么是因为发行了公司债券，要么是因为与银行有往来，利用从银行借的钱来处理其事务。因此，大富翁、房地产所有者、普通股所有者等，在这方面都是债务人。那些不如富人富有的人，将他们的储蓄投资于储蓄存款、债券、保险单等。而银行的钱来自普通公民的储蓄账户，因此，他们都是债权人。如果你做某些事，就像几乎所有的政府针对货币单位在当前条件下的购买力所做的那样，那么你伤害的不是富人，而是中产阶级和大众。为了享受更好的老年生活，为了让孩子能够接受教育，等等，他们毕生都在储蓄。

政府债券在一定程度上是免税的，这意味着政府给予富人特权，以吸引富人进入政府债券市场，从而成为债权人。这是一个非常复杂的系统，人们可以简单地称这个系统为特权，通过降低税收的方式，让富有阶层也对购买政府债券感兴趣，并以此方式让政府能够有更多的支出。但总的来说，我们不得不说，从政府的通货膨胀政策中所获得的大部分特权和"好处"并不属于大众，而是属于那些富裕的人。因此，通货膨胀的"好处"是由大众来支付的。

不久以前，德国出现了非常强势的纳粹运动。无论你怎么评价德国，你都不能说它是一个"文盲国家"。你不能说德国人对资本主义和现代工业主义的问题毫无经验。在那个国家，德国为纳粹党带来了数百万选票的一个主要口号，即一个非常流行的口号："废除利息奴隶制。你们是向富人支付利息的奴隶，我们应当废除利息奴隶制。"那么，什么是"利息奴隶制"呢？这是一个荒唐的观点，因为大公司和其他机构其实是向大众、向穷人支付利息的。然而，几乎没有人反对这个口号。德国有一家著名的报纸《法兰克福报》（*Frankfurter Zeitung*），它或许是德国在经济问题上最有见识的报纸，发表了一篇文章，其中写道："你们这些接受纳粹党废除利息奴隶制计划的人，你们知道自己是债权人而不是债务人吗？"他们是债权人，但他们确实不知道。在《法兰克福报》头版刊登这篇文章的那天，我正取道德国前往伦敦，乘坐特快列车从德国的一端到另一端，从德国与奥地利的边境到德国与荷兰的边境。我可以观察读这篇文章的人，我对自己说："他们不理解这些事情，所以他们必然要承受后果。"他们承受后果了吗？当然！马克的价值变成了零。这意味着，所有的资产、储蓄以及所有的债权人都消失了，而债务人会由此受益。

生活在美国这样的国家，人们在精力充沛、能够赚钱时存钱。他们存钱不仅是为了应付将来可能出现的意外情况，他们是在系统地储蓄，为了年老时不用继续工作就能享受收入。例如，人们购买人寿保险，积累储蓄存款，与雇主达成协议（根据协议，雇主有义务以后支付一定数额的养老金），等等。现在，当通货膨胀发生时，所有这些人都会受害，因为他们在通货膨胀中不断遭到损失，因为通货膨胀的发展意味着单位货币的购买力下降。如果我们想要一个体制，并且个人可以在这个体制中计划自己和家庭的生活，如果我们想要一个人们可以说"如果我有机会工作和储蓄，我就将改善我自己和家庭的生活"的体制，那么你必须有一种人们曾称为"保障资产阶级安全"（bourgeois security）的常规体制。但政府如果通过通货膨胀一次又一次地摧毁公民的储蓄，就会使人们像欧洲极权国家的人民那样，你听到的会是一次又一次的暴力破坏行为。

德国的例子可能会让你认识到，对于经济问题，每个人都有很多东西需要学习，而不仅仅是大银行的经理、商业期刊的专业编辑等需要学习。正是因为这一点，我认为每个人都应该对这些问题感兴趣，不是因为它们比其他事情更重要，也不是因为个人应该增加自己的理论知识，而是因为个人应该知道，作为选民和公民，如何共同合作，以形成国家、民族和整个世界的经济体系。这是我们应该讨论这些问题的原因之一。对很多人来说，这不是很有趣，也不容易学习、研究，但我们有理由说，这些问题对于维护国家的经济安全至关重要。我们必须改变那些人的观点，那些认为货币问题只与商业团体和一小部分人相关的人的观点。

第 12 讲
古代的货币贬值

有些历史学家有种很糟糕的倾向，他们把美德皆归于古人，而把恶习皆归于今人。如果你认为我要说的是，过去的所有时代都非常有道德，通货膨胀只是在印刷机发明和纸币发展之后才出现的，那我会很不高兴。早在印刷机出现之前很久，就已经有通货膨胀论支持者了。你不应该相信通货膨胀仅仅是我们这个时代的一种恶习。不过，早期政府面临比现代政府更棘手的问题，古代的政府必须与金银等贵金属制造、铸造的货币打交道。而且，不管是白银还是黄金，都不能像印制纸币那样增加数量。

一次又一次，这些钱币、货币的生产违背了约定，为了某些人的利益而损害了其他人的利益。如果你今天想研究这个过程，那么你可以去博物馆，博物馆里有过去铸造的钱币，你可以看看3世纪古罗马帝国的银币有什么变化。特别是在纽约这样的城市，有很多这种收藏品可供你选择。你可以从不同角度来看待这些钱币。大多数人从美学角度来看待它们，但你也可以从历史角度来看待它们，不是从钱币的角度，而是从货币的角度。于是，你会发现，政府都做了些什么：政府为了牟利而伪造货币系统，违背人民的意愿，非法增加货币量。

各种各样的货币往往要与两大弊病作斗争。第一种弊病是裁减钱币，这是缩小钱币的尺寸和重量。第二种弊病经常与第一种弊病联合在一起，即改变银币的颜色（银币几乎是当时唯一使用的钱币）。这些古代政府常做的事是，以传统的形状铸造钱币，但在白银或黄金中混合一些不太贵重的金属，比如铜。不幸的是，铜的颜色和白银不同，而且重量也不同，所以有人可以运用技术方法和仪器发现铜。这是一个非常困难的过程。但是，政府就这样做了。而且，政府不会提及这一点。一年一年过去，这些钱币的颜色慢慢发生了变化，变得有点发红，因为制造钱币的政府在人们认为只含有纯银的钱币中加入了越来越多的铜。政府变得越来越有"进取性"，也就是说，添加的铜越来越多，钱币颜色的改变越来越明显。绝大多数人并不是色盲，尤其是在金钱方面。这对人民来说太过分了。所以，要继续维持这种谎言并不容易。钱币变得越来越红、越来越薄。

政府坚持认为，铸造的新钱币与以前的没什么不同。无论如何，对于不知道该如何与其斗争的公民来说，这都是一场灾难。但这只是一种小恶，尽管通货膨胀不可避免的影响在当时已经很明显了。普通民众要花一段时间才会发现这一点。但即使是对金属知之甚少的公民，也能发现一枚合法且恰当地铸造出来的钱币与另一种并非如此的钱币之间的差异。人们很快发现，政府可以比以前支出更多，而且确实支出得更多。价格也上涨了。

著名的罗马皇帝戴克里先在宗教史上非常有名——我不是说他的善行，他在货币编年史上也很有名。通货中银的含量相对铜的含量下降得越多，价格就会上涨得越多。戴克里先与我们现在的政府一样行事。他说这是别人的错，是商人的错。因此，他设置价格上限。我们的价格上限是印在纸上的，但在 3 世纪，在戴克里先的时代，这种价格上限体系是刻在石头上的，就像我们建造纪念碑那样。因此，他干预市场的行为因他刻在石头上的价格法而得以保存下来。我们现在仍然有刻在石头上的戴克里先的法律，他规定了价格上限，即最高价格上限，与我们今天的价格上限同样成功，或者说同样不成功。

政府的铸币能力仅仅始于政府宣称："这是一种确定数量、重量和质量的贵金属。"在此之前，根据旧罗马法，即原始的罗马法，购买土地的行为需要一个拿着秤的人在场，以确定交易涉及的贵金属的正确重量。而这发展到最后，变成了政府认为它有权宣布贵金属是什么，以及这种贵金属的确切数量是多少。几千年（实际上就是几千年，因为在2000年前的特定条件下就出现了这样的问题）的演变表明，即使在当时，政府也试图通过干预货币来干预市场。

第 13 讲
许多经济学教授认为应该增加货币量

许多著名的经济学教授认为货币供应不足。这虽然难以置信，但到现在已经有很长一段时间了，多年来，教科书在每一次新版本中都指出，货币量必须增加 2%、5% 或 7%。他们每年都改变这些数字，这不重要，他们建议的数字也不那么重要，重要的是，他们说，就他们的政策而言，这种增加是好事，这是非常好的事！政府、银行可以分到更多的货币，但是他们不能分到更多的商品。这就是问题所在。这些新增的货币将提高商品价格，那些没有得到任何新增货币的人将受到伤害。这就是人们没有意识到的问题，他们没有发现这一问题。如果货币每年增加，这只是意味着其他群体会说："为什么我们没有得到更多？"然后，政府给了他们一定数量的货币，也会给其他人。这就是我们当下的情况。问题永远是：你给谁新增的货币？因为如果新增的货币给了别人，你就会受损。

我不是说货币的数量应该增加或者减少。如果人们在教科书中抱怨某些群体的财富增加了，而另一些群体的财富减少了，然后提出的政策建议恰恰会产生他们认为错误的情况，这种做法就显然是荒谬的。从大多数人的角度来看，增加货币供应可不是好事。

然而，这些通货膨胀的方法非常流行，很受欢迎，因为这对政府而言太舒服了。就议会机构的成员个人来看，他们也很舒服。国会议员不必为提高税收负责，但他乐于接受增加开支的责任。因此，如果你读了那些议会机构的报告（并非所有报纸都会转载刊登的那些报告），你就会发现，大多数国会议员，或者说任何议会（我不是指在座各位的国家的议会）的成员，都会非常迅速地建议增加开支，并建议他们选区的选民不支付因此而来的额外税收。与此同时，他们也有一些顾虑，他们认为税收给自己的选民带来了不公平的负担。

我曾经听到一个政府官员——一个因通货膨胀而闻名的国家的财政部部长说："我的教育部部长说他需要更多的资金。我是财政部部长。我必须提供资金。我必须印钞。"这个目的是好是坏并不重要。它所带来的是，现在市场上对商品和服务的新增需求是凭空创造出来的。

许多东西的数量增加是大好事——是的，因为有用的东西的供应增加了。但是，比如，各种老鼠的供应增加，并不是很有用。幸运的是，这不是人们必须做出决定的问题，因为所有人的利益在这个方面都是一致的。但他们的利益在金钱方面并不一致。货币的数量很重要，这是误导许多人思想的观念，不幸的是，也误导了那些管理我们的政府和政治活动的人的思想。对个人来说，多拥有货币肯定比少拥有好。但对整个经济体系来说，货币多并不比货币少好。货币是一种交易媒介。而这意味着，首先，它的数量对完善其功能而言是无关紧要的。如果你增加了货币的总量，增加了交换媒介的总量，那么你并没有从总体上改善经济状况，你只是改变了个人对商品和服务的评价和充当货币的东西之间的交换比率。我想通过日常事务中一个非常简单的例子来说明。

凯恩斯勋爵是我们这个时代最直言不讳的通货膨胀捍卫者和传道者，从他的观点来看，他对萨伊定律的抨击是正确的。萨伊定律是早期经济理论的伟大成就之一。法国人让-巴蒂斯特·萨伊（Jean-Baptiste Say）在所谓的萨伊定律中说，你不能通过增加货币量来改善普遍的条件；生意不好，不是因为货币不足。当萨伊批评应该有更多货币的学说时，他的想法是，某人生产的所有东西同时也是对其他东西的需求。如果有更多的鞋子生产，这些鞋子就会在市场上出售，以换取其他商品。商品最终不是与货币交换——货币只是一种交换媒介，而是与其他商品交换。如果你增加了货币的数量，那么你并没有改善任何人的处境，除了你把货币所交给的那个特定的人。这个人可以买更多的东西，然后可以从市场上拿回更多的东西。

如果有人问某个杂货商："为什么你的生意没有好转？为什么你不多赚些钱？"他回答："因为人们没有足够的钱，所以我的生意不太让人满意。"他的意思不是说所有人都没有足够的钱，而是说他的顾客没有足够的钱。他说："不幸的是，我的顾客没有足够的钱，因此他们不能从我这里买更多的东西。"如果杂货商想赚更多的钱，而他的顾客全部加在一起也不够富有，不能带来更多的生意，他就必须去寻求更多的顾客。但这个杂货商并不是说在普遍意义上需要更多的货币。他没有说他对全世界、每个人的钱都感兴趣。这个杂货商想的是给他的顾客更多的钱。这就是"杂货商哲学"（the grocer philosophy）。

现在，政府相信应该做一些事情（也许政府是无辜的，因为"差劲"的教授们向政府传达了这种信念）。确实，每个人都同意应该有更多的货币来达到某种目的——无论是用于学校、医院、科学研究还是别的什么，都没有区别。假设政府说，政府雇员的工资很低，他们应得到更高的报酬。由于政府本身不产生任何东西，政府所遵循的唯一成功方法是向人民征税，并将征税所得用于提高某些政府雇员的工资。除了从其他人那里拿走货币（从而损害了他们的状况）外，政府不可能以任何其他方式改善政府雇员的状况。如果政府征税，从纳税人那里拿走一些东西，纳税人就被迫限制自己的支出，但不会发生普遍的价格变化。政府给那些人更高的工资，他们可以买其他人过去购买但现在因为必须纳税而不能再购买的东西。纳税人 A 先生过去买的一些东西现在不能再由 A 先生买了，而是由政府雇员 B 先生买的，这将产生某些变化，可能会提高 B 先生所买的某些东西的价格，降低 A 先生不再买的东西的价格。但价格总体水平并没有发生革命性的变化。这就是在政府保持预算平衡的国家里不断发生的事情。但这里还有另一种办法和方式。而政府采用了另外这种办法。

政府印刷额外的货币。正如你所知，政府印钞非常容易。如果政府印了这些货币，会有什么后果呢？后果是，政府给予新货币的那些人（在这个例子中是政府雇员），现在有能力购买更多的东西。世界没有任何改变，一切都像昨天一样，没有更多可用商品，但现在有了更多的货币，因为政府创造了货币，并将其交给了某些政府雇员，比如生产武器的工人。这或许是为了最好的目的。我们不讨论政府的预算项目，只讨论总金额。现在政府把货币给了某些人，于是这些人带着新增的需求来到市场上，昨天还不存在这种需求。你知道，凯恩斯勋爵非常热衷于这种需求，他认为这是大好事。他称这种不断增长的需求带来了"有效需求"。当然，这是非常正确的描述。但问题是，价格在上涨。这意味着什么呢？

让我们以土豆为例。市场上没有更多的土豆，但想吃土豆的人手里还有货币。昨天某人花 1 美元买土豆就能满足他的需要，今天他要用更多的钱，比如要用 2 美元买土豆，这只是因为货币变多了，而不是因为其他事情发生了变化。如果他只拿得出 1 美元，那么从政府那里获得了新增货币的人会说："呵呵！我愿意出 1.10 美元，我将买下土豆，你可以空手回家了。"这就是我们如今都在经历的事情——通货膨胀导致物价上涨。

政府增加货币量。让我们在每天的市场环境中遭受苦难的所有罪恶都是因为政府认为，靠生产货币来增加政府开支是可以被允许的，也是自然而然的。为了增加开支，当局几乎什么都不用做，只要给印刷厂下达一个命令："给我们印一定数量的货币。"如果私人这样做，那么当局不喜欢。这个国家有许多印刷厂，大多数有能力印刷美元。有一系列法律阻止公民个人印刷美元，并将其定为犯罪。政府足够强大，可以通过逮捕和监禁等方式来阻止这一行为。但如果政府自身多印美元，这就是合法的，而这增加了货币量。这就是货币问题。除此之外，这还给那些没有获得新增货币的人造成了一种非常糟糕的局面，因为他们没有得到更多的货币，现在他们就面临着涨高了的价格。

第 14 讲
两个货币问题

政府的职能是防止暴力。关于货币，政府采用、接受和持有货币的职能是，说明协议各方的意思，以及协议各方是否按照自愿接受的协议做了必须做的事情。在这些协议中，使用"货币"一词是为了明确规定双方在会面和订立合同时所用的交换媒介。但政府在处理这些情况时，规定政府享有铸造这些协议中用到的金属钱币并使用这些钱币的特权，一开始政府没有任何恶意。开始时，这只是意味着政府宣称，钱币是一块特定重量的金属，它可以被合同各方使用。但在各个国家，当局一次又一次滥用了这种情况赋予它们的地位。情况就是这样的。古时候，几乎在每一个国家集团和每一个文明的历史中，政府在铸造特定的金属钱币时，就已经发展出了这种观念，即政府有权这样做。而政府介入货币导致了两个问题。

第一个问题是物价上涨，即所谓的"通货膨胀"，而政府、官方发言人和作者们都不承认这是一个货币问题。"新经济学"（New Economics）[①]（一度被认为不过就是"坏经济学"）最重要的特征之一，就是改变术语的含义。不久前，"通货膨胀"的含义是，流通中的货币和货币替代品的数量显著增加，其结果总是价格普遍上涨的趋势。每个人都知道且承认这一点，当然政府也知道。而如今的官方术语已经改变了。我们必须认识到，如今在这一主题的流行讨论中所用的"通货膨胀"术语，其使用方式与过去赋予它的含义迥然不同。人们现在把价格上涨称为"通货膨胀"，而实际上，通货膨胀不是价格上涨，而是导致价格上涨的货币量的增加。

现在，人们不再讨论货币量的增加，这是我们官方学说的代表们不愿提及的主题。他们只谈到物价正在上涨的事实。他们将这种结果称为"通货膨胀"。他们根本不提物价上涨之前的事实，即导致物价上涨的原因——货币量的增加。他们暗示政府与此无关，政府只是想保持物价稳定。他

---

① 该学说主要源自凯恩斯的教义，即通过政府支出来进行通货膨胀是应对任何经济衰退的解决方案。——原编者注

们简单地认为，物价和工资的上涨，也就是他们所谓的"通货膨胀"，是由政府之外的邪恶之人和抬高要价的"坏人"造成的。

第二个问题是货币量本身的实际增长。让我们来谈一个非常小的国家——鲁里坦尼亚（Ruritania）。它的政府希望为某些开支筹集资金。例如，政府表示，某些工人应该获得更高的工资。政府有税收总额为100万的货币，但政府想花200万的货币。政府在向公民征收的100万的税款之外，又专门为此目的印制了100万的货币。其结果是，增加的货币量在市场上去换取数量没有增加的实物、消费品等。这意味着，价格必然会上涨。政府中有一群学者，试图通过使用术语（这些术语有时毫无意义，有时表达的意思恰恰与经济系统中正在发生的情况相反）来掩盖这种非常简单的关系。

要了解这意味着什么，我们必须先提出一些问题：增加货币量会有哪些必然且不可避免的影响？政府借助增加货币量使其支出超过税收或向人民的借款，其影响是什么？那些获得新增货币的人把钱花出去时，对价格有什么影响？

对于那些支出超出对人民的征税而增加货币量的政府，我们不能太严格地评判它们。国会或者议会机构的情况是，一面是非常不受欢迎的税收，另一面是非常受欢迎的支出。你知道，政府的支出总是会受到那些得到了政府支出的货币的人的欢迎。这是事实，你改变不了。现在有一项非常受欢迎的政府开支，而且选举也不远了。政府在这种情况下会做什么呢？你会说这是一个软弱的政府吗？不要说如果你掌权，你的政府就会好些。如果你在这种情况下，也许你也会很软弱。政府求助于通货膨胀，这意味着货币量的增加。这是第二个货币问题。

第 15 讲
赤字财政与信用扩张

我假定你知道银行系统是怎样发展起来的，也知道银行怎样通过将银行账簿上的资产从一个人转移给另一个人来改善黄金提供的服务。当你研究货币历史的发展时，你会发现，在有些国家的系统里，所有的支付都是通过一家或几家银行的账簿进行的。个人通过向这家银行存入黄金而获得了一个账户。黄金的数量有限，所以据此支付的金额也有限。支付时，黄金可以从一个人的账户转移到另一个人的账户。但后来政府开始做一些事，我只能泛泛地谈一下。政府开始发行纸币，希望纸币能充当这种角色，并发挥货币的作用。当人们购买政府希望获得的东西时，政府可以从银行拿出一定的黄金来支付。但是，政府问：人们是真的得到了黄金还是从银行得到了有权要求黄金的所有权凭证，又有什么区别呢？这对他们来说都一样。因此，政府发行了纸币，或者说授予银行发行纸币的特权，纸币的接受者则获得了索要黄金的权利。这导致了其持有者有权索要黄金的纸币数量的增加。

不久以前，我们的政府宣布有一种能让每个人都富起来的新方法：一种叫作"赤字财政"的方法。现在，这是一个很美妙的词。你知道，专业术语有种糟糕的性质，就是不被人们理解。政府以及为政府撰稿的记者告诉我们，这种"赤字支出"太棒了！这被认为将改善整个国家的情况。但如果你把它翻译成更常用的语言，也就是没受过教育的人所用的语言，它就是"印钞"。政府表示，这只是因为你缺乏教育，如果你受过教育，你就不会说"印钞"，你会称之为"赤字财政"或"赤字支出"。这是什么意思呢？赤字意味着政府的支出超过了它向人民征税和借款所得，意味着政府为其想要的所有目的支出。这意味着通货膨胀，意味着更多货币涌入市场，政府支出的目的是什么并不重要。而且，这意味着降低每一货币单位的购买力。政府没有募集想要支出的货币，政府伪造了货币。印钞是最简单的事。每个政府都不缺少做这种事的智力。

如果政府想要比以前支出更多的钱，如果政府想为了某种目的购买更多的商品，或者提高政府雇员的工资，那么正常情况下，政府没有其他的办法，只能收更多的税，并将增加的收入用于支出，比如为雇员支付更高的工资。人们必须缴纳更高的税，政府才能向其雇员支付更高的工资，这意味着纳税者被迫限制他们的支出。纳税者的购买受到限制，抵消了那些接受政府所募集的货币的人购买的扩大。因此，仅仅是一部分人（那些钱被拿走给了别的纳税人）的支出收缩，并不会带来价格的普遍变化。

问题是，个人做什么都不能让"通胀机器"和"通胀机制"发挥作用。这是由当局做的事。当局制造了通货膨胀。如果政府抱怨物价上涨，并任命由学者组成的委员会来对抗通货膨胀，那么我们只能说："正是政府你导致了通货膨胀，而不是别人。"

另一方面，如果政府不增加税收，不增加其正常收入，而是印刷更多的货币并分配给政府雇员，市场上就会出现更多买家。因此，买家的数量增加了，而用以销售的商品数量保持不变。价格必然上涨，因为有钱人多起来了，他们索求那些供应量没有增加的商品。当局不把货币量的增加称为"通货膨胀"，而是把商品价格上涨称为"通货膨胀"。然后，政府问，谁对这种"通货膨胀"（也就是更高的价格）负责？答案就是"坏人"。这些人可能不知道价格为什么会上涨，尽管如此，他们要价更高就是犯罪。

通货膨胀，即货币量的增加，是一件大坏事。关于这一点，最好的证据就是那些制造通货膨胀的人一次又一次极力否认他们应该为此负责。"通货膨胀？"他们问，"哦！这就是你造成的，因为你要求更高的价格。我们不知道价格为什么会上涨。有坏人在抬高价格。但不是政府！"而当局说："涨价了？看，是这些人、这家公司、这个坏人、这家公司的总裁……"即使政府指责工会（我不想谈论工会），我们也必须认识到，工会做不到增加货币量。因此，工会的所有活动都处在政府所建立的影响货币量的框架之内。

如果制造通货膨胀的人，即政府公开说："对，这是我们做的。我们正在制造通货膨胀。不幸的是，我们必要的支出超过了人们打算缴纳的税款。"但是，他们没有这样说。他们甚至没有公开地对每个人说："我们增加了货币量。我们增加货币量的原因是我们要支出更多，比你们支付给我们的更多。"这就引出了一个纯粹的政治问题。

新增货币进了其口袋的人首先从这种情况中获利，而其他人则被迫限制他们的支出。当局不承认这一点，它不说"我们增加了货币量，因此价格在上涨"。它开始说："价格在上涨。为什么呢？因为有坏人。政府的责任是防止坏人导致这种价格上涨。谁能做到这一点呢？是政府！"然后，政府说："我们将防止牟取暴利，防止所有这类事情的发生。这些奸商是制造通货膨胀的人，他们要价比以前更高了。"于是，政府为那些不想犯下政府所谓的错误的人阐述"指导方针"。然后，政府补充道，这是由于"通胀压力"。政府还发明了许多我记不得的其他术语来描述这种情况，比如"成本推动通胀"（cost-push inflation）、"通胀压力"等。没人知道什么是"通胀压力"，从来没有定义。[①]而通货膨胀是什么则是清楚的。

通货膨胀是流通中货币量的显著增加。价格上涨是通货膨胀导致的，是经济体系受新增的货币量膨胀导致的。而经济体系在一段时间内仍可以运作，但必须有某种力量限制政府扩大货币量的愿望，而且这种力量需要足够强大，能在这一方面取得一定成功。政府、政府协助者、政府委员会等所认定的坏事确实与通货膨胀有关，但不是以它们所讨论的方式。这表明，政府及其宣传人员（宣传者、推动者）的意

---

① 谈论"通胀压力"和"指导方针"可以追溯到 20 世纪 60 年代。当时，由于政府大幅增加了货币供应量，企业随之提高价格和工资水平。政府官员试图说服私营企业将价格和工资的增长率控制在 3.2% 以下，这是在"总统对非通胀性工资和价格上涨的自愿指导方针（或'指导基准'）"下被认为可允许的最高限度。而约翰逊总统威胁说，如果"通胀压力"不停止，他就会增加税收。参见《世界年鉴》，1967 年，第 60、第 61 页。——原编者注

图是掩盖所发生之事的真正原因。如果我们想要一种在市场
上可被接受的货币作为交换媒介，那么它必须是一种任何人
（无论是政府还是公民）都不能增加其数量以牟利的货币。

第 16 讲
信贷扩张与商业周期

　　什么是信贷扩张呢？信贷扩张也是通货膨胀。之所以将信贷扩张与简单的通货膨胀区分开来，是因为新增的货币量通过两种不同的途径进入经济体系后，产生了不同的效果。在简单的通货膨胀中，新增货币通过政府支出进入。例如，政府支出新增的款项用于进行一场战争。这种支出的影响是政府所购买的东西价格上涨，消费者开始囤积。在信贷扩张中，新增货币进入经济系统，不是通过政府支出，而是通过银行给商人新创造的贷款。于是，企业所购买的东西价格会上涨。这带来了商业"繁荣"。如果不及时停止这种繁荣，它就会发展为一场巨大的经济危机。这就是商业周期，是市场经济中最有意思的现象。

商业周期的发生是由于银行扩大了信贷，这种信贷扩张带来了商业的扩张。但是，由于生产者的商品（资本品）的数量没有增加，那么在整个经济体中，有一些企业过度扩张，但不是一些金融经纪人所说的普遍过度投资。这种繁荣的显著特征是，人为降低利率以创造信贷扩张而产生的过度扩张。这误导了商人，使他们认为可以获得的资本品比实际存在的更多，而现在某些可行的项目在利率更高的情况下是不可行的。事实上，唯一能得到的新东西就是恰恰为此目的而创造的新增信贷量。这种"繁荣"持续到最后就会崩溃，这时所谓的"过度投资"实际上是错误投资或某些经济领域过度扩张。

然而，我们现在的情况是，世界上每个主要国家都想信贷扩张，想要更低的利率。人们一直对利息本身抱有敌意，认为它是"高利贷"。长期以来，人们普遍认为，政府和银行可以自由（随意）操纵利率。产生这种态度的原因是人们对整个现代经济体系的误解。所有国家或者所有国家的通货膨胀主义者都希望有一个较低的利率，这造成了非常大的问题。我现在关心的是每个国家的这种趋势对市场价格、储蓄和投资的影响。

如果这些国家有国际性的通货，或者有与黄金无关的本国货币，人们就会倾向于增加货币量。很少有人赞成减少货币量并降低价格。如果一个政府想要受人欢迎，它就会为了消费者和生产者的利益，特别是工会的利益，试图去提高价格。因此，这个国家存在货币量增加的趋势。货币量的增加导致价格更高。如果价格有上涨的趋势，那么利率也必然有上升的趋势。最近，一位专栏作家在一家重要的周刊上写道，我们已经驯服了商业周期。也许你读过他的专栏——我是在出发参加这次会议前一个小时才读到的。但实际上，我们不需要驯服什么，除非要驯服那些通货膨胀主义者，那些希望保持低利率并人为扩大信贷的人，以及那些认为由人们的储蓄决定的情况不能令人满意的人。

当价格普遍上涨时，利率必然上升，因为如果你用货币购买商品并持有这些商品，而不是将货币借出，那么在这种情况下，你会因所购买的商品价格上涨而获得额外的利润。因此，利率要能补偿人们购买商品或股票并持有一段时间直到价格上涨所能获得的利润，否则他们不会借钱给任何人。因此，价格上涨的状态必然是利率也上涨的状态。在这种情况下，利率必然包含一种我称之为"价格溢价"的因素，这是对贷款人通过购买商品而不是贷款所能赚取的利润的补偿。

现在当利率上升时，人们会说，对抗高利率需要的是增加货币量。但情况恰恰相反。降低利率的唯一方法是不进行通货膨胀，从政府的权力中消除增加或减少货币量的问题。政府总是支持通货膨胀，因为政府总是想要增加支出。因此，政策上普遍存在不一致。

通货膨胀总是以这样的特征开始的：那些受惠于通货膨胀的人首先宣称情况非常好，他们希望当局继续这么干下去。当局希望能够对选民说："你们从未有过像现在这样美好的时光。"而这样的美好时光很容易由通货膨胀带来，并持续一段很短的时间。直到后来，人们才发现结果是什么。他们发现，这意味着，对所有人来说，只要本身不是不动产或企业所有者，其储蓄都遭到了破坏。

第17讲
国际收支原则、购买力平价与对外贸易

如果一个政府不知道该做什么，它就想付给人民一些东西，由此来"贿赂"他们，而且它给出的东西不是通过必须要求的税收手段来募集的。这就是政府正在干的事情。你知道，这就是通货膨胀。如今，到处都能听到政府谈论通货膨胀。政府将通货膨胀描述为价格更高，描述为不知为何发生的事情。或者，根据另一种看法，政府说这是出于一些人的活动，出于人们的恶行。人们负有责任。让我们以最常见的情况为例，即外汇问题。我们当下的情况是，各国政府在采取通货膨胀措施时没有协调一致。这意味着，某国政府在通货膨胀措施方面比其他国家走得更远。因此，各国政府货币的相互兑换比率在不断变化。

实行通货膨胀的政府不愿承认，它发行的纸币无论如何都不如它想要取代的货币有价值。事实上，现在全世界都有通货膨胀。我们的国家也有通货膨胀，还有要靠发行新增纸币来弥补的巨额预算赤字。而政府坚持认为这与货币问题无关。

我们必须意识到，在所有的市场上，没有例外，不管是国内市场还是世界市场，都有购买力平价原则。这是市场的基本原则。其意思是，在各种各样的商品和货币之间（商品本身之间，商品和货币之间，以及世界上流通的各种货币之间），都存在交换比率的均衡。这是对各种商品之间的关系的正确解释。

如果市场偏离了购买力平价，商人就有机会获利。而市场上所有交易的目的都是，通过以某种货币买入某种商品，再以另一种货币将商品卖出，从而让赚取利润的机会消失。不同通货之间的购买力存在这种差异的情况不可能保持下去。如果当局试图阻止这种套利的交换，商业就结束了，买卖就结束了，而不会带来世界各国通货所表示的价格的均衡。因此，如果某国通货正在增加，没有保持其与初始货币的平价（政府假装平价仍然存在），该国或其政府就不可能防止其货币贬值。所有这一切最终意味着，金本位制本身，即完整而纯粹的金本位制，既不受当局对价格干预的影响，也不受当局对所有以货币标价的物品价值的干预的影响。

当讨论我们的货币问题时，你从来听不到政府代表或所有为此目的而成立的委员会的官方经济学家提到存在赤字支出，以及存在货币量的增加。如果有一些问题需要处理，比如政府发行的货币估值较低、购买力较低（相对于曾认为纸币所代表的货币，即黄金货币而言），那么政府（首先是美国政府及其顾问）就会提到一种很久以前就已经遭到怀疑的学说——国际收支学说。我不想讲述这一学说的历史，也不想证明它是如何被推翻的。我更想分析政府提出的治疗货币弊病的方法，分析政府从国际收支学说的角度提出的方案。

在政府看来，罪恶之处在于，政府发行的货币估值较低（相对于曾经认为它所代表的货币）。他们说，这是因为这个国家有一些"很坏的公民"在花"我们的钱"——我想把"我们的钱"打上引号。那些用"我们的钱"的人是在浪费，是为了购买国外那些极为糟糕的商品，比如法国的香槟和葡萄酒。而建议的解决方案是通过立法使这些人不能使用"我们的钱"购买法国葡萄酒等无用的东西。他们说，以美元表示的价格和以其他货币表示的价格在上涨，其原因是你，即人民。根据当局的说法，人民应该对此负责，因为他们喝的是进口香槟，因为他们在外国旅行。为什么要说香槟和国外旅行呢？因为在当局看来，这些都是奢侈品。因此，当局要做的事情很简单："看看这些喝香槟的坏人。他们要为通货膨胀负责，要为涨价负责，要为天下的一切罪恶承担责任。"美国政府处理此问题的方式不过是政府为其行动辩护的方式之一。这就是所谓的"奢侈品借口"。

还有第二个借口，即"生活必需品借口"，当进口的主要是公众舆论认为必要且不可或缺的商品时，各国就会找到这个借口。例如，那些以工业为主的欧洲国家，出口工业产品、制造业产品，用以进口食品和原材料。它们说："造成我们外汇汇率不利局面的原因是，我们很穷，我们无法在自己的国土上生产所需的所有食品和原材料，我们不得不进口。那些'拥有'这些东西的国家，正在剥削我们。"例如，墨索里尼就是用这个版本的借口来为他的侵略辩护的："我们为什么要对其他国家开战？因为我们被迫进口那些绝对的必需品来维持人民的生命和健康等。"

当局将通货膨胀对购买力平价的影响归咎于国际收支，但它不会说，如果人们不能花美元进口香槟，他们就会买其他东西。他们不会把美元放在包裹里，然后把这个包裹寄给政府，让政府有更多的钱来支付它的企业（比如邮局）的赤字。如果人们不购买进口香槟，而是在国内市场上购买其他东西，这些东西的价格就会上涨，因为现在对这些东西的需求更大了。这将导致以前出口的一些东西价格上涨，变得更贵，更难买到，也不能再出口了。如果当局在这个方面逻辑一致，或者能够保持逻辑一致，那么当局将使所有进口都无法进行，并阻止与外国的所有商业往来，当局必然以同样的程度限制进口和出口，这将导致限制国际贸易，导致国际贸易彻底终结。每个国家都将在经济上保持孤立。

那么，为什么国际收支不平衡的情况只发生在国与国之间，而不发生在一国内部呢？在欧洲，有好些政府，或者说好些国家的人口与美国许多州的人口差不多。为什么你听不到人们对美国各州的抱怨，就像你听到有人抱怨一些人购买香槟，从而使法国富裕而使美国贫穷那样？因为美国各州没有独立的货币政策，不可能艾奥瓦州在通货膨胀，而其他49个州没有同时以同等程度在通货膨胀。你不用到各州去看。人们说美国与法国关系的不好之处是，法国生产和销售给美国的商品都是些非常无聊、糟糕、不道德的商品（书籍、小说、戏剧表演、巴黎的歌剧演出和音乐会，以及最糟糕不过的香槟），你也可以说同样的话，比如布鲁克林和曼哈顿。曼哈顿向布鲁克林的人提供大量的戏剧表演、会议、音乐会等，而布鲁克林的人则在曼哈顿花钱。通常情况下，布鲁克林人可能会说："为什么我的邻居花钱去看曼哈顿的歌剧表演？他为什么不把钱花在布鲁克林？"如果你朝同样的方向一步一步地前进，你就会走到每个单独的家庭甚至可能连家庭内部都要完全自给自足、与世隔绝。为什么一个男孩不应该（因为反对他的兄弟姐妹或父母）像世界上某个国家想要自给自足且阻止进口东西那样，以同样的理由顺理成章且逻辑一致地说"我要自给自足"呢？

现在让我们来分析一下，这种阻止美国人进口法国葡萄酒、香槟或其他东西的措施会有什么影响呢？这肯定会给法国葡萄酒生产商的生意带来损失。他们不得不降价，以便在其他地方（法国或别的国家）售出他们的所有产品。他们将不得不以比美国人购买法国产品时更低的价格出售。这意味着，现在有些法国人将无法维持以前的生活水平。他们将不得不限制他们的消费。例如，他们将不得不限制进口商品（比如美国汽车）的购买。通过这种方式，他们会调整自己以适应新情况。这意味着，当你禁止从外国进口一些商品时，你不仅仅会使美国进口的商品减少，而且美国出口的商品（出售这些商品本来会被用以支付从法国进口的奢侈品）也必然会减少。不仅仅是法国，这个联系有点复杂，其他国家也包括在内。法国人不仅会限制他们对美国商品的消费，而且会限制从其他国家进口商品。这些国家也在因果链中，最终必然导致美国出口下降。

如果世界上所有国家都坚持这种国际收支平衡理论，并且为了使本国通货不受国际估价的影响，也就是不受购买力平价的影响，以这种方式进行的话，那么这样的制度最后将终结任何形式的国际贸易。所有进口都将被禁止。当然，停止所有进口的结果也意味着出口贸易的结束。每个国家都将自给自足，就像希腊语所说的那样，"autarkic"（自给自足）。历史上曾有这样的时期。不久以前，世界上有许多国家与其他国家没有商业往来，特别是与遥远的国家没有商业往来。而很久很久以前，曾有段历史完全没有对外贸易。当对外贸易发展起来时，这总是既意味着出口，也意味着进口。

对外贸易不是单方面的。它始终必然是各国商品和服务的相互交换。这与对货币单位购买力的评估无关。法国葡萄酒的进口并不会导致国内商品价格上涨。这些国内商品的价格之所以上涨，是因为政府增加了货币量。因此，用一种非常可疑的方式表示就是："美国增加了的纸币量，现在正在追逐仍没有增加的可消费商品量。"如果停止一切进出口，那么各个国家将恢复自给自足，它们将不得不放弃与其他国家交换所带来的一切好处。

现在我们唯一能从整个事情中学到的就是这样的。在政府之外的市场上从事买卖的人，在几个世纪以来发展出了一种以贵金属金银为基础的货币体系。政府一次又一次地干预。政府干预将白银排除在市场发展出的货币体系之外，只留下黄金充当货币。然而，各国政府（单个的政府、不同的政府以及现在国际货币基金组织中各国政府的合作）还没有成功摧毁这一体系。无论人们怎么说，人们都必须意识到，货币是市场的产物，是人们在购买、销售和生产中创造的产物。这不是政府仅仅为了能够支出多于人们打算付给政府的货币，就可以随意操纵的东西。

第 18 讲
银行间流动性或银行准备金

现在我们有另外一个问题，这通常被认为是普通的货币问题。教授们和各国中央银行的代表们组成了各种政府委员会，正在研究有时被称为银行间流动性的问题或银行准备金问题。这个问题到底是什么？我认为，理解此问题最简单的方法是参考 19 世纪下半叶至第一次世界大战爆发之间世界货币市场的状况。当时，世界上经济领先的国家都实行金本位制或金汇兑本位制，而且它们感兴趣的是保持本国货币的黄金平价。同时，它们希望各自国家的货币市场都保持低利率，实行信贷扩张，以鼓励商业并带来"繁荣"。

政府变得对进入市场和摧毁市场感兴趣，因为政府想花钱，并且它想花的钱比公民打算付给它的更多。我说的不只是美国，而是世界上几乎所有国家。对政府来说，要告诉公民"我们想要更多的钱"总是一个问题，特别是如果公民已经支付了高额税收的话。政府想要更多的钱是为了什么呢？"弥补政府企业的赤字。不要忘了政府企业的问题。"19世纪下半叶，有一个伟大的人物，他是世界上最重要和最有影响力的政治家之一，即支持国有化的德国首相俾斯麦。俾斯麦将普鲁士铁路国有化了。为什么？因为这被认为是一件简单的事。这些铁路上的工作人员都在做什么呢？只要火车持续运行，钱就会源源不断地流入。政府说过："铁路是多么美妙的东西！赚了很多钱。当然，这很容易。只要让火车开动就行，而每个人都要去某个地方。或者，他们想用这条铁路运输一些货物。因此，铁路是非常好的东西。让我们将铁路国有化，我们将获得铁路的利润。"所以，他们将铁路国有化。俾斯麦不是唯一一个这样做的人，不过他是这样做的人当中最重要的人。所有国家或者大多数国家，都试图做同样的事情。它们将电报、电话等收归国有。于是，某种非常有意思的事出现了。盈利的铁路被国有化之后，开始出现赤字。而这些赤字必须被弥补。公民说："你们将越来越多的东西国有化了。你们收的税越来越多了。而结果是什么呢？更多的赤字！"

在这一方面，我们顺便说一句，美国并没有将铁路国有化。但美国向许多已经将铁路国有化的国家提供外援和补贴。美国政府向美国的铁路公司征税，而美国的铁路公司和许多外国铁路公司一样，仍然有盈余而不是赤字。[①]这些盈余被外国用来支付其国有铁路的赤字。有些人可能会说，把美国的铁路也收归国有从而产生赤字，可能比为外国国有企业的赤字买单更好。但在美国，我们确实有一座赤字系统的丰碑——美国邮局：几乎有 10 亿美元或更多的赤字，谁知道？但美国政府的邮局产生了赤字，这成为一个警告，使得美国政府反对将其他行业国有化。

19 世纪下半叶，如果某个国家为了增加货币量并增加支出，而将利率保持在低于正常的水平，短期资本就会在很短的时间内流向外国。例如，如果德国（在第一次世界大战前通常干坏事）一直保持着很低的利率，短期资本就会从德国转移到其他利率不那么低的国家。这意味着，人们试图从德国提取黄金，并将其转移到英国、法国或美国。德意志帝国银行看到其黄金储备不断减少，担心因黄金短缺而无法履行其义务，只能被迫提高利率，以阻止黄金或者"黄金储备"被撤出。

不是所有国家都在通货膨胀，或者即使它们在通货膨

---

① 　米塞斯是在 20 世纪 60 年代作的这些讲座。——原编者注

胀，程度也不相同。瑞士被认为是一个"坏"国家，因为它通货膨胀得不够。因此，资金从通货膨胀更高的国家流向没有以同样程度通货膨胀的其他国家，这种问题持续存在。如果各国政府和中央银行不是以同样的方式行动，如果某些银行或政府比其他银行或政府走得更远一些，情况就会像我刚才所描述的那样发展，那些扩张得更多的银行或政府会被迫回到市场利率水平，通过保持流动性来保持偿付能力；它们想要阻止资金从国家撤出，不想看到其储备的黄金或外国货币减少。而有人称之为"国际问题"。

19 世纪，人们谈论"银行战争"（the war of the banks）。这种说法不好。更正确地说，这指的是各国中央银行不时徒劳地试图在本国维持低于实际状况所允许的利率。然而，"银行战争"这一说法在 20 世纪的第一个十年最为流行，当时海牙和平会议很流行。有一天，意大利财政部部长甚至建议召开一次中央银行的"和平会议"，以结束"银行战争"。然而，既不存在"银行战争"，也不存在银行的"和平会议"。

过去，所有国家都只有金属货币，没有纸币，它们根据重量来使用金属货币——你知道，货币的金属重量仍然存在于某些货币单位的名称中，例如"英镑"（pound sterling）。当时，货币的价值是根据其金属含量来确定的，而政府无法增加货币量。但是，与纯金属货币有关的货币问题并不是我们这个时代的问题。我们今天必然遇到和面对的问题是，政府假装它们有权增加货币量，如果它们想支出更多的话。这样做的政府，就其所作所为而言，如果有人说它们采取了通货膨胀政策，它们就会非常愤怒。它们说，通货膨胀是由商人抬高价格造成的。但你知道，问题不在于商人要价更高，而在于为什么他们昨天（在政府增加货币量之前）没有要求更高的价格。如果他们昨天就要求更高的价格，人们则不会支付这样的价格，因为他们没有钱。因此，如果他们想出售自己的商品的话，他们就会被迫降价。只有一个原因，所有这一切只有一种方法可以解决，那就是不要进行通货膨胀，不要提供新增的货币作为交换媒介。

有句谚语说："不要在有家人被绞死的家庭里谈论绞刑架。"这样的话，人们就不会讨论通货膨胀的国际性问题。当人们谈到国际货币问题时，人们会说没有足够的"流动性"，没有足够的"储备"。

以第一次世界大战的灾难而告终的19世纪的国际货币体系，在战争结束后，实际上大体又重建了，在第二次世界大战后又重建了一次。如今，各国中央银行仍希望保持汇率的稳定。因此，它们降低利率的尝试将产生一种让它们担心资金外流的情况，即为了转移到国外而提取资金。在这种时候，银行，即所谓的货币当局，面临着选择：要么贬值，这是它们不想做的；要么再次提高利率。但各家中央银行都不喜欢这两种方案。它们抱怨说，国际货币事务中的"流动性"不足。

为了根治这一弊病，创造更多的"流动性"，许多专家建议创造一种新的储备货币。比方说，如果比利时人想把资金从该国转到巴黎，那么他们需要外汇——法国法郎或属于由几个国家组成的这一集团中其他国家的外汇，而不是某种储备货币。当然，储备货币可能是一个非常好的出路。它将意味着印更多的货币并迫使人们接受。国际货币基金组织就是这么做的。[①]顺便说一句，那些参加国际货币基金组织会议、担任委员会委员、参与讨论并著书立说的人，几乎每周都宣布一些新项目或发明一些新方法，以期增加流动性或增加储备。为这种新储备货币发明了许多新名称，这简直是一大特点。你在报纸上会读到关于"纸黄金"（paper gold）的精彩故事。没人知道"纸黄金"是什么。有"纸香烟"，但"纸黄金"是政府承诺的某种东西。应当放弃所有人造货币的想法，以及所有关于"纸黄金""黄金纸"的愚蠢想法。然而，名字并不重要。事实上，一国企图把利率保持在国际

---

① 1969 年，国际货币基金组织创建了"特别提款权"（Special Drawing Rights），有时被称为"纸黄金"，旨在补充现有的银行储备。——原编者注

形势允许的水平以下是做无用功，是没有希望的。

19世纪，那些批评狂热分子的英国杰出经济学家的口号是："只有一种方法可以缓解未来几代人的状况，那就是加速资本的形成，以对抗人口的增长。"从那时起，人口有了极大增长，愚蠢的术语"人口爆炸"被发明了出来。然而，我们没有"资本爆炸"，只有欲望的"爆炸"，以及用其他东西（法币或信用货币）替代货币的徒劳尝试的"爆炸"。

第 19 讲
世界需要世界银行和更多货币吗？

作为交换媒介，货币与其他商品不同。如果其他商品的数量增加，这总是意味着改善了人们的状况。例如，如果有更多小麦，那么某些以前没有小麦的人，现在就可以得到一些小麦，或者他们可以得到比以往条件下更多的小麦。但对货币来说，情况则非常不同。

要说明这一点，你只要考虑如果货币量增加会发生什么。增加货币量被认为是坏事，因为它有利于那些先得到新货币的人，而牺牲了其他人的利益；新增货币从来都不会让人与人之间的关系保持不变。让我们看看这种情况，想象一下我们的世界。有些人拥有货币，也可以主张货币的债权，有权从他人那里得到货币，他们是债权人。那么，也有债务人，他们欠下了货币债务。现在想象第二个世界，这个世界与第一个世界完全相同，除了一件事情之外，那就是不管在什么地方，第二个世界中可得的货币量、现金持有量或对货币的需求，都是第一个世界的两倍。这意味着，这两个世界里的一切都是一样的，什么都没有改变，除了算术上有所不同外。第二个世界所有的东西都乘以二。然后，你会说："我是生活在第一个世界里还是生活在第二个世界里，对我而言没什么不同，情况都是一样的。"不过，如果货币供应的改变导致了这种情况，人们可能会认为这也只是一个算术问题、会计问题。会计必须使用其他数字，但这不会改变个人之间的关系。对人们来说，生活在一个以较大的数字记账的世界里还是生活在以较小的数字记账的世界里，完全是无关紧要、不值得关注的。但是，在我们生活的世界里，货币真正发生变化的方式与此不同。在我们的世界里，货币量真正发生变化的方式对不同的人、不同的东西都是不同的。变化不是以一种中立的方式发生的，有些人获得了好处，而其他人则付出了代价。因此，如果货币的数量增加或翻倍，这将对不同的人产生不同的影响。这也意味着，货币量的增加不会带来社会状况的任何普遍改善。这正是法国经济学家萨伊在 19 世纪初明确指出的。

我们可以从世界市场和世界银行的角度来讨论这个问

题。假设有人认为，解决货币问题的最好办法是发行一种世界纸币，由世界银行或世界办公室等发行。现在假设我们有了这样一个东西。很多人想拥有它。他们认为这是一个好主意。在某个地方，可能有一个面向全球的办公室。这个办公室可以自行增加货币量。是的！但是，谁会得到这些新增的货币呢？没有一种分配方法能让所有人都满意。或者说，一家为所有国家发行世界性货币的国际银行，想要增加货币量，因为这些国家说现在有更多的人出生。好吧，给它们吧！但接下来的问题是，谁能得到新增的货币？每个人、每个国家都会说同样的话："我们得到的数量太少了！"富国说："由于我们国家的人均货币配额高于穷国，我们必须获得更大的份额。"穷国则说："不，恰恰相反。因为富国的人均配额已经比我们多，所以我们必须获得新增的货币。"因此，所有这些关于布雷顿森林会议（1944 年）的讨论都是完全无用的，因为它们甚至没有接触到它们要处理的问题的真实情况，而据我所知，这些派出代表的国家的政府没有一个理解这个问题。在那些获得新增货币量的国家，将会出现价格上涨的趋势，而那些先获得新增货币的国家能够支付更高的价格。所以，其他人会想要更多。而更高的价格将把商品和服务从那些没有得到这些新货币或没有得到足够新货币的国家抽走。

在教科书上写每年应增加 5% 或 10% 的货币之类的话是很容易的。没有人说要减少货币量，他们只想增加货币量。人们说："随着经济产量或人口的增加，人们需要越来越多的货币、越来越多的流动性。"我想重复一下我说过的非常重要的话。人们没有办法以中性的方式增加或减少货币量。这是一个非常普遍的大错误。这将导致所有国家或国家集团之间的斗争，无论这个体系的货币单位是什么。

但一般来说，人们并不需要越来越多的货币。人们如果要增加货币，那么绝不可能以一种中性的方式增加——中性的方式不会以牺牲一个群体为代价而进一步改善另一个群体的经济状况。例如，这是在创立国际货币基金组织时没有认识到的重大错误——我找不到一个合适的词来形容它。连凯恩斯勋爵也丝毫不知道这一点。其他人也不知道。这不全是他的错——他们为什么允许他这样做呢？

如果不一劳永逸地限制货币量，我们就不可能有一种完全由政府或世界政府制造的货币。而限制货币量并不是那些提出这些建议的人想要发生的事。这种情况不可能是主流。与金本位制下货币只有在采矿增加黄金的特定情况下才会增加不同，增加纸币的数量不仅是一个数量问题。首先，这是一个谁应该得到货币新增数量的问题。因此，所有那些认为可以产生一种完全由世界机构生产和经营的世界货币的想法，都建立在完全的误解之上，忽视了货币的非中立性问题，忽视了货币的增加不能以一种被所有人公认为"公正"分配的方式来处理的事实。

第 20 讲
结　论

　　我们必须认识到，在我们的体系中，只有当政府不能操纵货币价值的情况下，货币才能运作，才能发挥作用。我们不必问，单位购买力高的货币好还是单位购买力低的货币好。我们必须认识到，我们不应该有这样一个货币体系，其中货币单位的价值掌握在政府手中，这样政府就可以按照它想要的方式操纵货币市场。

　　如果政府摧毁了货币体系，它就摧毁了人类经济合作最重要的基础。我们必须避免的是，允许政府随心所欲地增加货币量。你会问，为什么我不说不要让政府减少货币量。当然，政府也不应该减少货币供应。但不会有发生这种事的危险。政府不愿意这么做，因为代价太大。政府必须征税，从人民那里收取货币，然后不是支出这些货币，而是将其销毁。必要的是，防止政府通过通货膨胀破坏货币体系。因此，货币量不应该被政府操纵，不应该为了那些想要从增加的政府支出中享受几分钟、几小时、几天或几周美好生活的人的愿望，而导致很长一段时间的灾难性状态。

　　货币的根本问题在于，它必须是任何人都不能随意增加的东西。早在印刷机发明之前，政府就开始了与货币的斗争。但当时的方法是不同的。这种方法是通过裁减钱币，降低钱币成色，将更便宜的金属（比如铜）混合到银币中。现在有了印钞机，通货膨胀就容易多了。政府生产 1 美元面额的纸币和 1000 美元面额的纸币的成本没有任何差别。所用的纸张和其他材料的数量完全相同。

　　简单地说，我们不得不说，如果一个政府全靠向人民征税来支出，如果宪法条款是纳税人自己必须给政府收税的权利，而政府禁止征收任何没有合法地基于人民同意的税收，那么我们可以希望，社会条件会发展，后人将比他们的祖先享受更文明、更舒适的生活，生活状况将大为改善。这样我们就可以说，情况变好了，因为老一辈人无法补救的许多坏事已经不再是坏事了。这样我们才能真正谈论进步。但是，如果我们有通货膨胀，不断地进行通货膨胀，我们就会不断地损害大多数人的切身利益。

我们非常自豪地承认技术的进步，特别是过去几个世纪医疗技术的进步，这使得对大多数人来说，情况更能接受了，如今的人不再受到20年前、100年前或200年前对人们生命健康构成严重威胁的缺陷和问题的伤害了。然而，通过通货膨胀，我们正在造成一种阻碍使技术进步成为可能的储蓄和投资的局面。与此同时，由于通货膨胀，老去的人不断受到惩罚，他们为自己老年和家庭环境而积累的储备，其购买力在下降，这将在一段时间继续发展。我们还必须认识到，这种通货膨胀是当今世界大多数政府所采取的金融政策的必然结果。

我们可以说的话已经被说了一遍又一遍。从理论上讲，政府也有可能在没有通货膨胀的情况下创造一种纸币。也许吧！但我们必须认识到，当我们说政治家和议会机构的成员不是天使时，我们不能责怪他们，因为他们必须决定这些事情。如果他们是天使，那么人们可以相信他们永远不会犯错误。但对普通人来说，仍然存在着我以前提到过的困境：在竞选前夕，一项非常不受欢迎的税收和一项非常受欢迎的支出之间的困境！

当人们把许多事情说得很糟糕并就改善许多状况提出建议时，他们没有意识到有一个因素不仅会损害大部分人的经济状况，而且会不断制造新的动荡之源，从而破坏政治局面，这就是通货膨胀。但很明显，对通货膨胀负有责任的政府总是想指责别人，想发现是别人的行为而不是他们自己的行为导致了通货膨胀。

我们必须说，造成通货膨胀的是对政府问题的著名的"救济措施"，人们认为这是几年前才发明的，但实际上是被罗马皇帝发现的，即赤字支出。赤字支出使政府的支出能够多于它拥有的货币和从人民那里征来的税收。众所周知，赤字支出，即支出超过收入，对个人非常不利。最大的错误是，人们相信对个人有害的东西，不一定对加在一起的所有个人都有害。这是一个巨大的错误。如果不尽快消除这一错误，那么我们所有的技术和科学进步都无法阻止一场巨大的金融灾难，这场灾难几乎会摧毁人类文明在过去几百年所创造的一切。

我们现在要面对的事实是，在严格的金本位制和金汇兑本位制下，我们可以规定条件，让这种金属黄金用作交易媒介。假设你或别人问，世界上根本没有黄金和白银，那么你会怎么说？你有什么建议？有一个非常简单的答案。答案是，如果人们意识到必须以某种方式来严格限制货币量，那么黄金和白银未必是能够实现货币体系功能的唯一媒介。但我们现在没有别的办法。

如今我们所看到的情况是，即使是世界上最强大、最聪明的政府（哪怕我把这些特征都归于美国政府），也不准备抵制通货膨胀，不准备停止增加货币量。